Großbongewell

Zu diesem Buch

Mit den Lektionen und Aufgaben seiner Erfolgsbücher «In 15 Tagen Denken lernen» und «Das spielerische Denken» (rororo sachbuch 6786/6833) hat Edward de Bono seine Meisterschaft bewiesen, locker zum Denken zu verführen. Hier nun vermittelt er ebenso gekonnt den systematischen Ertrag und die praktischen Schlüsse seines Nachdenkens über das Denken. Er macht die Struktur und Funktionsweise des Gehirns schrittweise mit Modellen anschaulich, die dem Alltag entnommen sind. Menschliche Eigenschaften wie Einsicht, Lernfähigkeit, Humor, Bewußtsein und die vier Methoden des natürlichen, logischen, mathematischen und lateralen Denkens werden so leicht verständlich.

De Bono erklärt unseren Denkprozeß mit der Absicht, ihn zu verbessern. Denn das Ablaufen unseres Denkens in vorgegebenen Bahnen hat neben vielen Vorteilen auch gefährliche Folgen: das Festhalten an starren Mustern, die Neigung zu Extremen und die Tendenz zur Mythenbildung. Wie de Bono zeigt, kann ein Kunstgriff, die Verwendung eines erfundenen Funktionswortes, neue Wege des Denkens öffnen, die speziell für das Hervorbringen ungewöhnlicher Ideen und Problemlösungen geeignet sind.

Edward de Bono, 1933 auf Malta geboren, promovierte in Medizin und Psychologie; seitdem Forschungsarbeiten an den Universitäten Oxford, Cambridge, London, Harvard; zahlreiche Veröffentlichungen in allen wichtigen medizinisch-psychologischen Fachzeitschriften; lebt heute in Cambridge/England. Weitere Bücher: «Laterales Denken» (1971), «Die 4 richtigen und die 5 falschen Denkmethoden» (1972), «Laterales Denken für Führungskräfte» (1972), alle im Rowohlt Verlag.

Edward de Bono

Der Denkprozeß

Was unser Gehirn leistet und was es leisten kann

rororo

Rowohlt

Die Originalausgabe erschien unter dem Titel «The Mechanism of Mind»
bei Jonathan Cape Ltd., London
Aus dem Englischen übertragen von Margaret Carroux
Redaktion Gertrude Harlass
Umschlagentwurf Jan Buchholz und Reni Hinsch

Deutsche Erstausgabe

Veröffentlicht im Rowohlt Taschenbuch Verlag GmbH,
Reinbek bei Hamburg, Mai 1975

Satz Aldus (Linotron 505 C)
Gesamtherstellung Clausen & Bosse, Leck/Schleswig
Printed in Germany
780-ISBN 3 499 16911 8

Einführung

Manche Leute glauben, das Gehirn werde immer ein Geheimnis bleiben. Andere meinen, eines Tages werde die Art und Weise, wie das Gehirn arbeitet, in allen Einzelheiten erkannt werden. Welchen Nutzen hätte ein solches Wissen? Können die Menschheitsprobleme überraschend durch einen Erkenntnis-«Boom» gelöst werden? Wäre man imstande, dieses Wissen praktisch anzuwenden?

Dieses Buch soll sich mit der Art und Weise befassen, wie das Gehirn Gedanken hervorbringt. Vielleicht ist es nicht zu schwierig, das Gehirn zu verstehen, sondern zu einfach. Oft werden Dinge nur dadurch immer komplizierter, daß der Mensch die Fähigkeit besitzt, knifflige Spiele zu spielen, die sich dann verselbständigen, zu verwirrenden, sehr komplizierten Strukturen führen und die Erkenntnis eher hemmen als fördern. Das einzige, was diese Strukturen zeigen, ist, daß der Mensch die Fähigkeit und den Trieb hat, solche begrifflichen Spiele zu spielen. In Wirklichkeit wird der Mensch durch die Beschaffenheit des Gehirns, mit dessen Hilfe er das Gehirn untersucht, zu solchen Spielen veranlaßt. Gedanken müssen sich weiterentwickeln; verfehlen sie die richtige Richtung, dann bewegen sie sich immer weiter in der falschen. Bei der Introspektion sind einer solchen Bewegung keine Grenzen gesetzt. Dieser Weg hat kein Ende, denn er wird von der sich immer weiterbewegenden Vorstellungskraft hervorgebracht. Das ist wie bei Militärfahrzeugen, die sich ihren eigenen Weg bahnen, wenn sie weglose Sümpfe durchqueren.

Aus eigenem Antrieb versucht das Gehirn weder zu verstehen noch zu erklären, sondern Erklärungen hervorzubringen, und das ist etwas ganz anderes. Die Erklärungen können höchst annehmbar sein, ohne für das, was erklärt wird, viel Bedenken zu haben. Kann man dem Zirkel der auf Selbstbefriedigung beruhenden, ausgeklügelten, philosophischen Beschreibung entgehen? In diesem Buch wird das Gehirn als mechanisches Verhalten mechanischer Einheiten dargestellt. Die Organisation dieser Einheiten bestimmt den Denkprozeß.

Warum macht man sich die Mühe, über Dinge nachzudenken, über Dinge zu reden, über Dinge zu schreiben? Warum stellt man sich vor, daß andere an dem interessiert sein müßten, was gesagt oder geschrieben wurde? Wenn man etwas beschreibt, dann hofft man, daß die Schönheit der Beschreibung anerkannt werde. Man kann mit einer Beschreibung auch etwas zu zeigen versuchen, von dem man annimmt, daß es nicht für jeden anderen offenkundig sei. Wenn man versucht, immer mehr zu zeigen, dann geht man von der Beschreibung zur Erklärung über. Mit einer Erklärung versucht man zu zeigen, daß etwas Unvertrautes nur auf einer besonderen Anordnung von bereits vertrauten Dingen beruht. Wir wissen, wie diese vertrauten Dinge funktionieren, deshalb können wir sagen, wie das unvertraute Ganze funktionieren muß. Wir wollen wissen, wie es funktioniert, um es besser benutzen zu können, um es vielleicht zu ändern, zu verbessern, um zu verhindern, daß es nicht richtig funktioniert oder um es zu reparieren. Vor allem wollen wir imstande sein zu sagen, wie es sich normalerweise und wie es sich unter besonderen Umständen verhalten wird. Wenn der Zweck der Beschreibung Schönheit ist, dann ist der Zweck der Erklärung Nützlichkeit. Wenn man sagt, ein Rasen sei uneben, dann ist das eine Beschreibung; im Boden steckende Baumwurzeln sind eine Erklärung für den unebenen Rasen, die dazu führen kann, daß die Wurzeln beseitigt werden.

Es ist Sache des Lesers und nicht des Verfassers, die Nützlichkeit dessen, was in diesem Buch dargelegt wird, zu bewerten. Dennoch kann auf ein präzises und praktisch gut anwendbares Beispiel für die Nützlichkeit der gebotenen Erklärung hingewiesen werden.

Wörter beschreiben gewöhnlich Dinge oder Handlungen, die nichts anderes sind, als Dinge in Bewegung. Allerdings gibt es einige Wörter, die nicht Dinge beschreiben, sondern Hilfsmittel darstellen, um sich mit anderen Wörtern zu befassen. Multiplikation, Division, Addition und Subtraktion sind besondere Methoden, sich mit Mengen zu befassen. Jedes dieser Verfahren wird durch ein Zeichen dargestellt, das zu einem Hilfsmittel für die Anwendung des Verfahrens wird. Wörter, wie «nicht» und «wenn» sind Hilfsmittel, um sich mit anderen Wörtern zu befassen und bestimmte Verfahren anzuwenden. In diesem Buch wird ein neues Hilfsmittel vorgeschlagen. Es ist ein neues Wort, das noch in keiner Sprache existiert. Es wird benutzt, um ein Verfahren anzuwenden, das sonst nicht praktiziert werden könnte. Sobald dieses Wort einmal erfunden und seine Funktion festgelegt ist, können sich die Menschen daran gewöhnen, es zu verwenden, wie sie gewöhnt sind, das Wort «nicht» zu verwenden. Wenn das geschieht, werden Arten des Denkens möglich sein, die uns jetzt noch nicht offenstehen. Diese besonderen Denkarten werden dazu dienen, neue Ideen hervorzubringen und Probleme zu lösen. Aber die bei weitem wichtigste Aufgabe des neuen Wortes wäre, jene weit verbreiteten schwierigen Probleme gar nicht erst aufkommen zu lassen, die gegenwärtig durch die Beschränkungen der Sprache und des Verstandes entstehen. Schon das bloße Dasein des neuen Wortes, ob es nun verwendet wird oder nicht, wäre in dieser Hinsicht hilfreich.

Dauernd werden neue Wörter erfunden, um neue Dinge zu beschreiben. Aber ein neues Funktionswort zu erfinden, ein neues Hilfsmittel für das Denken und die Sprache, ist etwas Besonderes. In der ganzen Sprachgeschichte ist es niemals bewußt getan worden. Welche Rechtfertigung kann es für einen so anmaßenden Schritt geben? Welche Funktion soll das Wort ausüben? Warum ist das Wort notwendig?

Unser ganzes Denken, unsere Sprache, unsere Erziehung, vielleicht unsere gesamte westliche Kultur befassen sich mit der Bildung und

Kommunikation von Ideen. So arbeitet das Gehirn. So muß das Gehirn arbeiten, um Leben zu ermöglichen. Und so ermutigen wir das Gehirn zu arbeiten. Aber wie steht es mit dem Verfahren, das Begriffe ändert, statt neue einzuführen? Das ist ein ungewöhnliches Verfahren, für das wir keine Hilfsmittel und keine praktischen Erfahrungen mitbringen. Bis heute haben Ideen immer länger gelebt als Menschen, aber jetzt leben die Menschen länger als die Ideen. Infolgedessen besteht ein großer Bedarf an geistigen Hilfsmitteln, die die Um-Bildung von Ideen ermöglichen.

Dennoch ergibt sich die Notwendigkeit für dieses neue Wort und seine Funktion nicht aus einem philosophischen Bedürfnis, sondern aus dem Mechanismus der Informationsverarbeitung im Gehirn. Als ein biologisches, informationsverarbeitendes System hat das mechanische Verhalten des Gehirns gewisse Grenzen; diese Grenzen machen das Wort notwendig und legen seine Funktion fest. Das neue Wort ist ein Trick, mit dem man diese Grenzen überwinden kann. Wie die Null in der Mathematik ist dieser Trick ein Symbol. Er wird benützt, um Verfahren anzuwenden, die ohne ihn unmöglich wären.

In der ersten Hälfte des Buches wird die Organisation des Gehirns entwickelt. Von einfachen Einheiten ausgehend, wird sie Schritt für Schritt aufgebaut, bis der Denkprozeß montiert ist. Die Schritte sind klein. Kein besonderes Wissen oder mathematisches Verständnis wird vorausgesetzt.

Am Ende der ersten Hälfte des Buches ist der Mechanismus mit einem großen, beschriebenen Stück Papier vergleichbar. Das Papier ist im Dunkeln, und über seine Fläche hinweg gleitet ein kleiner Lichtfleck wie von einer Taschenlampe. Die von dem Licht erhellten Wörter werden ablesbar. Die Wörter stellen Informationen dar, die im Gehirn gespeichert sind. Die erste Hälfte des Buches befaßt sich damit, wie es dazu kommt, daß sich die Schrift selbst auf das Papier schreibt; daß sie nicht durch eine Mitteilung von außen dorthin gelangt, und wie es kommt, daß sie sich so anordnet, daß sie Sinn und Bedeutung erhält. Wie es kommt, daß der Lichtfleck aus eigenem Antrieb über das Papier hinwegzieht, ohne daß eine äußere Lichtquelle vorhanden ist oder eine Hand ihn führt. Wie es kommt, daß sich das Licht in einer Richtung bewegt und nicht in einer anderen. Wie es kommt, daß die Wörter nicht gelesen werden, sondern sich selbst lesen. Das sind Grundmechanismen des Bewußtseins, des freien Willens, des Gedächtnisses und des Denkvermögens. In dieser ersten Hälfte wird gezeigt, daß das Gehirn einfach deshalb ein guter Rechner ist, weil es ein schlechtes Gedächtnis ist. Dieses schlechte Gedächtnis ermöglicht die Rechentätigkeit.

Die zweite Hälfte des Buches zeigt, wie der in der ersten Hälfte aufgebaute Mechanismus in der Praxis tatsächlich funktioniert, und befaßt sich mit der Frage, warum der Mechanismus nur auf gewisse Arten funktionieren kann und welche Vor- und Nachteile dabei auftreten. Die unvermeidlichen Grenzen des Denkens werden untersucht. Die vier Grundarten des Denkens werden beschrieben: natürliches, logisches, mathematisches und laterales Denken. Diese Grundarten des Denkens sind nur zum Teil natürlicher Herkunft, zum anderen Teil sind sie das Ergebnis künstlicher Tricks, die entwickelt worden sind, um den natürlichen Denkprozeß zu verbessern. Die Notwendigkeit eines neuen künstlichen Tricks und die Funktion dieses neuen Tricks werden umrissen.

Die Art und Weise, wie das Gehirn arbeitet, hängt von der Art und Weise ab, wie es zusammengesetzt ist. Es mag Leser geben, die es vorziehen, das Gehirn als einen funktionierenden Mechanismus zu betrachten, statt im einzelnen zu verfolgen, wie die Organisation zustande kommt. Diese Leser sollten gleich mit dem zweiten Teil beginnen. Dort gleicht das Gehirn dem Stück Papier, auf dem sinnvolle Zeichen stehen, die durch einen sich bewegenden Lichtfleck sichtbar werden. Den ersten Teil können sich diese Leser später vornehmen, wenn sie herausfinden wollen, warum das Gehirn auf diese Weise arbeitet.

Andere Leser ziehen es vielleicht vor, das Buch von Anfang an zu lesen und sich allmählich durch die Organisation des Denkprozesses hindurchzuarbeiten, ehe sie erfahren, wie er funktioniert.

Wählen Sie den Weg, der Ihnen geeignet erscheint, aber denken Sie daran, daß für die meisten Leute der zweite Teil leichter sein wird als der erste. Der erste Teil handelt von der Schönheit der Funktion, des Verfahrens und der Organisation. Der zweite Teil handelt unmittelbar davon, wie das Gehirn denkt, wie die Menschen denken. Der zweite Teil erwächst aus dem ersten wie eine Blüte aus ihrem Stiel. Der Zweck des Stiels ist es, die Blüte zu tragen. Ohne Stiel kann nur eine künstliche Blüte überleben.

Das Buch ähnelt in seinem Aufbau einem Musikstück, das sich in Wiederholung und Fortführung seiner Motive entwickelt.

Edward de Bono

Damals in Oxford wurden die Tore meines College zwanzig Minuten nach Mitternacht geschlossen. Jeder Student, der später kam, kletterte hinüber. An meinem ersten Abend war ich zu einer Party in London eingeladen, und da ich wußte, daß es spät werden würde, bat ich jemanden, der Erfahrung hatte, mir zu sagen, wie man hereinkäme. Es schien nicht kompliziert zu sein. Zuerst kam das Gitter und dann eine Mauer, die erklommen werden mußten. Hinter der ersten Mauer war eine zweite, die man gleichfalls übersteigen mußte.

Es war spät, als ich heimkam. Das Gitter war einfach. Die erste Mauer war schon schwieriger. Ich stieg hinüber und ging zur zweiten Mauer, die ungefähr die gleiche Höhe hatte wie die erste. Ich kletterte über diese zweite Mauer und stand wieder auf der Straße. Meine doppelte Anstrengung hatte dazu geführt, daß ich hinein- und über Eck wieder hinausgestiegen war.

Ich begann von neuem, achtete besser auf die Richtung und kam zu der richtigen zweiten Mauer. In dieser zweiten Mauer war ein eisernes Tor, und da es niedriger war als die Mauer und den Füßen besseren Halt bot, kletterte ich über das Tor. Als ich rittlings draufsaß, schlug es plötzlich auf. Es war gar nicht verschlossen gewesen.

Erster Teil

1.

Systeme müssen nicht kompliziert oder unverständlich sein; man braucht nicht einmal eine Fachsprache um sie zu beschreiben. Ein System ist einfach ein Zusammentreffen von Umständen, das bewirkt, daß die Dinge auf eine bestimmte Weise geschehen. Die Umstände können Metallgitter, elektronische Komponenten, warme Gegenstände, Bestimmungen und Vorschriften oder irgend etwas anderes sein. Was in jedem einzelnen Fall geschieht, wird von der Art des Systems bestimmt. Man kann die Funktion des Systems als selbstverständlich ansehen und sich dafür interessieren, wie sie erfüllt wird.

Wenn kleine Kinder aufgefordert werden, eine Kartoffelschälmaschine zu erfinden, dann zeichnen sie eine gewundene Röhre, durch die man eine Reihe Kartoffeln in einen einfachen Behälter rutschen sieht mit dem erklärenden Hinweis: «Hier werden die Kartoffeln geschält.» Durch eine andere Röhre werden die geschälten Kartoffeln dann abtransportiert. An dem Behälter ist nichts geheimnisvoll, er erfüllt einfach die Funktion des Kartoffelschälens. Es wird für selbstverständlich gehalten, daß das die Funktion des Behälters ist und daß diese Funktion irgendwie erfüllt wird. Bei manchen der Erfindungen werden die Kartoffeln zu einem Metallgitter gebracht, durch das sie hindurchgepreßt werden, damit sie die Pommes-frites-Form erhalten. Das Zerschneiden wird nicht für selbstverständlich gehalten, sondern erklärt, weil es erklärbar ist.

Wenn Sie in eine Bratpfanne Wasser statt Öl tun, dann erwarten Sie nicht, daß Sie damit Kartoffeln braten können. Wenn Sie Fett oder Öl nehmen, bekommen Sie gewöhnliche Bratkartoffeln. Wenn Sie dem Öl ein wenig Wasser zufügen, ehe Sie die Pfanne aufs Feuer stellen, dann wird die Temperatur des Öls langsamer steigen, und die Bratkartoffeln werden innen weich und außen knusprig sein – knuspriger, als wenn Sie nur Öl verwendet hätten. Das Wesen des Systems bestimmt, was geschieht.

Das Gehirn ist ein System, in dem Dinge geschehen, die dem Wesen dieses Systems entsprechen. Was im Gehirn geschieht, ist Information. Und die Art und Weise, wie es geschieht, ist Denken.

Da Denken in diesem weitgefaßten Sinn alles bestimmt, was die Menschen auf den verschiedensten Ebenen, von der ganz persönlichen bis hinauf zur internationalen, tun, dürfte es lohnen, sich mit einigen Aspekten des Gehirnsystems zu beschäftigen. Wenn man alles herausfinden könnte, was sich über das Gehirnsystem in Erfahrung bringen läßt, welchen praktischen Nutzen hätte das?

Wenn Sie in einem englischen Hotel Ihre Schuhe putzen lassen wollen, stellen Sie sie einfach am Abend vor Ihre Zimmertür. So mancher unglückliche Engländer hat in Amerika gelernt, daß seine Schuhe, wenn er so mit ihnen verfährt, auf Nimmerwiedersehen verschwinden. Vor der Tür stehende Schuhe werden als eine etwas wunderliche Art betrachtet, Trinkgeld zu geben oder Abfall zu beseitigen. Der erste Nutzen, der sich aus der Kenntnis eines Systems ergibt, ist das Vermeiden von Irrtümern, die dadurch entstehen, daß man das System für etwas hält, was es nicht ist.

Der zweite Nutzen ist, daß man sich der Grenzen des Systems bewußt wird. Gleichviel, wie gut die meisten Systeme ihre wichtigsten Funktionen erfüllen, sie sind recht unzulänglich, wenn es um die Erfüllung entgegengesetzter Funktionen geht. Man würde ebensowenig mit einem Kombiwagen Rennen fahren, wie man mit einem Rennwagen zum Einkaufen fährt. Wenn möglich, wählt man das dem Zweck entsprechende System. Oft hat man keine Wahl, und das bedeutet, daß ein und dasselbe System gewisse Funktionen gut, andere jedoch nicht so gut erfüllt. Das Gehirnsystem ist zum Beispiel gut geeignet, Ideen weiterzuentwickeln, aber es eignet sich nicht so gut, Ideen hervorzubringen. Dadurch, daß man die Grenzen eines Systems kennt, werden sie noch nicht verändert. Aber wenn man sich über das Wesen des Systems klar ist, kann man bewußt Korrekturen vornehmen.

Die erste Reklame, die behauptete, daß eine bestimmte Seifenmarke allen anderen überlegen sei, mag manche Leute veranlaßt haben, diese Seife zu kaufen, denn sie waren gewohnt, zu glauben, was man ihnen sagte. Aber sobald sie das Reklamesystem genauer kennen, nehmen die Leute Berichtigungen vor, die eine solche Reaktion nicht so unvermeidbar machen.

Die dritte Möglichkeit, sich die Kenntnis eines Systems zunutze zu machen, besteht darin, die Charakteristika des Systems zur Verbesserung seiner Leistung oder zur Erreichung irgendeines Zieles zu benutzen.

Kurz nach Einführung der Atemprobe für trunkenheitsverdächtige Autofahrer rammte ein Betrunkener mit seinem Wagen einen Laternenmast. Er blieb in den Trümmern sitzen und wartete darauf, daß die Polizei käme, um ihn in die Tüte blasen zu lassen und ihm den Strafzettel zu präsentieren; da wurde ihm plötzlich das Wesen des Systems bewußt. Er holte seine Flasche hervor und begann wieder zu trinken. Als die Polizisten kamen, erklärte er ihnen, der Unfallschock habe ihn veranlaßt, einen Schluck zu nehmen. Da sein Wagen nicht mehr fahrtüchtig war, konnte man ihm nicht nachweisen, daß er die Absicht gehabt habe zu fahren, was das System verlangt hätte. Wie hoch sein Blutalkoholspiegel zur Zeit des Unfalls war, ließ sich natürlich nicht mehr feststellen.

Die Ovulation kann bei Frauen nur vor sich gehen, wenn im Körper richtige Mengen bestimmter Hormone vorhanden sind. Werden die Mengen dieser Hormone verändert, findet die Ovulation nicht statt. So kann – indem man das Wesen des Systems berücksichtigt – eine wirkungsvolle Empfängnisverhütung mit geringen Dosen synthetischer Hormone in Form kleiner Pillen erreicht werden.

In diesen beiden Beispielen ermöglicht das Wissen von der Funktionsweise des Systems seine wirkungsvolle Anwendung. Das praktische Verfahren der Medizin ist ein einleuchtendes Beispiel für diese Methode. Aber im übrigen gilt dasselbe für die Naturwissenschaften überhaupt, die versuchen, Systeme zu verstehen, um besseren Gebrauch von ihnen zu machen.

Es könnte sehr nützlich sein, wenn man etwas darüber wüßte, wie das Gehirnsystem Informationen verarbeitet. Vielleicht wäre es dann möglich, einige der Irrtümer und Fehler, die diesem System-Typ inhärent sind, zu erkennen. Zum Beispiel könnte man zeigen, daß eine Tendenz zu willkürlichen und sich vergrößernden Unterteilungen besteht, die zwar in den meisten Fällen überaus nützlich sind, die aber auch eine Quelle erheblicher Schwierigkeiten sein können. Abgesehen davon, daß man sich die Fehler des Systems bewußt macht, könnte man das System auch wirkungsvoller nutzen, indem man sein Wesen erkennt, und so den Lernprozeß erleichtert und vereinfacht. Man könnte die Kommunikation fördern.

Sprache, Bezeichnungssystem und Mathematik sind nützliche künstliche Hilfsmittel des Denkens. Es mag noch andere künstliche Hilfsmittel geben, die erfunden werden könnten, wenn jemand das Gehirnsystem gut genug verstünde. Mit einem neuen Bezeichnungssystem könnte es möglich sein, ebenso leicht Ideen hervorzubringen, wie wir jetzt vorhandene Ideen weiterentwickeln. So könnte es zum Beispiel möglich sein, ein neues Wort zu erfinden, das eine ähnliche Funktion hätte wie «und», «wenn», «aber» oder «nicht». Die Funktion dieses neuen Wortes wäre es, einen Ausgleich zu bieten für die inhärenten Grenzen des informationsverarbeitenden Systems im Gehirn und dem Sprechen und Denken neue Wege zu erschließen. Das Wort müßte seine Nützlichkeit letzten Endes in der Praxis erweisen, aber es zu erfinden wäre wahrscheinlich nicht möglich ohne Einsicht in das Wesen des Systems.

Etwas so Definitives wie ein neues Wort wäre ein sehr brauchbares Ergebnis aus dieser Einsicht in das System. Sie könnte auch ganz allgemein von Nutzen sein, indem sie zeigt, daß keine undurchdringbare Zauberei im Spiel ist, sondern daß diese Probleme nur eben besonders kompliziert sind und deshalb eine abschreckende Wirkung ausüben.

2.

Vögel haben keine Propeller, und Menschen bewegen sich nicht auf Rädern fort. Flügel und Propeller sind verschiedene Dinge, erfüllen aber dieselbe Flugfunktion; Beine und Räder sind verschiedene Dinge, erfüllen aber dieselbe Fortbewegungsfunktion auf der Erde.

Das Interesse für das Verhalten von Computern als informationsverarbeitenden Systemen hat das Interesse für das Verhalten des Gehirns als einem informationsverarbeitenden System geweckt. Ohne dieses Interesse für Computer würde man sich wahrscheinlich sehr viel weniger mit der Frage beschäftigen, ob es möglich sei, das Gehirn auf diese Weise zu untersuchen. Viele brauchbare Gedanken sind von der Computer-Technik ausgegangen und haben sich als nützlich für das Verständnis der Gehirnfunktion erwiesen. Aber zwischen Computersystemen und dem Gehirnsystem kann es grundlegende Verhaltensunterschiede geben. In mancher Hinsicht könnte die Überbewertung der Computer-Ideen ein besseres Verständnis der Gehirnfunktion sogar erschweren.

Es ist richtig, daß sowohl die Computer als auch das Gehirn mit Hilfe von Elektrizität funktionieren. In England und in den Vereinigten Staaten wird dieselbe Sprache gesprochen, aber das führt manchmal eher zu Mißverständnissen als zur Verständigung, es ist sogar behauptet worden, die beiden Länder seien durch ihre gemeinsame Sprache getrennt. Das Verhalten des elektrischen Systems im Gehirn unterscheidet sich in verschiedenen Punkten grundlegend von demjenigen der Computer. Wenn zum Beispiel in einem Nerven-Stromkreis zwei einzelne Impulse auf die entgegengesetzten Enden einer «Leitung» treffen, dann löschen sie sich gegenseitig aus. Der Computer reagiert in einem solchen Fall ganz anders. Die Unterschiede sind so groß, daß es wirklich wenig Zweck hat, den beiden Prozessen denselben Namen zu geben.

Selbst auf funktionaler Ebene bestehen beträchtliche Unterschiede. Computern fällt es zum Beispiel schwer, ein Muster wiederzuerkennen, zum Beispiel einen handgeschriebenen Buchstaben des Alphabets, aber komplizierte Folgen mathematischer Operationen bewältigen sie sehr leicht. Das Gehirnsystem dagegen erkennt gerade Muster besonders leicht wieder, es hat aber große Schwierigkeiten mit Folgen mathematischer Operationen.

Computer haben langweilige und gewissenhafte Gedächtnisse. Material wird in dem Gedächtnis gespeichert und später genauso, wie es hineinkam, wieder ausgegeben. Es gibt einen Rechenteil des Computers, der die Arbeit leistet, und einen Gedächtnisteil, der die unverarbeiteten Daten speichert. Das Gehirnsystem funktioniert vermutlich ganz anders. Vielleicht gibt es hier gar keinen speziellen Rechenteil – nur ein ziemlich schlechtes Gedächtnis. Paradoxerweise fungiert es, gerade weil es ein schlechtes Gedächtnis ist, als vortrefflicher Rechner. Es ist ein schlechtes Gedächtnis, weil es die Informationen, die es erhält, nicht einfach speichert, sondern eine Auswahl trifft und die Informationen verändert. Das ist ein verarbeitendes Verhalten, und was dann aus dem Gedächtnis herauskommt, ist höchstwahrscheinlich etwas anderes als das, was hineinkam.

Lachen ist ein wesentliches Charakteristikum des Gehirns, nicht des Computersystems. Zum Lachen gehört Kreativität. Der Tag, an dem die

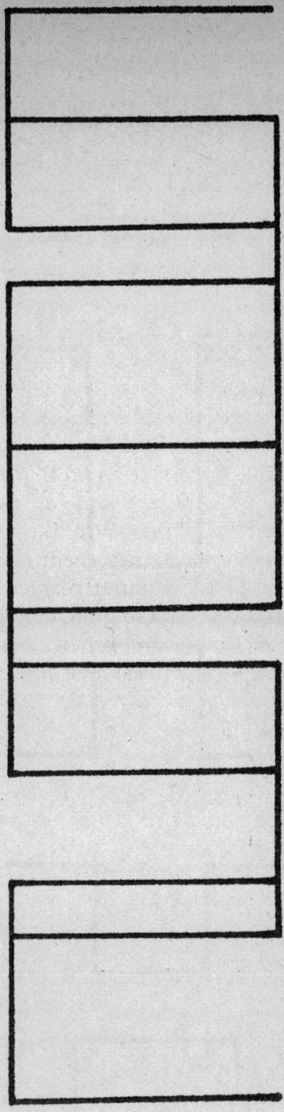

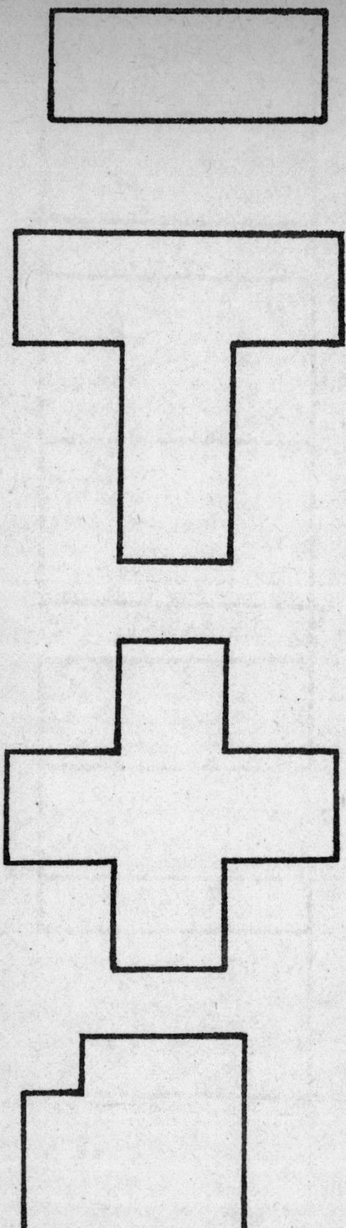

Computer zu lachen beginnen, wird verhängnisvoll sein, denn das bedeutet, daß sie noch zu ganz anderen Dingen imstande sind.

Es ist durchaus möglich, einen Computer bewußt so zu programmieren, daß er die Funktionen des Gehirnsystems nachahmt, wahrscheinlich sogar bis zum Lachen und zur Kreativität. Aber das bedeutet nicht, daß die beiden Systeme auf gleiche Weise funktionieren, außer auf der letzten Stufe, auf der Ebene des Ergebnisses. Es ist ganz einfach, jemandem zu sagen, er solle ein Quadrat zeichnen, viel umständlicher ist es, ihm die mathematische Definition eines Quadrats zu geben, obwohl das Ergebnis dasselbe wäre. Gleiche Ergebnisse setzen nicht gleiche Verfahren voraus.

Einfachheit und Kompliziertheit

Wenn man eine komplizierte Struktur betrachtet, fällt es einem schwer sich vorzustellen, daß sie aus einfachen Einheiten zusammengesetzt ist. Wenn man eine komplizierte Operation verfolgt, fällt es einem schwer sich vorzustellen, daß sie aus der Wechselwirkung einfacher Vorgänge besteht. Selbst wenn man bereit ist, solche Möglichkeiten anzunehmen, ist es immer noch schwierig zu erkennen, wie die Einheiten oder Vorgänge zusammenhängen.

Auf Seite 17 wird ein scheinbar kompliziertes Muster gezeigt. Welches ist das grundlegende Organisationsprinzip dieses Musters?

Auf Seite 18 werden vier Umrißzeichnungen gezeigt. Die Figuren sind aus gleichen Grundeinheiten zusammengesetzt. Welche Einheiten sind das und wie sind sie zusammengefügt?

Das Gehirn scheint ein so unerhört kompliziertes System zu sein, daß es offenbar eine sehr komplizierte Erklärung erfordert. Aber selbst die kompliziertesten Vorgänge können auf einfachen beruhen. Die kompliziertesten mathematischen Verfahren beruhen auf den vier Grundrechnungsarten, die jedes Kind in der Schule lernt: Addition, Subtraktion, Multiplikation und Division. Dennoch besteht ein himmelweiter Unterschied zwischen Rechenaufgaben im Schulheft und den mathematischen Operationen, die erforderlich sind, um ein Raumschiff exakt auf dem Mond zu landen. Die am weitesten entwickelten Computer können jede mathematische Aufgabe mit noch weniger Grundrechnungsarten lösen. Letztlich beruht die ganze Computertätigkeit auf dem einfachen Vorgang, durch den ein Schalter von einer Stellung in eine andere gelangt, von «ein» nach «aus» oder umgekehrt. Millionen solcher Schalter, auf verschiedene Weise angeordnet, im Raum oder in der Zeit, sind die Basis des Computer-Rechnens.

Die klangvollste Symphonie beruht auf wenigen Grundprinzipien der Musik. Ein gut Teil des Universums läßt sich mit wenigen Grundprinzipien der Physik erklären. Der einfache elementare Vorgang der Evolution durch zufällige Mutation und das Überleben der widerstandsfähigsten Lebewesen führt schließlich zu einer komplizierten Vielfalt von

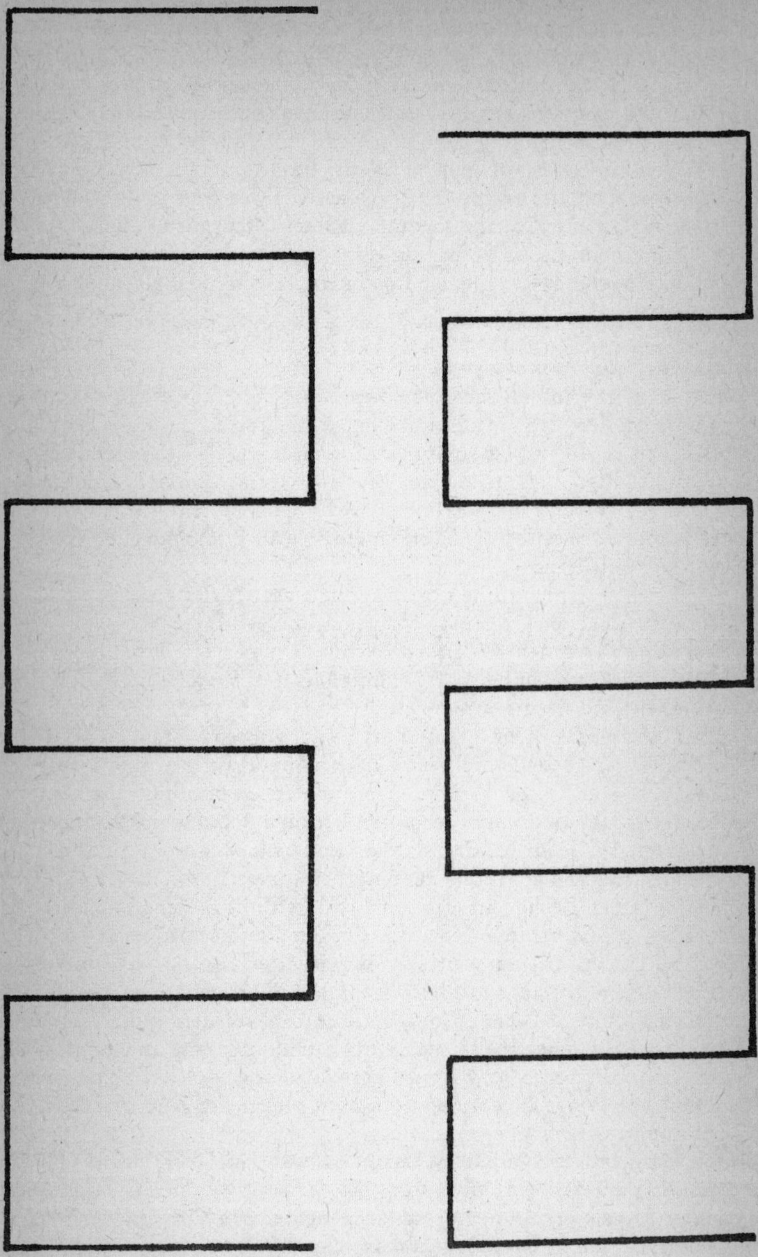

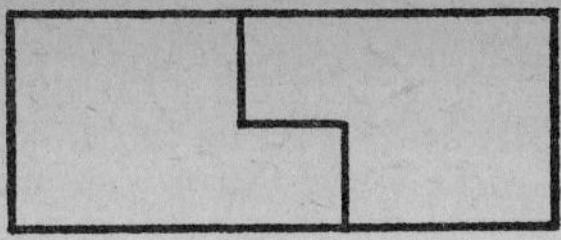

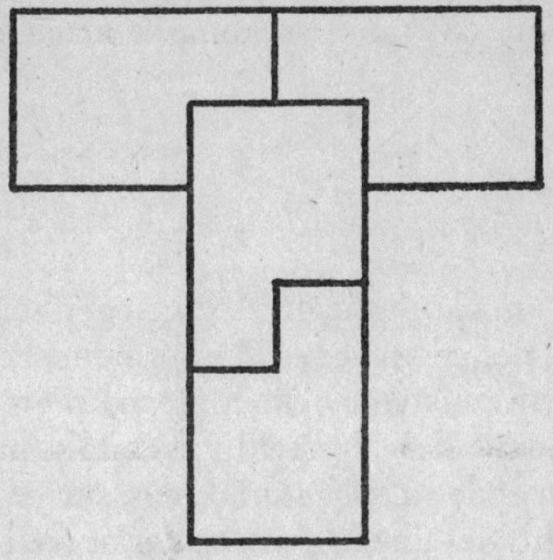

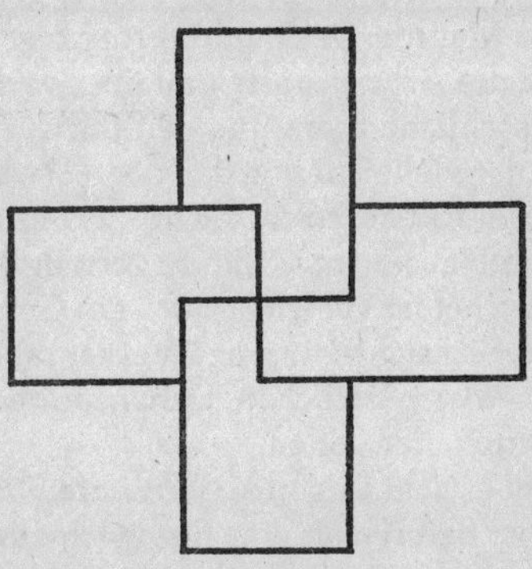

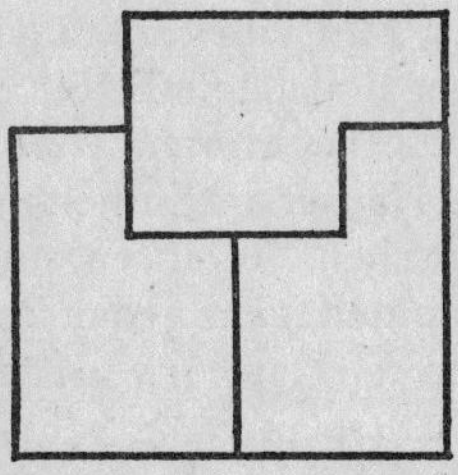

Gattungen.

Wenn man von einfachen Grundeinheiten ausgeht, ist es leicht, den Aufbau komplizierter Strukturen zu verstehen, die komplizierte Funktionen erfüllen. Doch wenn man von komplizierten Strukturen oder Funktionen ausgeht, ist es nicht so leicht, die zugrundeliegenden Vorgänge zu erkennen. In diesem Buch soll nicht das komplizierte Verhalten des Gehirnsystems in einfache grundlegende Vorgänge zerlegt werden, sondern einfache grundlegende Vorgänge sollen zu einem System zusammengefügt werden, das eines so komplizierten Verhaltens fähig ist wie das Gehirnsystem.

3.

Häuser zu bauen ist eine komplizierte Angelegenheit. Da ist einmal der Mann, der etwas von der chemischen Zusammensetzung von Ziegelsteinen versteht und weiß, aus welchem Material man sie am besten herstellt. Ein anderer kennt das Herstellungsverfahren von Ziegelsteinen sehr genau und verwendet das Material, das der erste ausgewählt hat, obwohl er selbst nicht viel über dieses Material weiß. Dann kommt der Maurer, der die Ziegel verlegt. Der Polier beaufsichtigt die Maurer und sagt ihnen, wo sie die Steine vermauern sollen, aber er selbst ist kein besonders geschickter Maurer. Der Bauunternehmer organisiert die Materiallieferungen und die Arbeitskräfte und überwacht den Fortgang der Arbeiten. Für die tatsächliche Form und den Entwurf des Hauses ist der Architekt zuständig, der vielleicht von den oben erwähnten Detailfragen nicht allzu viel versteht. Auf der nächsten Stufe kommt der Städteplaner, der bestimmt, wie die Häuser im Gelände verteilt werden sollen. Dem Städteplaner übergeordnet ist vielleicht noch ein Gesamtplaner, der entscheidet, wo unter Berücksichtigung des Verkehrsnetzes, der Bevölkerungsdichte und der wirtschaftlichen Entwicklung der verschiedenen Gebiete neue Städte entstehen sollen.

Bei dem Prozeß gibt es acht Organisationsstufen. Auf jeder Stufe wird das Ergebnis der nächst tieferen als eine Einheit angesehen und als solche in das System eingebracht. Die detaillierte Organisation der Einheit bleibt unberücksichtigt, sie wird als selbstverständlich erachtet und als Ganzes behandelt. Für den Maurer ist die funktionale Einheit ein Ziegelstein. Für den Bauunternehmer sind die Einheiten Arbeitskräfte, Ziegelsteine und Transportmittel, die koordiniert werden müssen. Für den Städteplaner sind vollständige Häuser die Einheiten.

Wenn man über die chemischen Verfahren, die für die Herstellung von Ziegelsteinen in Frage kommen, ganz genau Bescheid wüßte, würde einem das nicht viel Einblick in den Hausentwurf des Architekten oder in die Häuserverteilung des Städteplaners gewähren. An irgendeinem Punkt werden auf diesen anderen Stufen die tatsächlichen Eigenschaften des Ziegelsteins berücksichtigt. Wären die Steine zum Beispiel besonders schwer, dann müßte der Bauunternehmer dem beim Einsatz der Arbeitskräfte und Transportmittel Rechnung tragen.

Von den Eigenschaften der Grundeinheit muß man zwar auf jeder Stufe etwas wissen, aber eine detaillierte Kenntnis der Grundeinheit gibt selbst noch keinen Aufschluß über die höheren Organisationsstufen. Je höher die Organisationsstufe ist, desto unwichtiger sind detaillierte Kenntnisse von der Grundeinheit, vorausgesetzt, ihre Eigenschaften stimmen mit der Art und Weise überein, wie sie verwendet wird. So ist es dem Gesamtplaner vermutlich gleichgültig, ob die Häuser aus Ziegelsteinen oder Beton gebaut werden.

Die Dreielektrodenröhre und der Transistor erfüllten ungefähr die gleiche Funktion, obwohl sie sehr verschiedene Strukturen aufweisen; die Funktion des Geräts, nicht seine detaillierte Struktur ist für Computer wichtig. Wenn man allerdings überhaupt keine Ahnung von dem Größenunterschied zwischen einer Dreielektrodenröhre und einem Transistor hat, dann könnte das zum Entwurf viel zu umfangreicher Anlagen führen, und wenn man nichts von der Hitzeempfindlichkeit der Transistoren weiß, könnten ebenfalls Entwurfsschwierigkeiten auftauchen. Worauf es tatsächlich ankommt ist, daß die Grundfunktion der Einheit in groben Zügen verstanden wird. Wachsende Detailkenntnis über Dreielektrodenröhren oder Transistoren gibt an sich noch keinen Aufschluß über die höhere Organisationsstufe, auf der die Einheiten in ein Rechensystem eingegliedert werden.

Detaillierte Information auf der untersten Organisationsstufe sagt möglicherweise niemals etwas über die höheren Organisationsstufen aus, aber Information auf den höheren Organisationsstufen kann selbst dann nützlich sein, wenn keine detaillierte Information zur Verfügung steht. Ein Politiker kann praktische Entscheidungen über den Einsatz von Atomsprengstoffen treffen, auch wenn er die dabei in Frage kommenden physikalischen Vorgänge im einzelnen nicht versteht. Er braucht nur zu wissen, wie man die Waffen verwendet, wie sie an den Einsatzort zu bringen sind, und mit welchem Ausmaß von Zerstörung, mit welchen unmittelbaren und langfristigen Wirkungen zu rechnen ist.

Was nun das Gehirnsystem angeht, so sind gewisse allgemeine Funktionen von Nervenzelleneinheiten bekannt. Detailliertes Wissen auf dieser Ebene sagt nicht unbedingt etwas über die höheren Organisationsstufen der Einheiten aus. Ebenso ist es möglich, daß gewisse allgemeine Organisationsprinzipien auf den höheren Stufen kein detailliertes Wissen von den Grundeinheiten voraussetzen. Steht die Funktion einer Einheit einmal fest, ist der genaue Mechanismus dieser Funktion für die Gesamtorganisation irrelevant.

Die Schwierigkeit liegt darin zu entscheiden, auf welcher Organisationsstufe die Arbeitsweise eines Systems am besten erforscht werden kann. Ist die Stufe zu stark gegliedert, und sind die Einheiten zu klein, dann kann es geschehen, daß die Gesamtfunktion des Systems überhaupt nicht erfaßt wird. Ist die Stufe andererseits zu hoch, könnte es passieren, daß das System nur in allgemeinen funktionalen Begriffen beschrieben wird, die keinerlei praktischen Wert haben. Man könnte zum Beispiel zu dem Schluß kommen, daß das Gehirn Information verarbeitet, oder daß es Muster wiedererkennt. Im Idealfall würde man gern eine Stufe wählen, die nicht nur zuläßt, Beobachtungen adäquat zu erklären, sondern auch nützliche Voraussagen zu machen.

Der Grad der Nützlichkeit einer Voraussage braucht nicht absolut zu sein. Vielleicht ist es nur möglich, einen gewissen Verhaltenstyp vorauszusagen und nichts Genaues über das Verhalten selbst. Dennoch kann das nützlich sein. Es ist gewiß erheblich besser als gar keine Voraussage.

Denken Sie einmal über das System eines Mannes nach, der an einem Tisch sitzt und in den hohlen Händen einen Würfel schüttelt. Ab und zu wirft er den Würfel auf den Tisch. Nach dieser allgemeinen Beschreibung des Systems können Sie nicht sagen, welche Zahl er gewürfelt hat, oder wann er sie gewürfelt hat. Doch selbst aus dieser Beschreibung können Sie allerhand schließen. Sie können sicher sein, daß er keine höhere Zahl als sechs würfelt. Sie können ebenfalls sicher sein, daß, wenn der Vorgang lange genug anhält, jede Zahl von eins bis sechs ungefähr gleich oft gewürfelt wird. Es wäre vielleicht viel nützlicher, wenn Sie genau angeben könnten, wann eine bestimmte Zahl gewürfelt wird, aber daß man eine so detaillierte Beschreibung nicht geben kann, bedeutet nicht, daß man überhaupt keine nützlichen Voraussagen, wie zum Beispiel die über die gleichmäßige Verteilung machen kann. – Zwei Männer beginnen an zwei verschiedenen Orten eine Wanderung. Das ist die erste Beschreibungsstufe des Systems. Von verschiedenen Punkten aus machen sie sich auf derselben Straße auf den Weg und gehen einander entgegen. Das ist die zweite Beschreibungsstufe, und selbst auf dieser Stufe kann man etwas Nützliches voraussagen. Irgendwo, irgendwann müssen sie sich treffen, gleichviel, wie schnell sie gehen oder wie weit ihre Ausgangspunkte voneinander entfernt waren. Auf der dritten Beschreibungsstufe weiß man, daß die Ausgangspunkte 30 Meilen auseinander liegen, daß A um 8 Uhr aufbricht und 6 Meilen in der Stunde zurücklegt, während B um 10 Uhr aufbricht und mit einer Stundengeschwindigkeit von 4 Meilen marschiert. Auf Grund dieser Information kann man voraussagen, daß sie sich um 11 Uhr 48 in 7,2 Meilen Entfernung von B's Ausgangspunkt treffen werden. Auf den ersten Blick mag diese detaillierte Voraussage sehr viel nützlicher erscheinen als die einfache Voraussage, daß sie sich irgendwo treffen. Aber vielleicht ist sie in Wirklichkeit gar nicht so viel nützlicher. Vielleicht war das Wesentliche an der Sache, daß die beiden sich überhaupt nicht treffen sollten, weil sie Todfeinde sind. In diesem Fall wäre es besser gewesen, gleich die einfache Voraussage zu machen, als es abzulehnen, sich auf Voraussagen ohne detailliertere Information einzulassen.

4.

In der Philosophie übliche Wortbeschreibungen können niemals falsch sein, denn was da beschrieben wird, wird erst im Laufe der Beschreibung geschaffen. Wörter wie «Ich», «Bewußtsein», «freier Wille», «Humor», «Motivierung», «Lernen» und «Einsicht» sind als verzeichnende Beschreibungen für die Kommunikation nützlich, als Erklärungen sind sie unbrauchbar. Sie erzeugen sich selbst auf eine Weise, die folgerichtig ist, die aber nicht erklärt, was beschrieben wird.

«Selbstmord wird verursacht durch die selbstzerstörerischen Neigungen, die für die Menschheit charakteristisch sind.» Auf den ersten Blick scheint dieser Satz eine nützliche Erklärung des Phänomens Selbstmord zu bieten. Aber tut er das wirklich? Selbstmord ist eindeutig Selbstzerstörung, und man kann diesen Ausdruck an Stelle des Wortes Selbstmord verwenden. Wenn Angehörige einer Gattung von Lebewesen tatsächlich Selbstmord begehen, dann kann man mit Recht behaupten, es bestehe eine selbstmörderische Neigung bei dieser Gattung. Da es sich bei der fraglichen Gattung um die Menschheit handelt, ist diese Neigung für die Menschheit charakteristisch. Daher erklärt der Satz «Selbstmord wird verursacht durch die selbstzerstörerischen Neigungen, die für die Menschheit charakteristisch sind» nicht mehr als der folgende Satz: «Als Grund für den Selbstmord wird die Tatsache angeführt, daß Menschen tatsächlich Selbstmord begehen.»

Als Erklärung gleicht dieser Satz einem Hund, der sich in den Schwanz beißen will, doch als Beschreibung hat er seinen Wert. Er deutet an, daß Selbstmord nicht durch abnorme Verirrung oder Druck von außen hervorgerufen zu sein braucht, sondern daß er der Ausdruck einer Neigung ist, die zur menschlichen Veranlagung gehört. Das mag so sein, aber da es sich um eine bloße Beschreibung handelt, sollte man sich darauf nicht wie auf eine Tatsache stützen. Sonst gerät man leicht in die Lage, mit Wörtern hinter Wörtern herzujagen und sie in ein höchst kompliziertes und wenig nützliches Schema zu pressen.

In welche Schwierigkeiten man mit Wörtern geraten kann, geht aus einigen alten Argumenten im Streit über Determinismus, Willensfreiheit, Verantwortung und Strafe hervor. Ein Argument lautet, daß der Mensch, wenn seine Taten völlig determiniert sind, nicht mehr für das, was er tut, verantwortlich gemacht werden könne und daß es daher ungerecht sei, ihn zu bestrafen. Man könnte ebenso gut argumentieren, es sei die einzig mögliche Rechtfertigung für die Strafe, daß die Taten determiniert sind. Man hoffe, daß die Erinnerung an eine Strafe oder die Vorahnung einer Strafe zu einem der determinierenden Faktoren werde. Alles hängt davon ab, wo man die Grenze für das Ich zieht: ob das Ich die determinierenden Faktoren einschließt oder ob angenommen wird, daß es davon unabhängig sei.

Um überhaupt weiterzukommen, versucht man, vom Wort als Ding an sich freizukommen und es nur zur Beschreibung für andere Dinge zu verwenden, die ihre eigene Daseinsberechtigung haben. Wenn das Verhalten eines Autos determiniert ist durch seine Konstruktion und Motorleistung, dann enthält eine Beschreibung des Systems zwar Wörter, aber sie beziehen sich auf das Autosystem und nicht aufeinander.

Modelle

Wenn Sie einen Kinderbaukasten nehmen und das Funktionsmodell eines Krans bauen, dann hängt das Funktionieren des Krans von den ausgewählten Teilen ab und von der Art und Weise wie sie zusammengesetzt werden. Sobald die Teile einmal ausgewählt und zusammengesetzt sind, funktioniert das Modell entsprechend seiner Beschaffenheit. Derjenige, der es hergestellt hat, steuert es nicht mehr, sondern beobachtet es nur noch. Gewöhnlich wird sich das Modell wie erwartet verhalten, aber es kann auch die Erwartungen des Urhebers übertreffen. Sobald das Modell konstruiert ist, hat es seine eigene Existenz und seine eigene Funktionsweise. Wenn Sie, statt tatsächlich einen Kran zu konstruieren, sich nur einen ausgedacht hätten, dann hätte es Ihnen freigestanden, sich alle möglichen Verhaltensweisen für diesen Kran auszudenken. Aber bei diesem Verhalten hätten Sie nichts gelernt, denn alles wäre von Ihnen selbst ausgegangen. Bei einem Modell hingegen setzen Sie nur die Teile zusammen und lernen dann aus dem, was geschieht.

Ein Modell ist eine Methode, Relationen der Vorgänge aus ihrer tatsächlichen Umgebung in eine Umgebung zu versetzen, in der sie bequemer untersucht werden können. In einem Modell bleiben Verhältnisse und Vorgänge unverändert, obwohl die Dinge, die durch sie in Verbindung gebracht werden, verändert sein können. Um die Proportionen der Westminster Abbey zu untersuchen, könnte man eine Fotografie machen und sie studieren. Die Fotografie ist ein Modell der Abtei, und die Verhältnisse sind erhalten, obwohl es jetzt unterschiedlich schattierte Papierflächen sind, die untereinander in Verbindung stehen. Besser wäre ein dreidimensionales Modell aus Holz oder Pappe, das noch mehr von den Verhältnissen bewahren würde.

Für alle Modelle ist diese Übertragung der Verhältnisse von ihrer ursprünglichen Umgebung in eine andere charakteristisch. Auf einer Landkarte werden die Verhältnisse der Landschaft auf ein Stück Papier übertragen, das viel besser zu übersehen ist. Sobald die Übertragung vollzogen ist, zeigen die Verhältnisse innerhalb des Modells, was geschehen kann. Die Wege subatomarer Teilchen in der Physik werden in Bahnen winziger Bällchen umgewandelt, die fotografiert und gemessen werden können. Eine Uhr ist eine Methode, Zeit auf die Stellung zweier in bestimmtem Verhältnis zueinander stehender Metallstückchen zu übertragen. Alle wissenschaftlichen Meßinstrumente sind nur Methoden, irgendeine Erscheinung in etwas anderes umzuwandeln, das leicht zu handhaben ist, sei es nun eine Kurve auf einem Stück Papier, ein

Zeiger auf einer Skalenscheibe oder eine gedruckte Figur. Ein Buch ist eine Umwandlung von Ideen in ein schwarzweißes Muster von einiger Dauerhaftigkeit. Geld ist die Umwandlung von Arbeit in ein Stück Papier.

All diese Umwandlungen haben den Zweck, Modelle zu schaffen, die Vorgänge und Verhältnisse so darstellen, daß sie leichter durchschaubar und handhabbar sind. Zum Beispiel kann ein Temperaturmeßgerät die Temperaturschwankungen in einem Lagerhaus in eine Wellenlinie auf einem Stück Papier umwandeln. Hier ist die Umwandlung von einer zeitlichen Folge in eine räumliche überaus zweckdienlich, denn auf diese Weise ist die ganze Information mit einem Blick zu erfassen.

Manche Funktionsmodelle simulieren tatsächlich Vorgänge, die überprüft werden können. Andere Modelle stellen nur die Verhältnisse dar, und der Beobachter muß die Arbeit übernehmen. Die Linie, die durch die Projektion eines Kegels auf ein Stück Papier entsteht, ist einfach eine Linie, aber der Beobachter, der von hier aus weiterarbeitet, entdeckt die Mathematik der Kegelschnitte.

Ein Kind, das ein Modellhaus baut, schneidet das Ganze vielleicht aus Pappe oder einem Pappkarton aus. Es könnte auch die fertigen Bauklötze aus Plastik verwenden. Sie eignen sich für Bauten aller Art. Man braucht sie nur in bestimmter Weise ineinanderzustecken und kann so alles mögliche konstruieren.

So verhält es sich auch mit anderen Modellen. Man kann ein bestimmtes, an eine Situation gebundenes Modell herstellen, man kann aber auch einen für viele Zwecke geeigneten Modellbaukasten benutzen. Die Mathematik ist offensichtlich ein solcher Baukasten. Da gibt es Bestandteile, die auf bestimmte Arten zusammenpassen; diese Arten des Zusammenpassens sind die Regeln der Mathematik. Man kann mit solchen vorgeprägten Bestandteilen Situationen aus dem wirklichen Leben in Form eines Modells darstellen. Sobald die Umwandlung geschehen ist, läßt man das Modell nach seinen eigenen Regeln weiterarbeiten. Man verfolgt, was geschieht, und übersetzt es dann wieder zurück in die wirkliche Welt, um herauszubekommen, was dort geschehen wäre. Mathematik ist nichts anderes als ein System, das, indem es bestimmte Regeln befolgt, Modelle aus Bleistift und Papier hervorbringt.

Zeichensystem

Jedes Zeichensystem ist ein Modellbausystem. Die Mathematik ist ein Zeichensystem, mit dem sehr viel Erfahrungen gesammelt wurden. Das bedeutet, daß die Leute sehr gut gelernt haben, bestimmte Modelltypen zu erkennen, und daß sie wissen, wie man mit ihnen arbeitet. Die gewöhnliche Sprache ist ein weiteres Zeichensystem mit eigenen Funktionsregeln.

Weil Bezeichnungen so willkürlich zu sein scheinen, ist es schwierig zu ermessen, wie wichtig sie bei der Entwicklung von Ideen sind. Es ist ähnlich wie bei den verschiedenen Typen von Bauklötzen. Ist die Konstruktion gut, gibt es einen großen Spielraum für das, was gebaut wird. Eine schwerfällige Konstruktion kann Fortschritte unmöglich machen.

Die Entwicklung der Mathematik wurde lange aufgehalten durch das schwerfällige Zeichensystem der Griechen und Römer. Das römische System eignete sich gut zum Addieren, Subtrahieren und Verbuchen, erwies sich aber als unzweckmäßig beim Multiplizieren oder Dividieren. Dann kam das arabische System, das sowohl die Stellung als auch die Form eines Symbols berücksichtigte. Die Erfindung der Null war ein großer Fortschritt in der Entwicklung der Mathematik, und die Erfindung des Dezimalsystems erleichterte die Dinge abermals.

Descartes Erfindung der Koordinaten ermöglichte die Weiterentwicklung der analytischen Geometrie. Unabhängig voneinander entdeckten Newton und Leibniz die Infinitesimalrechnung, aber Newtons Zeichensystem war so schwerfällig im Vergleich zu dem von Leibniz, daß diejenigen, die Leibniz folgten, sehr viel weiter kamen. Das ist erstaunlich, wenn man bedenkt, daß die Grundprinzipien in beiden Fällen dieselben und nur die Bezeichnungen verschieden waren.

Die Auswirkung der verschiedenen Bezeichnungsarten auf die Entwicklung der Mathematik ist augenfällig. Beim Zeichensystem der Sprache ist die Wirkung wahrscheinlich auch sehr groß, aber weniger offenkundig. Die Wahl eines praktischen Zeichensystems mag die Entwicklung verschiedener Ideen begünstigt haben. Eine wichtigere Auswirkung ist die Art und Weise, wie die Wahl des Zeichensystems die Kommunikation verändert. Je schwieriger ein Zeichensystem ist, desto länger kann es dauern, bis man es erlernt, und das würde wiederum die Ausbildungszeit verlängern. Wenn man das Alphabet von sechsundzwanzig Buchstaben mit der riesigen Zahl chinesischer Schriftzeichen vergleicht, kann man ermessen, welche Vorteile es zum Beispiel beim Schreibmaschineschreiben bietet.

Die symbolische Logik ist eine weitere nomenklatorische Entwicklung der Sprache, die sie der Mathematik näherbringt. Es ist möglich, daß das Zeichensystem der Sprache, sowohl hinsichtlich der visuellen wie der auditiven Zeichen, noch weiterentwickelt werden kann. Zum Beispiel scheint es bis jetzt in der Sprache kein Äquivalent für die Null in der Mathematik zu geben.

Die Bezeichnungsweise ist völlig willkürlich und passiv. Sie mag sogar insignifikant erscheinen gegenüber dem beschriebenen Gegenstand, ebenso wie die Wahl einer Sprache viel weniger wichtig erscheinen mag als das, was in dieser Sprache gesagt wird. Dennoch ist sie unerhört wichtig. Sie und ihre Regeln bilden selbst ein Modell, und von dem reibungslosen Funktionieren dieses Modells hängt es ab, wie gut eine Situation des wirklichen Lebens erforscht werden kann. Man würde sich kaum daranmachen, die Schwierigkeiten des Fluges mit einem Flugzeugmodell aus Ton zu erforschen.

Modelle und Bezeichnungen in diesem Buch

Die Funktion des Gehirnsystems wird in diesem Buch nicht mit Worten, sondern mit Arbeitsmodellen beschrieben. Die Modelle werden aufgebaut, um gewisse Prozesse nachzuahmen, um dann beobachten zu können, wie sie vor sich gehen. Man sieht, was geschieht, wenn verschiedene Vorgänge und Verhältnisse kombiniert werden. Hier sollen nicht Wörter hinter Wörtern herjagen, die sich in einem endlosen Kreislauf gegenseitig hervorbringen und rechtfertigen. Wörter werden nur benutzt, um das Verhalten des Modells zu beschreiben, und das ist unabhängig von dem benutzten Wort.

Die Modelle sind lediglich Funktionsmodelle, sie verkörpern grundlegende Vorgänge, die einfach zu verstehen sind. Es stimmt, daß viele der durch diese Modelle aufgezeigten Verhältnisse und Vorgänge ebenso leicht durch mathematische Modelle dargestellt werden könnten, aber außer für diejenigen, die immer mit ihnen arbeiten, können mathematische Modelle schwer verständlich sein, während ein Modell, das sich das Verhalten von – sagen wir – gewöhnlichem Gelee zunutze macht, viel leichter zu begreifen ist. Der Vorgang selbst kann in beiden Fällen gleichermaßen subtil beschrieben werden. Der Vorteil eines leichtbegreiflichen Modells liegt darin, daß der Leser es sich vorstellen und sich im Geist damit beschäftigen kann.

Insofern, als Mathematik die Darstellung von Verhältnissen ist, sind reale Modelle mathematische Modelle, wenn sie gewissen, genau umrissenen Regeln unterworfen sind. Mathematik im eigentlichen Sinne ist nicht bloß die Anordnung von Zeichen auf Papier. Stonehenge[1] ist ein mathematisches Modell, und die Pyramiden wahrscheinlich auch.

Die Vorteile, die ein Modell, mit dem man sich beschäftigen oder das man sich vorstellen kann, bei der Benutzung bietet, sind groß im Vergleich zur reinen Beschreibung. Eine Beschreibung bedient sich nur einer bestimmten Art und Weise, etwas zu betrachten; sie beschreibt, was im Augenblick bemerkt wird, was im Augenblick sinnvoll ist. Ein reales Modell dagegen enthält alles, was jederzeit bemerkt werden könnte; es schließt alle möglichen Betrachtungsweisen der Situation ein. Sollte sich der Standpunkt ändern, kann man von vorn beginnen und den neuen Standpunkt suchen.

Auf Seite 30 wird eine einfache reale Figur gezeigt, die als «L»-förmig beschrieben werden könnte. Das ist eine angemessene Beschreibung, die aber nicht so nützlich ist, wie die tatsächliche Figur. Bei der tatsächlichen Figur kann man immer wieder von vorn beginnen und einmal auf die Länge, einmal auf die Breite der Schenkel und dann wieder auf die Ausrichtung der Figur achten. Es ist richtig, daß all diese Dinge auch in einer gründlichen Beschreibung enthalten sein könnten, aber das wäre

1 Kultstätte der Jungsteinzeit und frühen Bronzezeit in der englischen Grafschaft Wiltshire. (Anm. d. Übers.)

umständlich. Es ist viel besser, sie in einem allzeit greifbaren Modell zur Verfügung zu haben, so daß man nur dann auf sie zurückzukommen braucht, wenn es erforderlich ist.

Einige neue Bezeichnungen sind in diesem Buch eingeführt worden. Diese Bezeichnungen wurden erfunden, um die Beschreibung gewisser Vorgänge und Verhältnisse zu erleichtern, die schwer zu beschreiben sind. An alle neuen Bezeichnungen muß man sich erst gewöhnen, aber wenn man sie einmal kennt, erleichtern sie die Dinge.

Modell und Gehirn

Nachahmung des Verhaltens bedeutet nicht Gleichartigkeit des Mechanismus, der diesem Verhalten zugrunde liegt. Das in diesem Buch beschriebene Verhalten des informationsverarbeitenden Systems mag dem des Gehirns ähneln, was nicht heißt, daß im Gehirn ein gleichartiger Mechanismus wirksam ist. Dennoch gibt es verschiedene Gründe für die Nützlichkeit einer solchen Betrachtungsweise.

1. Der beschriebene, informationsverarbeitende Mechanismus an sich kann interessant sein als Beispiel für ein sich selbst optimierendes und selbst organisierendes passives System, das mit Hilfe einiger grundlegender Operationen zu effektiver Informationsverarbeitung fähig ist.

2. Das beschriebene System ist fähig zu Prozessen wie «Ich», «Aufmerksamkeitslenkung», «Denken», «Lernen» und sogar «Humor». Diese und andere verwandte Prozesse werden gewöhnlich als spezifisch menschlich angesehen. Daß sie von einer rein mechanischen Maschine – und noch dazu einer passiven – nachgeahmt werden können, kann nicht ohne Auswirkung auf die Vorstellung bleiben, das menschliche Gehirn funktioniere auf eine einzigartige und wunderbare Weise.

3. Obwohl das System im Grunde sehr effektiv ist, gibt es gewisse inhärente Fehler und Grenzen, die bei der Informationsverarbeitung zu bestimmten Fehlertypen führen. Solche unausweichlichen Fehler dringen in die Denkprozesse des Systems ein. Die Vorstellung, daß es eingebaute Fehler bei einem informationsverarbeitenden System geben kann, mag für das menschliche Denken auch dann von Bedeutung sein, wenn es für das System selbst irrelevant ist.

4. Statt des üblicheren verbalen Philosophierens darüber, was im Verstand vor sich geht, bietet das System eine mechanische Philosophie. Innerhalb ihrer Gesetzmäßigkeiten ist diese ebenso stichhaltig wie die verbalen Beschreibungen, und sie vermeidet außerdem einige zirkuläre Tendenzen verbaler Beschreibungen. Wie jeder Mythos kann dieser mechanische Mythos als organisierende Idee eine nützliche Folgerichtigkeit haben, unabhängig davon, ob seine objektive Richtigkeit nachgeprüft werden kann oder nicht.

5. Die bei weitem wichtigste Funktion des beschriebenen Systems besteht darin, daß es bestimmte Ideen hervorbringt, die dann selbst wieder untersucht werden können. Die Stichhaltigkeit der Ideen ist nicht

bewiesen durch die Art und Weise, wie sie zustande kommen, aber sobald sie einmal da sind, könnten sie sich selbst als stichhaltig erweisen. In dieser Eigenschaft dient das System als Methode zur Erzeugung von Ideen, die dann aus eigener Kraft überleben können.

6. Obwohl formell nicht der Versuch gemacht wird zu beweisen, daß das beschriebene informationsverarbeitende System mit dem des Gehirns identisch ist, so gibt es doch Anzeichen dafür, daß es so sein könnte. Einzelheiten der beiden Systeme mögen verschieden sein, aber wahrscheinlich gehören sie derselben großen Systemklasse an. In einem späteren Abschnitt wird die Ähnlichkeit zwischen den funktionalen Einheiten des informationsverarbeitenden Systems und denjenigen, die im Gehirn wirken, besprochen.

Was immer es sonst leistet, die Beschreibung des informationsverarbeitenden Systems sollte die eigenen Gedanken des Lesers über die Abhängigkeit der Gehirnfunktion von ihrer eigenen Struktur anregen.

Man spricht davon, daß Computer ein Gedächtnis haben. Das heißt, man bedient sich einer menschlichen Analogie, um einen mechanischen Prozeß zu beschreiben. In diesem Buch werden die in den Modellen ablaufenden Prozesse oft so beschrieben, als ob sie im menschlichen Gehirn vor sich gingen. Das heißt, das Analogie-Verfahren wird fortgeführt, denn es wäre völlig unmöglich, den Prozeß mit anderen Begriffen zu beschreiben. Damit soll aber nicht gleichsam hinterrücks die Behauptung aufgestellt werden, daß ähnliches Verhalten ein Beweis für die Ähnlichkeit des Mechanismus sei.

5.

Gedächtnis

Eine Erinnerung ist das, was von einer Begebenheit zurückbleibt, deren Spuren nicht völlig ausgelöscht wurden. Diese Spuren sind an keinen bestimmten Ort gebunden, und sie brauchen über das, was geschehen ist, nicht viel auszusagen.

Wenn Sie durch eine Drehtür gehen, die sich hinter Ihnen weiterdreht, dann ist keine Erinnerung mehr da an das, was geschehen ist. Gehen Sie durch eine gewöhnliche Tür und lassen Sie sie hinter sich offen, dann ist die offene Tür eine Erinnerung an Ihr Hindurchgehen. Die Tür ist nicht so, wie sie vorher war – worauf andere Leute im Zimmer bald hinweisen werden.

Wenn ein Hund über den Teppich geht und das Zimmer verläßt, bleibt keine Erinnerung an seine Gegenwart, es sei denn, sie haben eine empfindliche Nase. Wenn der Hund schmutzige Pfoten hatte, dann wäre die Gedächtnisspur offensichtlicher.

Man könnte auf den Gedanken kommen, daß in indischen Restaurants absichtlich kleine Teller verwendet werden, damit die Portionen größer wirken; aber vielleicht sind die Portionen wirklich groß, denn man braucht kein besonders schlampiger Esser zu sein, um Curryflecke auf dem Tischtuch zu hinterlassen. Die Curryflecke sind eine Erinnerung. Alles, was zurückbleibt, wenn die Handlung, die es verursacht hat, beendet ist, ist eine Erinnerung an die Handlung.

Die Curryflecke auf dem Tischtuch sind ein Beispiel für die gewöhnlichste Form der Erinnerung, nämlich Spuren auf einer Oberfläche. Eine Schrift oder Zeichnung oder Fotografien sind sämtlich Beispiele dieser Art von Gedächtnisspuren.

Eine Tür, die offenblieb, Schmutzspuren auf dem Teppich, Curryflekke auf dem Tischtuch lassen nicht viel Schlüsse zu über das, was geschehen ist. Die Tür kann der Wind aufgeschlagen haben. Die Spuren auf dem Teppich könnte eine Katze hinterlassen haben, sie könnten aber auch der witzige Einfall eines modernen Innenarchitekten sein. Die Curryflecke könnte ein Schimpanse gemacht haben. Das hindert nicht, daß die offene Tür, die Schmutzspuren und die Curryflecke Erinnerungen sind, denn eine Erinnerung braucht nicht viel Aufschluß über das zu geben, was sie verursacht hat. Die Interpretation oder Entzifferung der Erinnerung mag schwierig, irreführend oder gar unmöglich sein. Aber solange es etwas gibt, das zu entziffern man versuchen kann, solange gibt es eine Erinnerung.

Eine Fotografie ist eine Anordnung von Silberteilchen auf einem Stück Papier. Die Anordnung stellt eine Erinnerung an das dar, was fotografiert wurde. Gewöhnlich ist eine Fotografie eine gute Gedächtnisspur und nicht schwierig zu interpretieren. Dennoch erfordert die Interpretation von Fotografien Erfahrung. Wenn primitiven Menschen, die niemals eine bildliche Darstellung gesehen haben, Fotografien gezeigt werden, dann sind sie gar nicht fähig, sich unter den Licht- und Schattenflecken, aus denen die Fotografie besteht, etwas vorzustellen.

Eine vollkommene Gedächtnisspur erfordert überhaupt keine Interpretationsanstrengung. Das liegt daran, daß die Erinnerung das Ereignis, durch das sie verursacht wurde, neu erschafft. Ein gutes Beispiel dafür ist die Tonaufnahme. Bei diesem Vorgang werden zeitliche Muster in räumliche verwandelt. Zeitliche Muster zu speichern wäre unmöglich; räumliche Muster lassen sich sehr leicht speichern. Abgesehen von dem Muster gibt es keine wahrnehmbare Ähnlichkeit zwischen einem Ton und der Anordnung kleiner Rillen auf einer Kunstharzplatte oder der Verteilung der magnetischen Stellen auf einem Band. Dennoch verwandelt ein Plattenspieler oder ein Tonbandgerät diese Anordnungen zurück in den tatsächlichen Ton, der sie hervorbrachte. Kein Gedächtnissystem könnte perfekter sein.

Ist man selbst nicht so perfekt, versucht man, aus dem, was zurückgeblieben ist, das Geschehene zu erraten. Bei einer einigermaßen gelungenen Fotografie braucht man nicht besonders gut raten zu können. Bei der offenen Tür, den Schmutzspuren auf dem Teppich, den Curryflecken auf dem Tischtuch muß man sich schon etwas anstrengen.

Erfahrung und andere Lösungshilfen erleichtern das Raten. Was Sie von dem Türschloß wissen und seinem gewöhnlichen Verhalten würde die Vermutung ausschließen, daß die Tür vom Wind aufgeschlagen wurde. Was sie über Restaurants und die Seltenheit von Schimpansen wissen, würde den Schluß nahelegen, daß wohl doch eher ein Mensch den Curryreis gegessen hat, selbst wenn seine Tischmanieren nicht viel anders als die eines Schimpansen waren. Die in einer bestimmten Gruppierung auf dem Teppich vorgefundenen Schmutzspuren würden auf ein Tier hindeuten. Wenn Sie in der Ecke noch irgendwelche anderen Häufchen fänden, wäre die Interpretation der Spuren sehr viel einfacher. Und wenn Sie Erfahrung als Fährtenfinder hätten, könnten Sie vielleicht den Unterschied zwischen Katzen- und Hundespuren feststellen. Jedenfalls können Gegenstände, die mit der Gedächtnisspur selbst nicht unmittelbar etwas zu tun haben, die Entzifferung wesentlich erleichtern.

Eine Gedächtnisspur braucht also selbst nicht besonders aufschlußreich zu sein, um benutzt zu werden. Für sich betrachtet kann sie nutzlos sein, sie kann aber sehr nützlich werden, wenn sie in einen allgemeinen Zusammenhang eingefügt wird – was bedeutende Kriminalschriftsteller immer wieder beweisen. Es genügt, daß eine Erinnerung das ist, was zurückbleibt, wenn etwas geschehen ist, das nicht völlig ausgelöscht wurde.

Weniger deutliche Erinnerungen

Gewöhnlich stellt man sich Erinnerungen so vor, als würden sie auf leere Blätter geschrieben, so wie ein neues Stück Film für eine neue Fotografie verwendet wird. Erinnerungen dieser Art sind leicht zu erkennen. Aber Erinnerungen können auch nur etwas verändern, das ohnehin vor sich geht.

Ein Maler malt ein Porträt. Sein Kind stößt an seinen Ellbogen. Was auf der Leinwand geschieht, ist eine Erinnerung an diesen Stoß. Das Ergebnis kann ein deutlicher Schnörkel sein oder auch bloß eine Veränderung der Form eines Ohrs in dem Porträt. Es ist relativ einfach, den Schnörkel zu erkennen und zu interpretieren. Die Änderung der Ohrform ist zwar eine ebenso reale Erinnerung, sie ist aber viel schwieriger zu interpretieren. Dennoch sind die meisten Erinnerungen eher Modifikationen eines gerade stattfindenden Prozesses als eigenständige Markierungen.

Eine andere Art von Erinnerung ist noch weniger offensichtlich. Man erwartet nicht immer, daß eine Erinnerung die Ereignisse vollständig wiedergibt, die sie gespeichert hat, aber man erwartet, daß eine Erinnerung irgendeinen Hinweis auf diese Ereignisse gibt. Aber es gibt Erinnerungen, die nicht greifbar sind und die man deshalb auch nicht untersuchen kann. Solche Erinnerungen erleichtern lediglich die Wiederholung eines Vorgangs.

Wenn Sie sich die Schulter ausrenken, dann kann es sein, daß nach der Heilung nichts mehr davon zu sehen ist. Auch eine Röntgenaufnahme würde nichts mehr zeigen. Dennoch könnte es leichter nun geschehen, daß die Schulter wieder ausgerenkt wird. Eine zweite Verrenkung würde eine dritte noch erleichtern und so weiter. Die Erinnerung an die Verrenkungen würde eine zunehmende Tendenz zu Verrenkungen mit sich bringen, bis Sie sich zuletzt operieren lassen müßten, damit die Sache endlich gut wird. Dieser erleichternde Effekt ist eine verborgene Erinnerung, die sich nur in der Tendenz, etwas Geschehenes wieder geschehen zu lassen, manifestiert.

In einer Beziehung ist diese erleichternde Erinnerung eine aktive Erinnerung, denn statt nur ein passiver Hinweis auf das zu sein, was geschehen ist, trägt sie tatsächlich dazu bei, das Ereignis von neuem herbeizuführen.

Ein einfaches Modell dieser Art von Erinnerung läßt sich mit Bausteinen vom Lego-Typ herstellen. Einige dieser Bausteine werden zu kleinen Pfeilern zusammengesetzt und auf ein Brett gestellt, wie auf Seite 36 gezeigt. Wenn Sie das Brett allmählich kippen, indem Sie eine Seite hochheben, dann wird ein Punkt kommen, an dem einer oder mehrere dieser Pfeiler umstürzen. Da dies ein künstliches Modell ist, kann man nun eine künstliche Verhaltensregel hinzufügen. Diese spezielle Regel bestimmt, daß jedesmal, wenn ein Pfeiler umstürzt, ihm ein weiterer Baustein hinzugefügt wird, um ihn höher zu machen. Die Pfeiler werden dann wieder aufgestellt und das Kippen wiederholt. Diesmal sind einige der Pfeiler höher als die anderen, und diese höheren Pfeiler werden als erste umstürzen. Erhöhen Sie diese Pfeiler abermals mit Bausteinen, damit es noch wahrscheinlicher wird, daß sie umfallen. Die niedrigen Pfeiler haben nun immer weniger Aussicht, umzustürzen, denn die hohen Pfeiler fallen schon um, wenn das Brett nur leicht gekippt wird. Nach den Regeln dieses Modells macht ein Ereignis es sich selbst leichter, wieder zu geschehen. Es können noch andere sehr interessante Prinzipien an diesem Modell illustriert werden, aber darüber werden wir später sprechen.

Zeitablauf

Wenn Sie Kuchen mit Zuckerguß essen, bekommen Sie klebrige Finger. Das ist eine kurzfristige Erinnerung an den Kuchen. Ihr Hunger ist vielleicht auf einige Stunden gestillt. Das ist eine längerfristige Erinnerung. Ihre Gewichtszunahme mag allzu konstant sein.

Eine kurzfristige Erinnerung ist nur eine kleine Verlängerung des Ereignisses in der Zeitdimension. Doch selbst diese kleine Verlängerung kann nützlich sein, wenn sie die gegenseitige Beeinflussung zweier Dinge ermöglicht, die sonst ganz isoliert geblieben wären.

Fußspuren im Sand des Meeresstrandes vergehen ziemlich rasch. Wenn Sie im Urlaub ein Rendezvous am Strand haben und an der

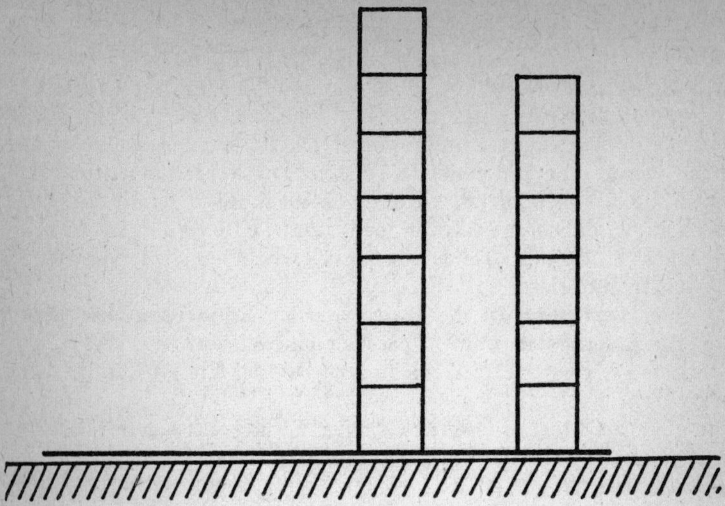

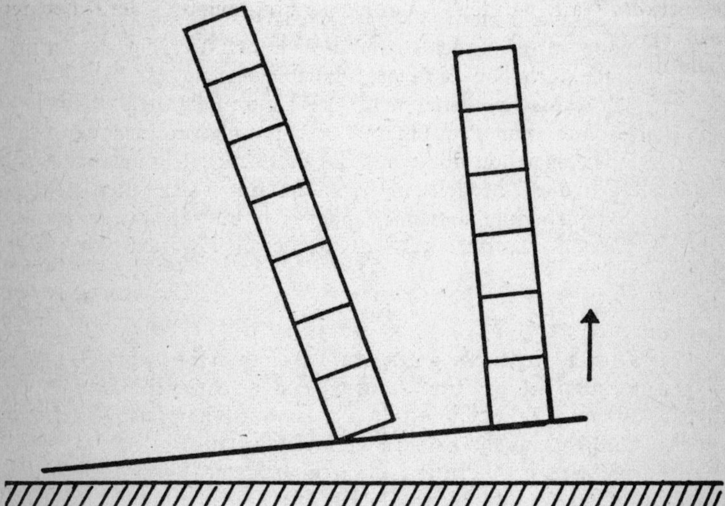

verabredeten Stelle niemand ist, und keine Spuren zu sehen sind, dann könnten Sie nicht sagen, ob das Mädchen da war oder weggegangen ist, oder ob sie überhaupt nicht gekommen ist. Doch wenn Sie Fußspuren im Sand finden, dann wissen Sie es, und finden vielleicht sogar heraus, wie lange sie gewartet hat. Eine Sommerbräune ist eine weitere kurzfristige Erinnerung, die allzu rasch verblaßt. Trotzdem kann ein Mädchen, das schön braun aus den Ferien zurückkommt, die Aufmerksamkeit eines Verehrers erregen, der für sie ein langfristiges Ereignis wird. Eine kurzfristige Erinnerung ist einfach eine Möglichkeit, den Einfluß eines Ereignisses über die wirkliche Zeit seines Geschehens hinaus zu verlängern.

Play-back

In Wirklichkeit aber verlangen wir von einer Gedächtnisspur, daß sie uns sagen soll, was geschehen ist, was sie verursacht hat. Wenn möglich, zwingen wir die Gedächtnisspur, das Ereignis neu zu erschaffen, an das sie uns erinnert. Wir gehen mit dem Tonabnehmerkopf auf die Schallplatte los, damit sie zu unserer Unterhaltung die Töne wieder hervorbringt, die als eine in plastischen Rillenmustern angeordnete Erinnerung in ihr stecken. Es ist ein selbstsüchtiges Verlangen von uns, denn wir stehen außerhalb der Schallplatte.

Hätte die Schallplatte eine Seele und Bewußtsein, dann würde sie sich nicht damit abgeben, die Musik zu reproduzieren. Das Rillenmuster würde die Musik selbst wiedererschaffen, ohne sie spielen zu müssen. Die Seele der Platte würde sich nur bei der Eingravierung der Rillen der Musik bewußt werden. Das wäre ihre einzige Reaktion auf die Musik. Sobald die Rillen einmal gebildet sind, würde das Abtasten die Musik wiedererschaffen, und die Platte könnte höchstens vor sich hin murmeln: «Ach, ja, das ist Beethovens Fünfte», oder: «Das sind die Beatles», wenn sie die verschiedenen Rillenmuster wiedererkennt. Aber weil wir keine Rücksicht auf das «Bewußtsein» von Platten nehmen, gebrauchen wir sie als passive Quelle unseres Vergnügens.

Ein Freund, der von einer interessanten Auslandsreise zurückkommt, wird mit Fragen überschüttet und muß uns zu Gefallen seine Erlebnisse ins Gedächtnis rufen. Für den Freund hängt seine Erinnerung an die Ereignisse nicht von dem Ton ab, den er erzeugt, wenn er von ihnen spricht.

Wenn ein Tischtuch eine Bewußtseinsoberfläche wäre, dann würden die Curryflecke die Art und Weise sein, wie sich das Tischtuch dessen bewußt wird, was auf ihm geschieht. Es wäre eine begrenzte Art von Bewußtsein, das nur weniger Wahrnehmungen fähig ist: nichts geschieht, kleine Curryflecke, große Curryflecke, Curryflecke an verschiedenen Stellen. Dennoch wäre das Muster wiederholbar. Wo immer sich ein Curryfleck auf dem Tischtuch zeigt, würde sein Bewußtsein eine Curryfleck-erzeugende Situation erkennen. Würde ein Fleck gemacht, der nur wie ein Curryfleck aussieht, würde das Tischtuch die Situation irrtümlich als Curryfleck-erzeugend ansehen.

Erinnerungen bilden ihr Bewußtsein und ihr Wahrnehmungsvermögen selbst. Es ist nicht nötig, etwas zu reproduzieren, das außerhalb von ihnen ist.

Ein Blinder mag nach dem Ton der Stimme einer Person wissen, daß sie im Zimmer ist. Wenn dasselbe Muster von Tönen auf andere Weise erzeugt würde (zum Beispiel durch ein sehr gutes Tonbandgerät), dann würde der Blinde wissen, daß die Person im Zimmer ist, selbst wenn sie es nicht ist. Er würde es nicht nur glauben, sondern es tatsächlich wissen, denn was er empfängt, ist in beiden Fällen dasselbe.

Die ganze Reaktion einer fotografischen Platte auf ein Kamel, das mit ihr aufgenommen wird, ist ein Muster von Licht und Schatten auf ihrer Oberfläche. Wenn genau das gleiche Muster auf irgendeine andere Weise als durch die Anwesenheit des Kamels erzeugt werden könnte, würde die Platte keinen Unterschied registrieren. Würde das richtige Licht- und Schattenmuster von einer anderen Aufnahme abgezogen, dann hätte die Platte auch hier die vollständige Kamel-Erfahrung. Würde sich das Muster auf der Platte allmählich aus irgendeinem anderen Bild in das Kamelbild verwandeln, würde die Platte plötzlich die Kamel-Erfahrung gewinnen.

Wenn ein Ereignis verursacht, daß ein bestimmtes Muster auf einer Erinnerungsoberfläche entsteht, dann wird die Reaktivierung dieses Musters das Ereignis für die Erinnerungsoberfläche wieder entstehen lassen. Man braucht keine Reproduktion und keine Einwirkung von außen, um das zu verwenden, was sich auf einer Erinnerungsoberfläche einmal befindet.

Erinnerungen speichern

Verschiedene Erinnerungen sind verschiedene Muster, die von verschiedenen Dingen zurückgelassen werden. Wenn man imstande sein will, die verschiedenen Dinge wiederzuerkennen, dann müssen die Gedächtnisspuren so voneinander getrennt gehalten werden, daß sie einzeln verwendet werden können. Wie müßte ein System beschaffen sein, das imstande wäre Tausende und aber Tausende verschiedener Gedächtnisspuren zu speichern? Jede Gedächtnisspur ist ein einmaliges Muster auf der Erinnerungsoberfläche. Wie groß müßte die Oberfläche sein, um so viele Muster zu speichern?

Auf Seite 39 wird ein einzelnes Kästchen gezeigt. Mit einem solchen Kästchen kann man zwei Muster darstellen: das Kästchen, in das ein Kreuz eingezeichnet ist, und das Kästchen ohne Kreuz. Wenn Sie zwei Kästchen hätten, könnten Sie vier verschiedene Muster und mit drei Kästchen acht verschiedene Muster darstellen. Jedesmal, wenn Sie ein Kästchen hinzufügen, verdoppeln Sie die Zahl der Muster, die gezeigt werden können. Bei neun Kästchen würde (wie bei dem Kinderspiel mit Kästchen für Nullen und Kreuze) die Gesamtzahl der verschiedenen

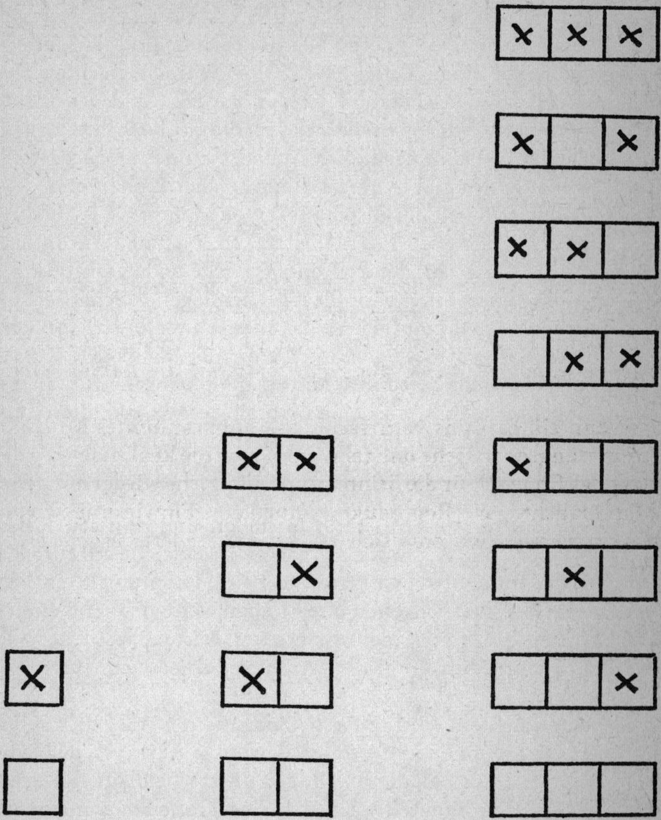

Muster 512 betragen. Das heißt, es gibt 512 unterscheidbare Möglichkeiten, auf den neun Kästchen Kreuze zu verteilen.

Hätten Sie ein Gitter mit zehn Kästchen an der einen und zehn an der anderen Seite, dann würde die Gesamtzahl der verschiedenen Muster, die gezeigt werden können, ungefähr 10 000 000 000 000 000 000 000 000 000 betragen. Man kann das Beispiel auch ins Visuelle übertragen: wenn jedes Muster einen besonderen Namen bekäme und tausend solche Namen jeweils auf einen Zettel geschrieben würden, reichten diese Zettel gestapelt bis zum Mond und wieder zurück. Und das nicht einmal, sondern mehrere Millionen mal. Das ist die Größenordnung der Muster, die auf diese Weise mit lediglich hundert Einheiten dargestellt werden können. Im Gehirn gibt es eine Trillion solcher Einheiten.

Stellen Sie sich vor, ein Gitter aus feinen Linien würde auf die Oberfläche einer fotografischen Platte übertragen. Nehmen Sie an, jedes Kästchen, das das Gitter auf der Plattenoberfläche bildet, würde entweder als hell oder als dunkel eingestuft (dazwischenliegende Schattierungen würden entweder als das eine oder als das andere angesehen), je nachdem, wie es auf der Fotografie erscheint. Wenn man dann den Zustand jedes einzelnen Kästchens bestimmt, könnte man mehrere Billionen verschiedener Gegenstände unterscheiden, vorausgesetzt, daß diese immer vom selben Standpunkt aus und aus derselben Entfernung aufgenommen wurden. Das heißt vorausgesetzt, daß das Bild immer auf den gleichen Teil der Platte gelangt. Würde ein Kamel fotografiert, erschiene auf der Platte ein bestimmtes Muster von hellen und dunklen Kästchen, die zusammen das Bild des Kamels ergäben. Das gleiche gilt für jedes andere Bild auf der fotografischen Platte. Jedes Bild könnte als ein Muster von hellen und dunklen Kästchen beschrieben werden. Wenn es eine ausreichende Zahl einzelner, identifizierbarer Kästchen auf der Oberfläche gibt, dann kann eine sehr große Anzahl verschiedener Muster aufgenommen werden.

Aber mit alledem wird nur umständlich zum Ausdruck gebracht, daß Fotografien von einer sehr großen Anzahl von Dingen gemacht werden können und daß von all diesen Dingen unterscheidbare Bilder entstehen. Ob man sich nun vorstellt, daß jede Fotografie aus winzigen Kästchen besteht oder nicht, ihre Fähigkeit, Bilder aufzunehmen, ändert sich dadurch nicht. Die Kästchen-Idee ist in Wirklichkeit eine Methode, zu zeigen, daß jede Oberfläche, die fähig ist, ein erkennbares Bildmuster aufzunehmen, auch fähig ist, eine Vielzahl solcher Muster aufzunehmen.

Dadurch, daß man die Oberfläche der Fotografie in Kästchen unterteilt, befähigt man sie nicht, mehr Bilder aufzunehmen, aber es ist ein zweckdienlicher Trick, wenn man Betrachtungen darüber anstellen will, was an jedem Punkt der Oberfläche geschieht. Von jeder Erinnerungsoberfläche, die einen Eindruck zu registrieren vermag, kann angenommen werden, daß sie aus Kästchen oder Pünktchen oder Einheiten besteht. Es genügt, wenn jede dieser Einheiten fähig ist, sich zu verändern. Die Mindestbedingung für Veränderlichkeit ist, daß es zwei Zustände gibt, die voneinander unterscheidbar sind. Diese beiden Zustände können sein: ein Kreuz oder kein Kreuz wie in dem Gittermuster, dunkel oder hell wie bei den Fotografiekästchen, an oder aus wie bei einem Schalter oder einer Glühbirne.

Sobald es eine ausreichende Zahl solcher Einheiten gibt, von denen jede fähig ist, in einem von zwei Zuständen zu sein (also fähig, sich zu verändern), ist eine Oberfläche da, die eine gewaltige Zahl deutlicher Muster aufzeichnen kann, genau wie eine gewöhnliche fotografische Platte.

Wie die Muster als einzelne Erinnerungen gespeichert werden, wollen wir später erörtern. Weil es bei der Beschreibung dieses Prozesses zweckmäßig ist, wird die Oberfläche in einzelne Einheiten unterteilt. Weil es für das eigene Vorstellungsvermögen zweckmäßig ist, wird angenommen, daß die Einheiten auf einer flachen Oberfläche ausgebreitet sind. Eine solche flache Oberfläche, bestehend aus Einheiten, von denen jede eine Veränderung anzuzeigen vermag, kann eine Erinnerungsoberfläche genannt werden.

Funktionale Verbindungen

Jede Einheit auf der Erinnerungsoberfläche hat eine besondere Position. Wären die Einheiten Lampen, würde ein Bild entstehen, wenn die Einheiten in bestimmten Positionen angezündet würden. Im zweidimensionalen Raum ist die Position jeder Einheit bedingt durch ihr Verhältnis zu den Nachbareinheiten.

Dieses feste Verhältnis im Raum ermöglicht es der Erinnerungsoberfläche, Bilder aufzunehmen und festzuhalten. Wenn die Einheiten umherwandern würden, nachdem das Bild empfangen worden ist, würde das Bild buchstäblich zu Bruch gehen.

Jede einzelne Einheit ist eng verbunden mit den Einheiten, die ihr im Raum am nächsten sind. Räumliche Nähe könnte man ersetzen durch eine Nähe, die sich auf Sympathie gründet. Und das ist nur eine andere Ausdrucksweise für funktionelle Verbindung.

Wenn Sie mit Ihren Freunden zu einem Fußballspiel gehen, im Gedränge der Menge aber voneinander getrennt werden, dann kann es sein, daß Sie plötzlich allein sind. Die Leute um Sie herum sind Ihre räumlichen Nachbarn, aber die in der Menge verstreuten Freunde stehen Ihnen am nächsten auf Grund der Sympathie, die Sie mit ihnen verbindet.

Wenn Sie in London mit der U-Bahn fahren, sind Sie umgeben von einer Menge Menschen, die Ihre Nachbarn im Raum sind. Dennoch ist jeder einzelne aus dieser Menge funktional mit einem völlig anderen Kreis von Menschen verbunden, die in diesem Augenblick keineswegs seine räumlichen Nachbarn sind. Die funktionale Verbindung dieser Leute ist eine kommunikative. Sie sind nicht wirklich dauernd durch

Drähte miteinander verbunden, aber sie sind durch das funktionale Äquivalent von Fernmeldekabeln verbunden, das heißt durch das Wissen von Telefonnummern, Adressen, Namen, Bekanntschaften.

Auf der flachen fotografischen Oberfläche hat jede Einheit räumliche Nachbarn. In der U-Bahn oder in der Fußballmenge hat jede Einheit funktionale Nachbarn, die sich von den räumlichen Nachbarn unterscheiden.

Nehmen Sie neun Punkte, wie sie in einem einfachen Muster (a) auf Seite 43 gezeigt werden und dann setzen Sie auf diese neun Punkte feste Gegenstände, zum Beispiel Tassen. Jetzt verbinden Sie die Henkel der Tassen mit Gummibändern wie in der Abbildung angedeutet. Die Gummibänder stellen Kommunikationslinien oder eine funktionale Beziehung dar. Noch ist die funktionale Beziehung mit der räumlichen identisch. Nun aber verschieben Sie die Tassen, so viel Sie nur wollen. Die Gummibänder werden unterschiedlich gedehnt, und die Stellungen ändern sich – (b) auf Seite 43. Die räumlichen Beziehungen sind völlig durcheinandergeraten. Aber die funktionalen Beziehungen sind unverändert geblieben.

Angenommen, Sie beginnen andersherum mit den durcheinandergeschobenen Tassen und ordnen sie dann so an, daß die funktionalen Beziehungen mit den räumlichen übereinstimmen. Dann könnten Sie die funktionalen Beziehungen außer acht lassen und sich nur mit den räumlichen Beziehungen befassen, was viel bequemer wäre.

Alle Modelle und Beschreibungen in diesem Buch beziehen sich ausschließlich auf die flache Erinnerungsoberfläche mit räumlichen Beziehungen. Alles, was in diesem Zusammenhang gesagt wird, kann ebenso auf funktionale Beziehungen angewandt werden. Unter funktionalen Beziehungen verstehen wir einfach eine Kommunikationslinie. Und unter einer Kommunikationslinie einfach Sympathie, so daß also alles, was mit einer Einheit geschieht, sich auf jede andere funktional verbundene Einheit auswirkt.

Wir können jetzt die funktionalen Beziehungen beiseite lassen und zu den Erinnerungsoberflächen mit einfachen räumlichen Beziehungen zurückkehren, bei denen jede Einheit mit ihren Nachbarn verbunden ist.

Gute und schlechte Erinnerungsoberflächen

Wenn Sie eine fotografische Aufnahme machen, dann erwarten Sie, daß das Bild gut wird, daß Sie auf dem Film eine richtige Wiedergabe von dem finden, was Sie fotografiert haben. Angenommen, Sie kämen von einer Auslandsreise zurück und stellten fest, daß mit dem Film in Ihrer Kamera etwas nicht in Ordnung war: der Film ist irgendwie geknickt worden, und die Knicke haben alle Ihre Bilder verzerrt. Oder irgend etwas hat mit der Emulsion auf dem Film nicht gestimmt und die fotografierten Gegenstände sind nur teilweise zu erkennen. Dann wären Sie wohl sehr ärger-

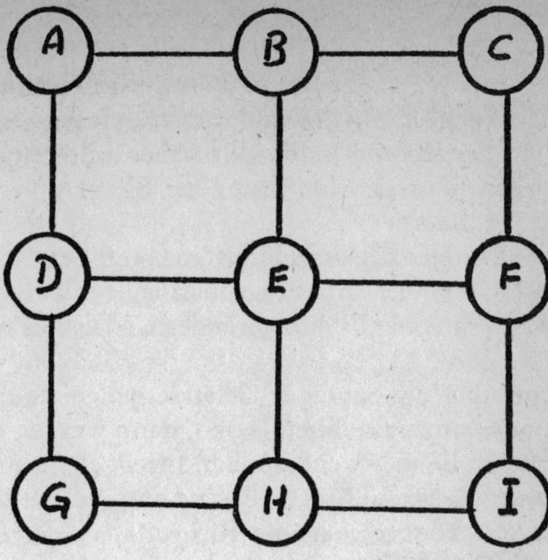

(a)

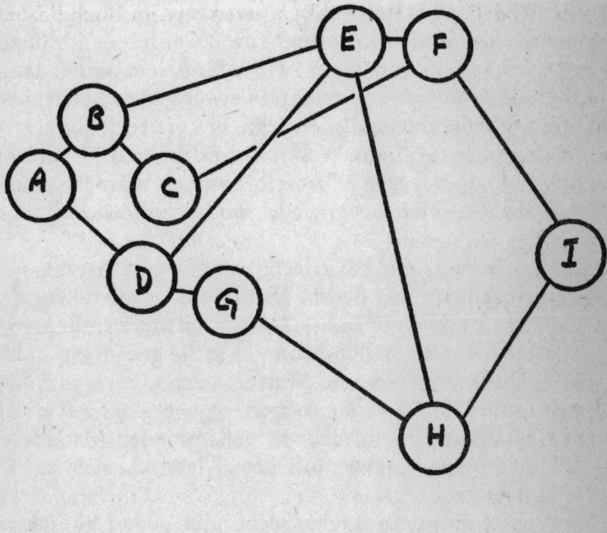

(b)

lich. Von einem Film erwartet man, daß er eine gute Erinnerungsoberfläche ist.

Bisher haben wir angenommen, daß Erinnerungsoberflächen gute Erinnerungsoberflächen sind und zuverlässig das Bild so aufzeichnen, wie es ihnen dargeboten wird. Wir haben unterstellt, daß die Erinnerungsoberflächen passiv sind und eben Bilder unbeteiligt aufnehmen, ohne sie zu verändern.

Der geknickte oder fleckige Film ist indes eine andere Art Erinnerungsoberfläche. Er ist eine Erinnerungsoberfläche mit eigenen Charakteristika, die das empfangene Bild so verändern, so daß es nicht mehr klar und genau ist.

Wenn Sie über ein sandiges Gelände gehen und in Abständen von einer Sekunde Murmeln fallen lassen, dann werden diese Murmeln ein Muster auf dem Sand bilden. Der Sand dient als Erinnerungsoberfläche, und die fallengelassenen Murmeln sind die Gedächtnisspur. Nach dieser Gedächtnisspur könnte man die Richtung, in der Sie gegangen sind, feststellen, und auch Ihre Geschwindigkeit (nach dem Abstand zwischen den Murmeln). Das Muster, das entstehen könnte, wird auf Seite 45 (a) gezeigt. Nun nehmen Sie an, Sie seien nicht über Sand, sondern über eine zerfurchte Fläche gegangen, wie im Querschnitt unter (b) gezeigt, und zwar diagonal entlang der gestrichelten Linie. Wenn Sie die Murmeln fallen lassen wie zuvor, dann würde ein ganz anderes Muster entstehen. Sie sind weder anders gegangen, noch haben Sie die Murmeln auf eine andere Weise fallen lassen. Der Unterschied im Muster ist auf die Erinnerungsoberfläche zurückzuführen, die etwas mit den Murmeln getan hat, statt sie einfach aufzunehmen, wo sie hinfielen. Sie hat das ihr dargebotene Muster verändert und zeigt nun etwas ganz anderes. Das ist ungefähr so wie mit dem abscheulichen Film, der die Ferienbilder verdorben hat. Wenn Sie nichts von dem Wesen der zerfurchten Oberfläche wüßten und sich bloß die Lage der Murmeln ansehen würden, dann könnten Sie annehmen, Sie seien nicht gerade, sondern im Zickzack gegangen (Abbildung c).

Angenommen, die Oberfläche wäre weder sandig noch zerfurcht, sondern bestünde aus Beton. Dann würden die fallengelassenen Murmeln hart aufprallen und aufs Geratewohl umherrollen, so daß man nach ihrer Lage nicht feststellen könnte, wie Sie gegangen sind.

Auf Seite 47 werden die Muster gezeigt, die sich in den drei Fällen ergeben würden. Das erste Muster ist von einer zuverlässigen Erinnerungsoberfläche, die mit dem aufgenommenen Material etwas tut. Die dritte tut ebenfalls etwas mit dem Material, aber auf eine durchaus zufällige Weise.

Eine gute Erinnerungsoberfläche gibt genau zurück, was auf diese Oberfläche aufgebracht wird. Eine schlechte Erinnerungsoberfläche gibt etwas anderes zurück. Der Unterschied zwischen dem, was auf die Oberfläche aufgebracht und dem, was zurückgegeben wird (oder dort bleibt),

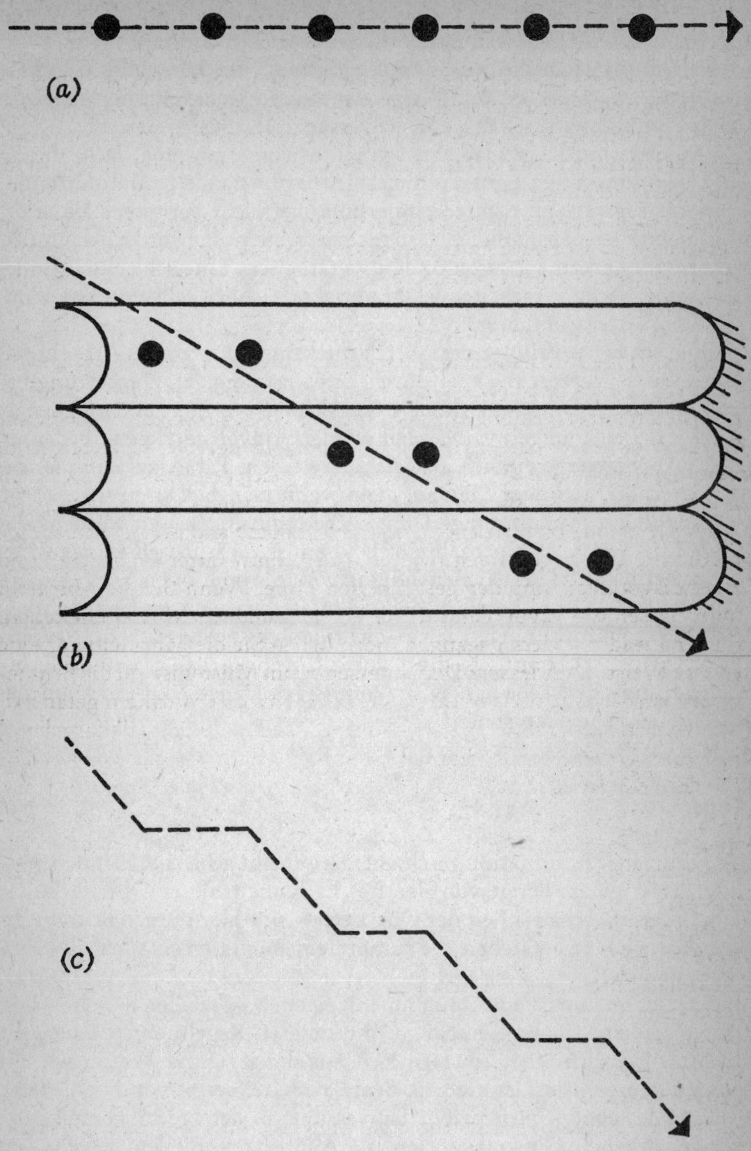
(a)
(b)
(c)

ist das, was die Erinnerungsoberfläche mit dem Material tut. Das Material wird von der Erinnerungsoberfläche verändert und verarbeitet. Diese Verarbeitung ist nicht unbedingt ein aktives oder lohnendes Geschäft, sondern einfach die Art und Weise, wie eine schlechte Erinnerungsoberfläche funktioniert, selbst wenn sie versucht, ihr Bestes zu tun.

Das Erstaunliche ist, daß eine schlechte Erinnerungsoberfläche nützlicher sein kann als eine gute, wenn es sich darum handelt, mit Informationen umzugehen. Eine gute Erinnerungsoberfläche tut nichts als Informationen speichern, und ein gesondertes System ist erforderlich, um die Informationen zu sortieren und zu verarbeiten. Eine schlechte Erinnerungsoberfläche verarbeitet das Material tatsächlich selbst und ist damit ein kompletter Computer.

Eine schlechte Erinnerungsoberfläche kann auf zweierlei Art schlecht sein: durch Verzerrung und durch Unvollständigkeit. Verzerrung bedeutet, daß die Dinge verschoben, die Akzente verlagert und möglicherweise die Beziehungen verwandelt werden. Unvollständigkeit bedeutet, daß manche Dinge einfach ausgelassen werden. Paradoxerweise ist das ein unerhört wichtiger Mangel, denn wenn manche Dinge ausgelassen werden, dann muß es einige Dinge geben, die zugelassen werden. Das schließt einen Ausleseprozeß ein. Und ein Ausleseprozeß ist das wirksamste Hilfsmittel bei der Behandlung von Informationen.

Es ist recht wahrscheinlich, daß die große Effizienz des Gehirns nicht darauf zurückzuführen ist, daß es ein brillanter Rechner ist. Die Effizienz des Gehirns ist vermutlich darauf zurückzuführen, daß es eine schlechte Erinnerungsoberfläche ist. Man könnte fast sagen, die Funktion des Verstandes ist ein Versehen.

6.

Was mit einer Information geschieht, die auf eine schlechte Erinnerungsoberfläche gerät, hängt von der Beschaffenheit dieser Oberfläche ab. Unter der «Beschaffenheit der Oberfläche» sind alle Vorgänge und Verhaltensregeln zu verstehen, die zusammengenommen ein spezielles Universum bilden.

Ein Universum ist eine Situation mit eigenen, speziellen Regeln. Alles, was in dieser Situation geschieht, muß diesen Regeln entsprechen, die nicht willkürlich sind, sondern sich aus der Art und Weise, wie die Situation organisiert ist, und aus dem Charakter der Situation ergeben.

Ein Monopoly-Spiel ist ein Universum, in dem recht komplizierte Dinge vorgehen. Obwohl eine gewisse Ähnlichkeit mit dem besteht, was in der wirklichen Welt geschieht, wird die Spiel-Welt von ihren eigenen, speziellen Regeln bestimmt. Ein Schachspiel ist ein weiteres Universum, in dem ebenfalls ein spezielles Regelsystem festlegt was geschieht.

Die Regeln, die die Art und Weise bestimmen, wie die Dinge in der

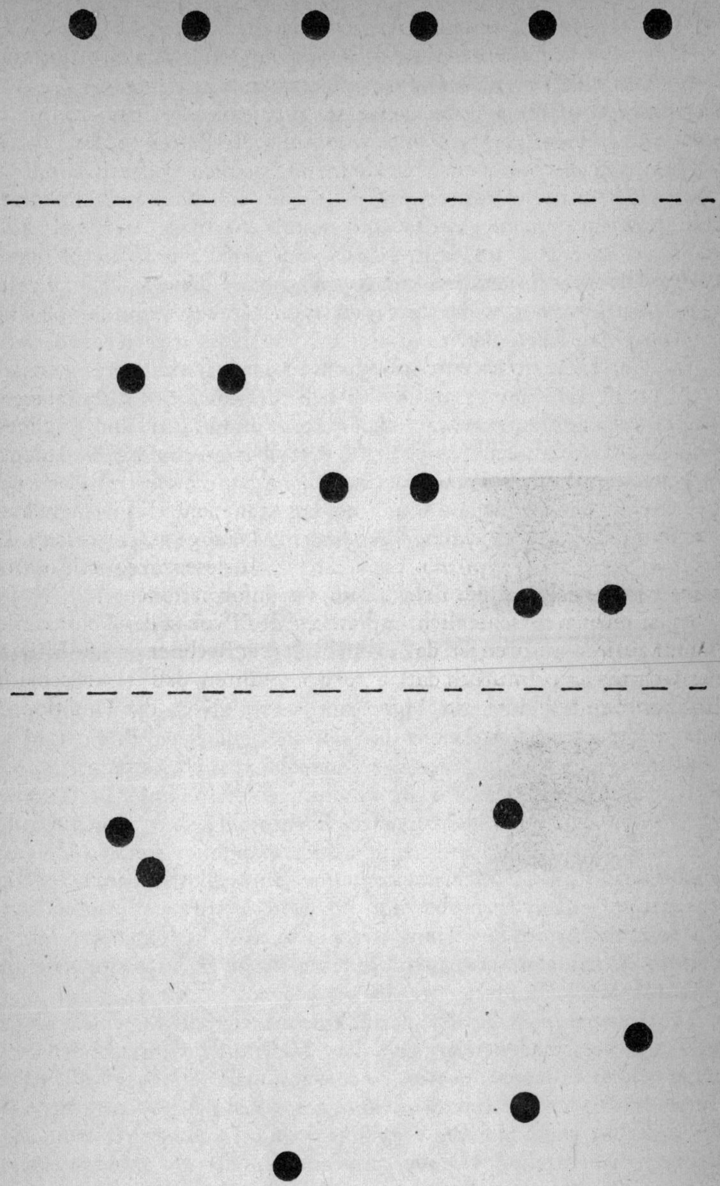

speziellen Welt, die wir kennen, geschehen, sind uns so vertraut, daß wir geneigt sind anzunehmen, dieselben Regeln müßten auch überall sonst gelten. Wenn Sie eine Flasche fallen lassen, fällt sie auf den Boden. Aber es gibt andere Universa, in denen sie sich anders verhalten würde. In einem dieser anderen Universa würde die Flasche da in der Schwebe bleiben, wo sie losgelassen wird. In noch einem anderen könnte sie tatsächlich in die Höhe steigen. In jedem Fall würde sich die Flasche entsprechend den Regeln des Universums verhalten, in dem sie sich befindet. In dem Universum eines Raumschiffs würde die Flasche da bleiben, wo sie losgelassen wurde. In einem Unterwasser-Universum würde sie aufsteigen, wenn sie leer wäre, oder sinken, wenn sie voll wäre.

Wenn man einen Teller auf einen Tisch stellt, erwartet man, daß er dort bleibt, bis man ihn wieder wegnimmt oder etwas anderes geschieht. Wenn man das Zimmer, in dem er sich befindet abschließt, kann man nach Jahren zurückkommen und den Teller immer noch dort finden, wo man ihn hingestellt hat. Man hält das für selbstverständlich, weil man die Regeln kennt. Doch kann man sich ganz andere Universa mit ganz anderen Regeln vorstellen. Ein in hohem Maße künstliches Universum würde ein Gewächshaus darstellen, in dem alles aus Eis besteht. In einem solchen Universum wäre die Permanenz von Gegenständen, die wir für selbstverständlich halten, aufgehoben. Ein auf den Tisch gestellter Teller würde sofort zu schmelzen beginnen, und der Tisch ebenso.

Das Universum, das wir kennen, hat drei Dimensionen, und auch das halten wir für selbstverständlich. Was würde in einem Universum mit nur zwei Dimensionen geschehen? Alles wäre flach und sehr anders, aber was in einem solchen Universum vor sich ginge, würde im Einklang stehen mit den Regeln eines zweidimensionalen Universums. Eine gewöhnliche Fotografie ist die Umwandlung eines dreidimensionalen Universums in ein zweidimensionales. Ebenso verhält es sich mit einem Fernsehschirm. Beide sind keine echten zweidimensionalen Universa, weil man die dritte Dimension immer noch unwillkürlich ergänzt. Wenn jemand auf einem Fernsehschirm ein Haus betritt, dann nehmen wir nicht an, daß er mit dem Haus verschmilzt, wie es in einem zweidimensionalen Universum unvermeidlich wäre. Bei zwei Dimensionen kann es kein «davor», «dahinter» oder «darin» geben.

Die Schwierigkeit besteht darin, einzusehen, daß verschiedene Universa ihre verschiedenen Regeln haben. Man muß herauszufinden versuchen, wie diese Regeln geartet sind, wenn man verstehen will, wie die Dinge in dem betreffenden Universum vor sich gehen. Es ist nicht sehr zweckmäßig, wenn man die Vorgänge so zu beschreiben versucht, als ob sie nach den Regeln des Universums abliefen, das uns am vertrautesten ist. Der springende Punkt ist, festzustellen, wann die Verhaltensregeln eines Systems genügend Folgerichtigkeit haben, um ein eigenes Universum zu bilden. Die Regeln werden bestimmt durch die Organisation des Systems; das tatsächliche Material des Systems kann immer noch den

Regeln eines anderen Universums unterworfen sein. So sind die Menschen im Grunde immer dieselben, aber die Regeln einzelner gesellschaftlicher Universa mögen sehr verschieden sein.

Wenn man versucht, die Regeln des einen Universums anzuwenden, um das Verhalten in einem anderen zu erklären, können sich eine Menge Schwierigkeiten ergeben. Es kann zu sehr umständlichen Erklärungen führen, oder zu Erklärungen, die keinen Sinn haben. So würde es jemandem gehen, der versuchte, Monopoly nicht nach den Spielregeln zu spielen, sondern nach den Regeln, die bei Handelsgeschäften im wirklichen Leben gelten.

Eine weitere Schwierigkeit ergibt sich, wenn man das, was in einem neuen Universum geschieht, in eine Form zu übersetzen versucht, die nur in dem alten Universum einen Sinn hat. Wenn man einen dreidimensionalen Erdball auf einer zweidimensionalen Karte darzustellen versucht, dann gibt es diese bekannte Verzerrung, die bewirkt, daß Grönland und Sibirien so riesengroß aussehen. Diese Art Verzerrung ist unvermeidlich, denn wenn etwas mit den Regeln des einen Universums in Einklang ist, kann es nicht gleichzeitig mit den abweichenden Regeln des anderen Universums in Einklang stehen.

Man muß die Existenz spezieller Universa erkennen und ihre speziellen Verhaltensregeln lernen; dann kann man verstehen, was in jenen Universa auf Grund ihrer eigenen Regeln vorgeht. Die Regeln eines Universums sind abhängig von der Organisation dieses Universums. Man muß von der Organisation ausgehen, wenn man die Regeln lernen will.

In einem früheren Abschnitt wurde darauf hingewiesen, daß das, was eine Erinnerungsoberfläche mit dem von ihr aufgenommenen Material tut, von den Regeln jener Oberfläche abhängt. Die Regeln wiederum hängen von der Organisation der Oberfläche ab. Tatsächlich bildet die Oberfläche ein Universum, in dem die Dinge nur auf eine bestimmte Weise geschehen können. Was in einem solchen Universum geschieht, braucht nicht dem zu entsprechen, was in dem physischen Universum geschieht, oder auch nur in dem Universum, das wir kennen. Ebensowenig brauchen die Vorgänge mit den Vorgängen identisch zu sein, die wir als die einzig möglichen für selbstverständlich halten, weil wir mit ihnen aufgewachsen sind. Es könnte ein Universum geben, in dem eins plus eins nicht zwei, sondern eins ist.

7.

Modell aus Polyäthylenfolie und Stecknadeln

Wie wir gesehen haben, gibt es einige Erinnerungsoberflächen, die nicht lediglich passiv verzeichnen, was auf sie aufgebracht wird, sondern das Material tatsächlich verändern. Ein einfaches und recht interessantes

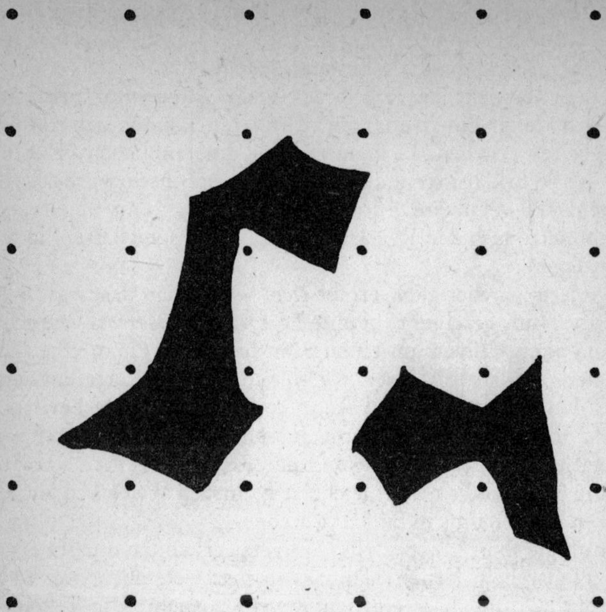

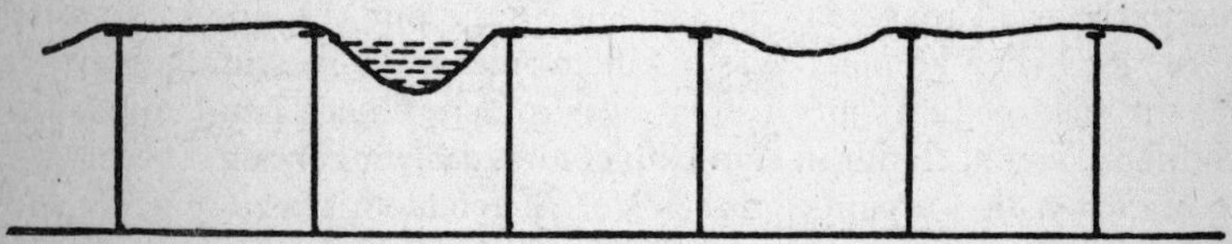

Modell einer solchen Erinnerungsoberfläche kann aus Polyäthylenfolie und Stecknadeln hergestellt werden.

Mehrere Nadeln werden auf ein weißes Brett gesteckt, gerade so tief, daß sie aufrecht und fest stehen. Über die Köpfe der Nadeln wird eine dünne Polyäthylenfolie gebreitet, die das ganze Brett bedeckt. Das ist die Erinnerungsoberfläche. Die Eingabe für diese Erinnerungsoberfläche besteht aus Tropfen gefärbten Wassers, die von oben auf die Polyäthylenfolie geträufelt werden. Das ist ebenso eine Eingabe wie die Lichtstrahlen, die auf einen Film treffen, und die Gedächtnisspur, die man als Fotografie kennt. Die Gedächtnisspur auf der Polyäthylenfolie ist das Muster, das dort entsteht, wo sich das gefärbte Wasser absetzt.

Für das erste Experiment wird das gefärbte Wasser ganz ziellos über die gesamte Oberfläche geträufelt, ohne daß versucht wird, ein Muster zu erzeugen. Doch obwohl die Verteilung des Wassers ganz zufällig ist, wird man zu guter Letzt doch fest umgrenzte Pfützen des gefärbten Wassers feststellen, die über dem weißen Brett ein Muster bilden; etwas Musterähnliches wird auf Seite 50 gezeigt. Die Erinnerungsoberfläche hat sich als so aktiv erwiesen, daß sie tatsächlich aus der willkürlichen Eingabe ein Muster *erzeugt* hat.

Allerdings ist es unwahrscheinlich, daß die Eingabe wirklich aufs Geratewohl erfolgt ist, wie sehr man sich auch darum bemüht haben mag. Das Wasser ist vielleicht an manchen Stellen etwas reichlicher verspritzt worden als an anderen; die Polyäthylenfolie war vielleicht von vornherein nicht ganz eben; die Stecknadeln hatten womöglich keine gleichmäßigen Abstände. All das sind sehr kleine Abweichungen; aber sie bewirken, daß das Wasser sich an bestimmten Stellen sammelt. Das Gewicht des Wassers würde dann an solchen Stellen die Polyäthylenfolie herunterdrücken. Wenn die Folie heruntergedrückt wird, läuft Wasser aus den Nachbarbereichen in diese Einbuchtung und vertieft sie dadurch noch mehr. Je tiefer die Einbuchtung ist, um so mehr Wasser sammelt sich in ihr. Und so geht es weiter, bis schließlich ein eindeutiges Muster von Wasserpfützen da ist statt einer gleichmäßigen Wasserschicht auf der ganzen Oberfläche.

Obwohl dieser recht spezielle Typ von Erinnerungsoberfläche in Wirklichkeit keine Muster aus dem Nichts zeugt, so verstärkt er doch kleine Abweichungen beträchtlich. Er greift kleine zögernd entstehende Andeutungen von Mustern auf und baut sie aus zu ausgeprägten, eindeutigen Mustern. Das Wesen des Systems bewirkt, daß er die Muster verstärkt und verdeutlicht.

Interessant dabei ist, daß die Erinnerungsoberfläche eigentlich gar nichts tut. Sie ist ganz passiv. Die gefurchte Oberfläche, auf die die Murmeln fielen, hat die Murmeln in Bewegung gebracht und so das Muster hergestellt. Aber bei dem Folien- und Stecknadel-Modell organisiert das Wasser und nicht die Folie das Muster. Das System ist ein sich selbst organisierendes und sich selbst maximierendes. Die Anordnung von Folie und Nadeln ermöglicht lediglich, daß sich die Eingabe selbst organisiert. Die Erinnerungsoberfläche führt keine aktive Verarbeitung durch, sie bietet der Information passiv die Gelegenheit, sich selbst zu organisieren. Dieser Unterschied zwischen dem aktiven Verarbeiten und dem bloßen Zulassen, daß die Information sich selbst verarbeitet, ist fundamental und sehr wichtig.

Bei dem zweiten Experiment wird das Wasser nicht ziellos geträufelt, sondern dazu gebracht, ein eindeutiges Muster zu bilden. Das kann man erreichen, indem man in den Boden einer Konservenbüchse ein bestimmtes Lochmuster bohrt, durch das das Wasser auf die Folie tropft. Das Muster, das sich auf der Folienoberfläche bildet, ähnelt dem Lochmuster auf dem Boden der Büchse. Es mag eine gewisse Verzerrung eintreten, denn auf dem Kopf einer Nadel kann sich keine Wasserpfütze bilden, aber im großen und ganzen dürfte das Muster so aufgezeichnet werden, wie es empfangen wurde.

Wird dasselbe Muster auf eine Polyäthylenfolien-Oberfläche aufgebracht, die schon einmal ein Muster aufgenommen hat, dann kann das Ergebnis anders aussehen. Wenn das neue Muster sich mit dem etablierten nicht überschneidet, dann wird es aufgenommen, als wäre die Oberfläche noch unberührt. Wenn es sich jedoch teilweise mit dem etablierten Muster überschneidet, wird es wahrscheinlich stark verändert. Das schon auf der Oberfläche vorhandene Muster wird die glatte Oberfläche in eine Oberfläche mit Erhebungen und Vertiefungen verwandeln. Es wird Täler geben und Tümpel, in denen das Wasser steht, und Bergketten und Hügel, wo sich das Wasser nicht sammeln kann. Wenn das neue Muster auf diese Erhebungen und Vertiefungen trifft, dann muß es sich ihm anpassen, selbst wenn das eine Änderung der Position bedeutet, die es eigentlich einnehmen sollte. Das Wasser wird von den Bergketten hinab in die Täler fließen. Wenn man also versuchen wollte, ein gradliniges Muster schräg zu einem auf der Oberfläche schon vorhandenen ähnlichen Muster aufzubringen, dann würde das neue Muster gar nicht registriert, sondern das alte nur stärker ausgebildet (vgl. S. 53).

Dieses Verhalten der Erinnerungsoberfläche zeigt, wie es kommt, daß alte und neue Muster aufeinander einwirken. Es zeigt, daß die alten Muster tatsächlich bestimmen können, wie die neuen aufgenommen werden. Das kann bedeuten, daß neue Informationen nur in Form alter Muster Aufnahme finden.

Die Art und Weise, wie ein neues Muster in ein ähnliches altes eingeht und es verstärkt, kann von einem praktischen Gesichtspunkt aus sehr wichtig sein. Es bedeutet nämlich, daß das alte Muster nicht auf genau dieselbe Weise wiederholt zu werden braucht, damit es gut etabliert wird. Wenn verschiedene Muster oder verschiedene Realisationen ein und desselben Musters ähnlich genug sind, dann bewirken die besonderen Eigenschaften der Oberfläche, daß sie als identisch behandelt werden. Das wiederum führt zu der Entwicklung fest umrissener Muster, selbst

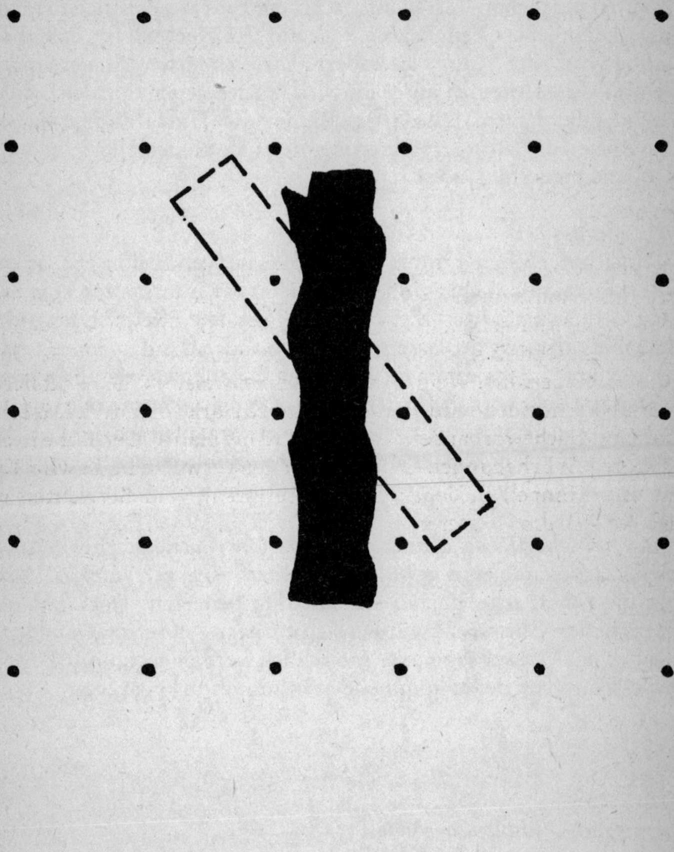

wenn die Eingabe viele Abweichungen zeigt. Auch hier ist das Verhalten der Oberfläche darauf ausgerichtet, Muster deutlich hervortreten zu lassen und zu etablieren. Nicht die Oberfläche selbst verarbeitet das ankommende Muster, sondern die früheren Muster tun es, die ihrerseits die Oberfläche verändert haben. Die Erinnerung an frühere Muster verarbeitet die neuen.

Ein offensichtlicher Vorteil dieses Systemtyps ist, daß sich die Dinge mit zweckdienlicher Stetigkeit entwickeln. Der Nachteil ist, daß es sehr schwierig wird, alte Muster zu ändern. Die etablierten Muster sind wie Bäche und Flüsse, die sich unter Einwirkung des Regens auf der Erdoberfläche gebildet haben. Sobald die Bäche und Flüsse einmal da sind, tendieren sie zur Selbstperpetuierung, denn sie ziehen allen Regen, der auf die Erde niederfällt, an sich.

Zusammenfassung

Die Polyäthylenfolien-Erinnerungsoberfläche verarbeitet die ankommende Information nicht, sondern sie bietet der Information eine Gelegenheit, sich selbst zu verarbeiten. Der allgemeine Effekt ist, bestimmte Muster hervortreten zu lassen, zu verdeutlichen, aufzubauen und zu etablieren aus Informationen, die unter Umständen ziemlich konfus sind. Dieser Effekt wird dadurch erreicht, daß die ankommende Information die Möglichkeit enthält, sich selbst zu organisieren, und daß die bereits eingeführten Muster diese Organisierung lenken können. Vor allem aber ist das System ein sich selbst organisierendes und sich selbst maximierendes.

Diese Art Oberfläche könnte man eine Oberfläche der Bevorzugung nennen. Ziellos auf eine gewöhnliche Oberfläche geträufeltes Wasser würde die Oberfläche überall gleichmäßig benetzen. Doch auf einer bevorzugenden Oberfläche würden sich ein paar Vertiefungen bilden, in denen sich das Wasser sammelt. Tatsächlich werden bestimmte Bereiche der Oberfläche von der ankommenden Information bevorzugt.

8.

Das Tausend-Glühbirnen-Modell

Die Folien-und-Stecknadel-Oberfläche verarbeitete die Information, die auf sie aufgebracht wurde. Diese Verarbeitung bestand darin, daß das Wasser nicht stehen blieb, wo es niederfiel, sondern über die Erhebungen und Vertiefungen der Oberfläche floß und sich sein eigenes Niveau suchte. Aber es floß nicht nur, sondern es änderte auch die Erhebungen und Vertiefungen dieser Oberfläche. Dieser Positionswechsel des Wassers bedeutet eine Verschiebung im Erinnerungsmuster; eine Verschiebung im Erinnerungsmuster bedeutet eine Änderung des Erinnerungsmusters; eine Änderung des Erinnerungsmusters bedeutet eine Verarbeitung der Information. Das ist so, als ob jemand versuchte, eine Aufnahme von einem Kamel zu machen, aber so oft er es versucht, verschiebt sich die fotografische Platte und es entsteht eine Aufnahme von den Pyramiden. Dabei verarbeiten die Platten sozusagen das Kamelmuster und verwandeln es in das Pyramidenmuster.

Die grundlegende Aktivität dabei ist das Fließen. Fließen bedeutet, daß sich das Wasser von einem Bereich in einen anderen bewegt. Wasser hat die Tendenz, nach unten zu fließen. Es ist nicht einfach, das in funktionalen Begriffen zu beschreiben, es sei denn, man begnügte sich zu sagen, ein Bereich sei einem anderen vorzuziehen. Es gibt eine natürliche Richtung des Fließens, und diese wird bestimmt durch die Erhebungen und Vertiefungen der Oberfläche, die bewirken, daß einige Bereiche anderen vorgezogen werden.

Jetzt kann man versuchen, dieses Prinzip des Fließens und das allgemeine Verhalten der Folien-und-Stecknadel-Oberfläche auf ein neues Modell zu übertragen.

Es gibt Leuchtreklamen, deren Oberfläche aus Hunderten von Glühbirnen zusammengesetzt ist. Dadurch, daß verschiedene Muster von Birnen aufleuchten, können verschiedene Bilder gezeigt werden. Man kann auch die Bilder über die Oberfläche hinwegziehen lassen, indem man neue Birnen aufleuchten läßt und schon brennende ausschaltet.

Die neue Modell-Erinnerungsoberfläche ist ähnlich aufgebaut. Doch ist hier die Oberfläche nicht homogen wie bei der Polyäthylenfolie, sondern sie besteht aus einer sehr großen Anzahl einzelner Punkte, und jeder Punkt ist eine Glühbirne. Jede dieser Birnen kann entweder ein- oder ausgeschaltet sein. Wie bei der Leuchtreklame ergibt sich das Muster aus der Anordnung der brennenden Birnen.

Ein helles Muster, das auf diese Erinnerungsoberfläche fällt, würde diejenigen Birnen aufleuchten lassen, die von dem Muster getroffen werden. Bringt man ein rechteckiges Muster auf die Oberfläche auf, dann erscheint ein rechteckiges Glühbirnenmuster. Das könnte dadurch erreicht werden, daß jede Birne von einem ganz speziellen Schalter gesteuert wird.

Es gibt Straßenlaternen, die sich in der Dämmerung automatisch einschalten, weil das Tageslicht unter einen bestimmten Helligkeitsgrad gesunken ist. Die speziellen Schalter bei dem Modell wirken umgekehrt. Wenn das auf den Schalter fallende Licht einen bestimmten Helligkeitsgrad überschreitet, dann leuchtet die Birne auf. Das gilt für Licht von jeder Quelle mit Ausnahme des Lichts, das von der Birne selbst ausgeht (der Schalter ist abgeschirmt).

Die Verteilung des Lichts bei diesem Modell entspricht der Verteilung des Wassers bei dem Folien-und-Stecknadel-Modell. Aber wie steht es mit dem überaus wichtigen Fließ-Verhalten? Um das zu verstehen, muß man sich das Kippbrett wieder vergegenwärtigen, auf dem die Pfeiler aus Lego-Bausteinen standen. Als das Brett gekippt wurde, fielen die größeren Pfeiler um. Sie wurden erhöht, und fielen nun noch leichter um. Der Neigungsgrad, der erforderlich ist, damit ein Pfeiler umfällt, könnte der Fallpunkt genannt werden. Nichts geschieht, bis der Neigungsgrad den Fallpunkt erreicht, aber dann gerät der Pfeiler von selbst in Bewegung und stürzt um. Das Interessante dabei ist, daß sich der Pfeiler nicht allmählich neigt, bis er am Boden liegt, sondern sich an einem bestimmten Punkt von selbst in Bewegung setzt und ganz plötzlich umkippt. Mit anderen Worten, bis zu einem gewissen Grad muß stimuliert werden, dann aber geht es von selbst los. Dieser Fallpunkt könnte Aktionsschwelle genannt werden. Unterhalb der Schwelle geschieht nichts. Sobald sie erreicht ist, geraten die Dinge von selbst in Bewegung.

Wenn die Pfeiler immer mehr erhöht werden, wird der Fallpunkt immer schneller erreicht. Das heißt, daß die Aktionsschwelle immer schneller erreicht wird. Man könnte sagen, die Schwelle wird immer niedriger.

Jetzt können wir zu den Glühbirnen mit ihren speziellen Schaltern zurückkehren. Diese Schalter verhalten sich wie die Bausteinpfeiler. Sobald die Schwelle erreicht ist, schalten sie sich selbst ein. Jedesmal, wenn sie sich einschalten, wird die Schaltschwelle niedriger (genau wie bei den Pfeilern, die leichter umstürzen, wenn sie schon einmal umgestürzt sind).

Der Unterschied, der darin liegt, daß sich die Schalter leichter oder weniger leicht einschalten, je nachdem, was vorangegangen ist, entspricht den Erhebungen und Vertiefungen des Folien-und-Nadel-Modells. Diejenigen Schalter, die schwer zu aktivieren sind (hohe Schwelle), entsprechen den Gipfeln der Polyäthylenfolie, während jene, die leicht zu aktivieren sind (niedrige Schwelle), den Tälern entsprechen.

Immer wenn ein Lichtmuster auf die Erinnerungsoberfläche trifft, gibt es einen Rand. An diesem Rand treffen brennende und nicht brennende Birnen aufeinander. Die lichtempfindlichen Schalter der nicht brennenden Birnen reagieren auf die bereits brennenden Birnen und tendieren dazu, ihre eigenen Birnen anzuzünden. So wird das Muster dazu tendieren, sich an den Rändern auszubreiten, genau wie das Wasser bei dem Folien-und-Stecknadel-Modell die Tendenz hatte, zu fließen. Die Schalter mit niedrigen Schwellen werden ihre Birnen leichter zum Brennen bringen als diejenigen mit hohen Schwellen, und so wird das Muster dazu tendieren, sich auf Bereiche auszudehnen, die vorher aktiviert waren, genau wie das Wasser bei dem anderen Modell, das bergab floß in Bereiche, die schon erschlossen waren.

Ob die einzelne Glühbirne angezündet wird oder nicht, hängt von zweierlei ab. Einmal davon, ob sie tatsächlich von dem Muster getroffen wird, zum anderen davon, ob sich das Muster bis zu ihr ausgebreitet hat. Und die Leichtigkeit, mit der sich das Muster ausbreitet, hängt davon ab, wie oft die betreffende Birne vorher angezündet war.

Auf den ersten Blick scheint ein solches Modell eine recht gute Imitation des Folien-und-Stecknadel-Modells zu sein. Der Grund, warum wir uns mit diesem zusätzlichen Modell beschäftigen, liegt darin, daß sein Verhalten der Organisation der Nerven im Gehirn sehr viel ähnlicher ist. Das Nervennetz besteht aus einer Ansammlung einzelner Schalter, die entweder ein- oder ausgeschaltet sein können. Jeder Schalter hat eine Aktivierungsschwelle, und sobald diese erreicht ist, knipst sich der Schalter von selbst an.

Leider gibt es einen gewaltigen Unterschied zwischen dem Folien-und-Stecknadel-Modell und dem Glühbirnenmodell. Bei dem Folienmodell ist die Wassermenge begrenzt. Dieses Wasser kann nicht an zwei Stellen zugleich sein. Wenn das Wasser also in einen bestimmten Bereich fließt, dann muß es von einem anderen wegfließen. Das ergibt eine echte Musterverschiebung von einem Bereich zum anderen entsprechend den Erhebungen und Vertiefungen der Oberfläche. Diese echte Musterverschiebung ergibt eine echte Informationsverarbeitung. Bei dem Glühbirnenmodell sind die Dinge anders.

Bei dem Glühbirnenmodell breiten sich die Ränder des Musters aus. Neue Birnen leuchten auf, und das Muster wird erweitert. Der entscheidende Unterschied zu dem anderen Modell besteht indes darin, daß zwar neue Birnen aufleuchten, doch die schon brennenden angezündet bleiben. Also handelt es sich um keine echte Musterverschiebung von einem Bereich in einen anderen. Das Muster wird einfach größer und die Ränder werden unscharf, aber es verschiebt sich nicht wirklich. Es ist richtig, daß sich das Muster in Richtung auf die Glühbirnen mit niedrigen Schwellen ausweitet, aber das bessert die Dinge nicht, wenn die schon brennenden Birnen mit hohen Schwellen eingeschaltet bleiben. Das ist, als ob bei dem Folienmodell das Wasser die Täler bedeckte und dennoch auf den Gipfeln bliebe.

So wie die Dinge liegen, würde man von einem einfachen Muster, das auf die Glühbirnenoberfläche aufgebracht wird, ein sehr viel größeres und weniger scharfes Muster erhalten. Vielleicht würde zuletzt sogar die ganze Oberfläche aufleuchten. Solange keine echte Verschiebung eintritt, sondern nur eine einfache Ausbreitung stattfindet, gibt es statt einer nützlichen Informationsverarbeitung nur ein Durcheinander.

Der Unterschied zwischen den beiden Modellen besteht darin, daß sich das Wasser bei dem Folienmodell selbst über die Oberfläche bewegt und die Menge des Wassers beschränkt ist. Bei dem Glühbirnenmodell löst die Eingabe einfach die Einschaltung des Lichtes aus, und dafür gibt es keine Beschränkung.

Wenn die Zahl der angezündeten Lampen in irgendeinem Augenblick streng begrenzt wäre, dann käme das Glühbirnenmodell dem Folienmodell näher und würde ein brauchbares System. Tatsächlich läßt sich das recht geschickt arrangieren, wenn man sich einen Effekt zirkulärer Systeme zunutze macht.

9.

Zirkuläre Systeme

An einem kalten Wintermorgen schafft es eine schwache Batterie nicht gleich, den Motor anzulassen. Wenn man immer wieder auf den Starter drückt, wird die Batterie nur noch schwächer.

Die Blätter, die der Wind im Herbst über eine Straße weht, sammeln sich hinter einem kleinen Hindernis und machen es auf diese Weise größer. Hinter dem größeren Hindernis sammeln sich mehr Blätter, die das Hindernis noch vergrößern. Dasselbe geschieht im Winter mit treibendem Schnee.

Reiche Leute werden immer reicher. Sobald sie einmal reich sind, haben sie mehr Geld, das sie einsetzen können, sie sind kreditwürdiger, und ihr Ruf ermuntert andere Leute, ihnen mehr Kapital zu leihen, mit dem sie arbeiten können.

Große Zeitungen werden immer größer. Je größer die Auflage, um so mehr Anzeigen bekommen sie. Je mehr Anzeigen sie bekommen, um so mehr Seiten und um so bessere Artikel können sie bringen. Je interessanter die Zeitung ist, um so höher steigt ihre Auflage.

Wenn Leute in einer inflationären Periode Effekten und Aktien kaufen, steigen die Börsenkurse; das hat zur Folge, daß noch mehr Leute Effekten und Aktien kaufen, um aus der Preissteigerung Nutzen zu ziehen; so steigen dann die Preise immer weiter.

Dies alles sind Beispiele für einen Typ zirkulärer Systeme. Es ist der explosive Systemtyp, der auch als der Typ der positiven Rückkoppelung bekannt ist. Ein Effekt führt durch eine Reihe anderer Effekte zu sich selbst zurück. So wird jede Veränderung rückgekoppelt, um diese Veränderung zu verstärken. Dieser Typ eines zirkulären Systems ist der «Veränderungs»-Typ. Bei allen bisher angewandten Beispielen handelt es sich um Veränderungen mit steigender Tendenz, aber genau dasselbe System kann auch Veränderungen mit fallender Tendenz verstärken.

Ein kranker Mensch, der nicht in einem Wohlfahrtsstaat lebt, wird noch kränker. Weil er krank ist, verdient er weniger Geld. Weil er weniger Geld hat, kann er sich nicht die richtige Ernährung und ärztliche Behandlung leisten, deshalb wird er kränker und das mindert wiederum seine Erwerbsfähigkeit.

Eine kleine Zeitung tendiert dazu, noch kleiner zu werden. Wenn ihre Auflage sinkt, nehmen auch die Anzeigen ab. Dadurch wird die Seitenzahl geringer, und es werden weniger aufwendige Artikel gebracht. So sinkt die Auflage noch weiter. Wenn die Börsenkurse fallen, neigen die Leute dazu, zu verkaufen. Das drückt auf die Preise, und so verkaufen dann noch mehr Leute ihre Papiere. Es gibt inzwischen Schutzvorrichtungen, um zu verhindern, daß so etwas geschieht, aber ein Vorgang dieser Art war schuld an dem großen Börsenkrach der Wallstreet. Das Vertrauen wächst, indem es sich durch zirkuläre Prozesse selbst erhält, aber es schwächt sich auch auf dieselbe Weise ab.

Sobald ein paar Stränge in einem Seil, das Gewicht zu tragen hat, reißen, erhöht sich die Beanspruchung der übrigen Stränge, und einige von ihnen reißen ebenfalls. Dadurch werden die restlichen Stränge noch stärker beansprucht. Und so geht es weiter, bis das Seil ganz reißt.

Mehrere Beispiele für diesen System-Typ bieten die in diesem Buch bereits beschriebenen Modelle. Im Fall des kippenden Bretts mit den umfallenden Pfeilern handelt es sich um eine offensichtlich positive Rückkoppelung: ein höherer Pfeiler stürzt leichter um; je häufiger er umstürzt, desto mehr wird er erhöht. Wenn bei dem Folien-und-Stecknadel-Modell das Gewicht des Wassers an einer Stelle die Folie niederdrückt, dann fließt mehr Wasser dorthin nach, so daß die Folie in diesem Bereich noch stärker heruntergedrückt wird. Zusammenfassend könnte man sagen, daß die Muster auf der Polyäthylen-Erinnerungsoberfläche Erhebungen und Vertiefungen bilden; diese wiederum organisieren die ankommenden Muster, die ihrerseits die Erhebungen und Vertiefungen beeinflussen.

Wenn der erste Typ eines zirkulären Systems ein «Veränderungs»-System war, so ist der zweite ein «veränderungshemmendes» System. Es ist im Gegensatz zum explosiven Charakter des ersten Typs der stabilisierende System-Typ. Hier führt ein Effekt durch eine Reihe anderer Effekte auf dieselbe zirkuläre Weise wie zuvor zu sich selbst zurück. Aber diesmal kommt der umgekehrte Effekt zurück. Eine Tendenz zur Verstärkung kommt also zurück als Tendenz zur Abschwächung; das wirkt der Veränderung entgegen und hält das System stabil. Dieser System-Typ ist auch als negativer Rückkoppelungstyp bekannt.

Fahrräder fahren nicht von selbst. Sie brauchen jemanden, der sie fährt und ihre Tendenz, umzukippen, in eine Aktion umwandelt, die dieser Tendenz entgegenwirkt – zum Beispiel in eine Bewegung der Lenkstange. Flugzeuge fliegen nicht selbst. Auch sie brauchen jemanden, der jeder Tendenz, vom stetigen Kurs abzuweichen, entgegenwirkt. Der Pilot dient als jenes Verbindungsglied in dem zirkulären System, das das Geschehen in die entgegengesetzte Richtung lenkt, es rückkoppelt, um zu verhindern, daß es geschieht.

Wenn das böse Hänschen in Nachbars Garten unartig ist und Tulpenblüten abreißt, dann schreit seine Mutter ihn an. Hänschen hört auf, wir hoffen es jedenfalls, und das Tulpensystem ist stabilisiert. Die geköpften Tulpen sind über Hänschens Mutter aktiv geworden, um weitere Verwüstungen zu verhindern.

Das in einem Toilettenspülkasten steigende Wasser hebt das Schwimmerventil und stellt das Wasser ab. So wird das Steigen des Wasserspiegels benutzt, um ein weiteres Steigen des Wasserspiegels zu verhindern.

Das sind die beiden grundlegenden Typen des zirkulären Systems. Ihre Wirkungsweise ist unkompliziert. Erst wenn diese beiden grundlegenden Systeme kombiniert werden, ereignen sich interessante Dinge. Der größ-

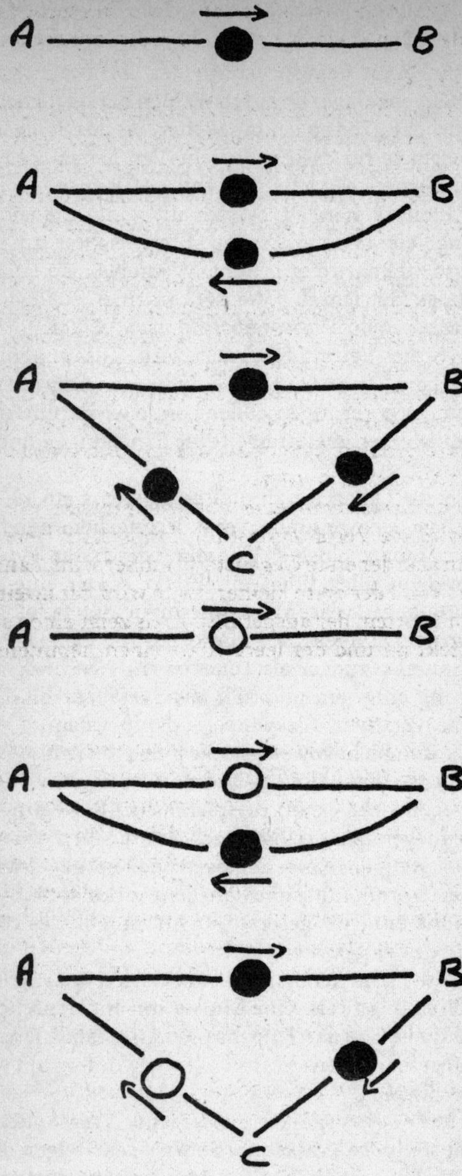
A
B
A
B
A
B
C
A
B
A
B
A
B
C

te Teil des Verhaltens der in diesem Buch beschriebenen speziellen Erinnerungsoberfläche beruht auf Effekten des zirkulären Systems.

Bezeichnungssystem

Wenn man sich mit Systemen dieser Art befaßt, ist es nützlich, irgendeine Art visueller Bezeichnung zu haben, damit man verfolgen kann, was geschieht, ohne sich die zirkulären Wirkungen jedesmal im einzelnen vorstellen zu müssen. Eine sehr einfache Bezeichnungsweise wird auf Seite 60 vorgeführt. Jeder Gegenstand, der dazu tendiert, einen anderen in seine Richtung zu leiten, wird mit dem zweiten Gegenstand durch eine Linie verbunden, die von einem ausgefüllten Kreis unterbrochen wird. Die Wirkungsrichtung wird durch einen Pfeil angezeigt. Wenn die Wirkung auch in der umgekehrten Richtung eintreten kann, dann muß das durch eine getrennte Linie und einen getrennten Pfeil bezeichnet werden. Wenn der erste Gegenstand die Tendenz hat größer zu werden, dann wird auch der zweite dazu tendieren größer zu werden. Wenn der erste Gegenstand dazu tendiert kleiner zu werden, dann wird auch der zweite dazu tendieren kleiner zu werden.

Übt der erste Gegenstand eine entgegengesetzte Wirkung auf den zweiten aus, wird die Verbindungslinie durch einen leeren Kreis unterbrochen. Wenn also der erste Gegenstand größer wird, dann wird hier der zweite kleiner. Wird der erste kleiner, dann wird der zweite größer.

Mit anderen Worten, der ausgefüllte Kreis zeigt einen stimulierenden Steigerungseffekt an und der leere Kreis einen hemmenden Abschwächungseffekt.

Kompliziertere Systeme

Angenommen, in einem Gebiet gäbe es viele gute offene Stellen. Zuerst würden sich die Leute eines anderen Gebietes vielleicht scheuen, in das Gebiet mit den günstigen Arbeitsgelegenheiten umzuziehen, weil sie fürchteten, sich ohne ihre Freunde und Nachbarn einsam zu fühlen. Dennoch würden es einige tun. Sobald einmal ein paar Leute umgezogen sind, wird es für andere leichter, ebenfalls umzuziehen. Danach wird es für wieder andere noch leichter. Dieser steigende Zustrom von Arbeitskräften sättigt allmählich den Arbeitsmarkt, und die Arbeitschancen, die so gut waren, werden wieder schlechter. Schließlich werden sich die Arbeitsmöglichkeiten so sehr verschlechtern, daß manche Leute aus dieser Gegend wieder wegziehen. Die Zahl derjenigen, die zuziehen, wird auch abnehmen.

In dieser Situation sind zwei zirkuläre Systeme gleichzeitig wirksam. Im Wirkungsbereich des ersten Systems wird das Gebiet mit den günstigen Arbeitsgelegenheiten immer attraktiver, je mehr Menschen dort hinziehen. In dem des zweiten Systems werden die Arbeitsmöglichkeiten durch den Zuzug der Leute immer schlechter, und das Gebiet immer weniger attraktiv. Das eine System gehört zum positiven Rückkoppelungstyp und das andere zum negativen. Da Arbeit der dominierende

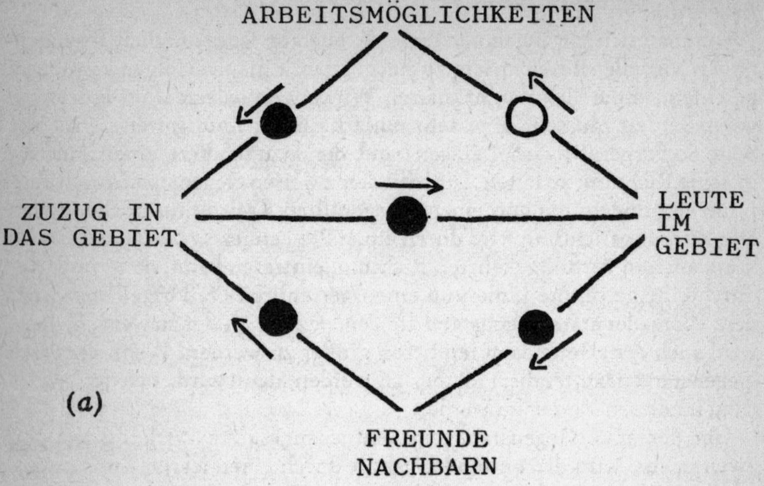
ARBEITSMÖGLICHKEITEN
ZUZUG IN DAS GEBIET
LEUTE IM GEBIET
FREUNDE NACHBARN

(a)

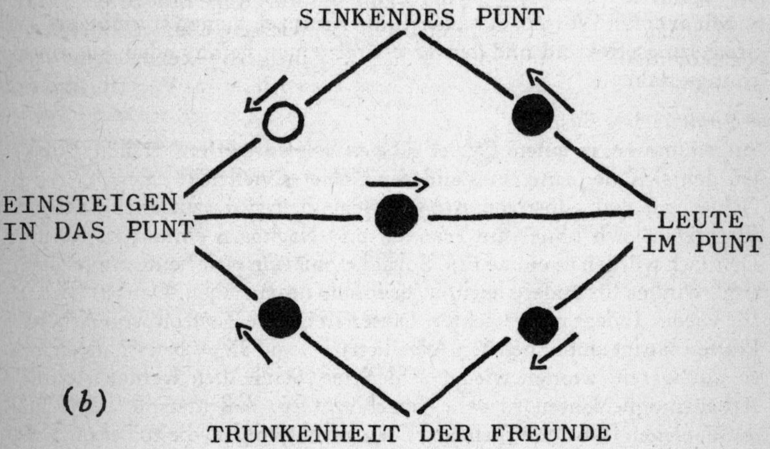
SINKENDES PUNT
EINSTEIGEN IN DAS PUNT
LEUTE IM PUNT
TRUNKENHEIT DER FREUNDE

(b)

Faktor ist, wird das stabilisierende System vorherrschen, und die Situation wird sich beruhigen, wenn eine begrenzte Zahl von Menschen in diesem Gebiet lebt. Das ist das grundlegende Verhalten des Systems (vgl. a auf S. 62).

Das Interessanteste an diesem System ist, daß es selektiv wirkt. Wenn die Arbeitsmöglichkeiten geringer werden, werden die Leute, die schon dort leben, aber nicht unbedingt auf eine Stellung in diesem Gebiet angewiesen sind, weil sie überall eine neue finden können, die Gegend wieder verlassen. Unterdessen werden nur Leute, denen keine andere Wahl bleibt, weiterhin in das Gebiet ziehen. Die Bevölkerungszahl in dem Gebiet wird stabil bleiben, denn manche werden wegziehen und manche zuziehen. Aber die Zusammensetzung der Bevölkerung wird sich ändern, denn die Unabhängigen werden wegziehen und die Abhängigen zuziehen. So wird das Gebiet allmählich von Leuten bevölkert, die unbedingt hier Arbeit haben wollen, weil sie woanders keine finden. Das System selektiert diese Leute gewissermaßen. Man könnte das System auch auf gelernte und ungelernte Arbeiter anwenden, wobei die ungelernten hinausgedrängt und die gelernten angezogen werden.

Als ein weiteres Beispiel für denselben System-Typ kann man eine Party ansehen, die Studenten in Cambridge zum Abschluß des Sommersemesters am Flußufer veranstalten. Gegen Ende der Party steht eine Gruppe von Leuten am Ufer und sieht zu, wie einige Studenten in ein Punt[1] steigen. Die im Punt rufen ihren Freunden am Ufer zu, sie sollten auch kommen. Zuerst tun die Freunde das ganz gern. Aber als mehr und mehr Leute einsteigen, sinkt das Punt immer tiefer ins Wasser, und es sieht so aus, als ob es untergehen würde. Da beginnen einige der eher nüchternen und ängstlichen Leute wieder auszusteigen, während ihre mehr betrunkenen und sorgloseren Kommilitonen immer noch an Bord klettern. Zuletzt befinden sich die am stärksten angeheiterten Studenten im Punt (vgl. b auf Seite 62).

Wiederum wirkt das System selektierend. Einerseits gibt es den positiven Beweggrund, ins Boot zu steigen, um mit den Freunden zusammen zu sein, andererseits den negativen, auszusteigen, da das Boot unterzugehen droht. Das Überwiegen des positiven oder negativen Beweggrunds hängt von dem Nüchternheitsgrad des einzelnen Studenten ab. Das bedeutet, daß die zurückhaltenden Studenten hinausgedrängt werden und nur die Draufgänger zurückbleiben. Das ist der System-Typ, der die spezielle Erinnerungsoberfläche mit Selektivvermögen hervorbringt.

Künstliche Modelle

Das Verhalten der oben beschriebenen Systeme kann mit einem einfachen mechanischen Modell nachgeahmt werden. Dieses Modell wird auf Seite 64 gezeigt. Es besteht aus einer Klappe, die mit einem Scharnier in

1 flachgehendes, viereckiges Flußboot, das durch Staken fortbewegt wird. (Anm. d. Übers.)

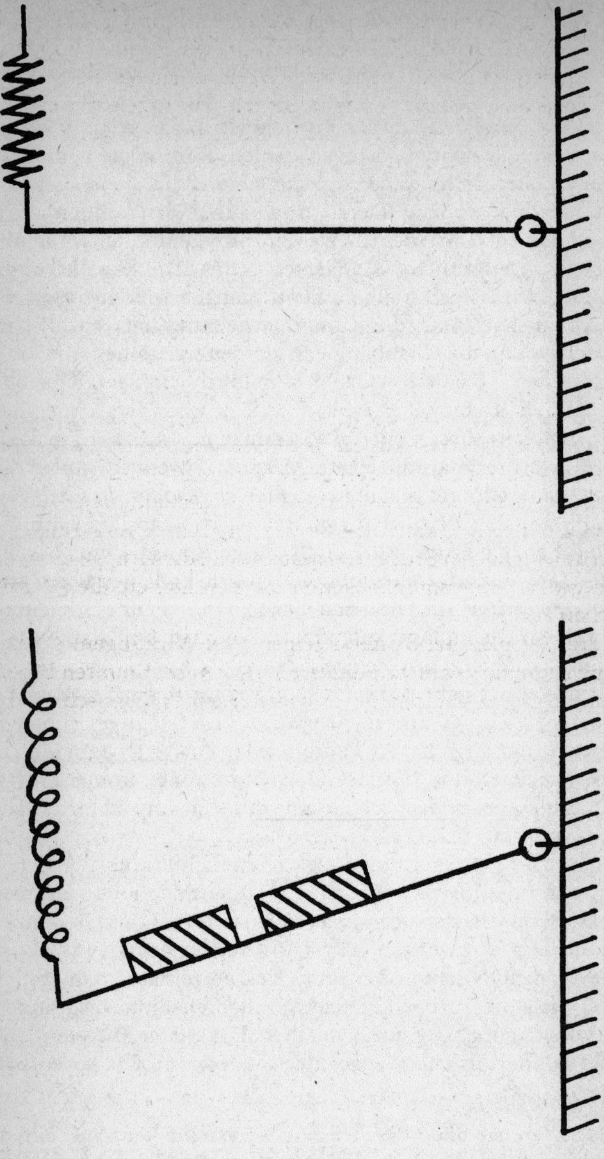

der Weise an der Wand befestigt ist, daß sie nach unten geklappt werden kann. Die Klappe ist jedoch mit einer schwachen Feder verbunden, die sie in der Waagerechten hält. Jetzt werden nacheinander kleine Bleibarren auf die Plattform gelegt. Je mehr Barren daraufgelegt werden, desto stärker neigt sich die Plattform, bis schließlich einige der Barren abrutschen. Schließlich bleiben auf der Plattform nur die Barren mit der rauhsten Grundfläche zurück. In diesem System wird es für den einzelnen Barren immer schwieriger, auf der Plattform zu bleiben, je mehr Barren darauf liegen. Die Anwesenheit von Barren auf der Plattform wirkt der Anwesenheit von Barren auf der Plattform entgegen. Aber es gibt eine künstliche Regel, wonach die Anwesenheit von Barren auf der Plattform die Anwesenheit anderer Barren auf der Plattform fördert: das ist der Grund, warum sie dort hingelegt werden.

Dieses System wirkt wiederum selbstselektierend. Es wäre etwas anderes, wenn man die Barren auf eine abschüssige Oberfläche legte, um zu sehen, welche hinunterrutschen und welche nicht. Das wäre Selektion durch eine Tätigkeit von außen, die die Neigung der Oberfläche festlegte. Die Bleibarren, die auf der Plattform bleiben, sind diejenigen, die die rauhste Grundfläche haben, ebenso wie die Gruppe im Punt aus den am meisten angeheiterten Studenten bestand und die Gruppe in dem Gebiet mit den guten Arbeitsmöglichkeiten aus den Leuten, die am dringendsten Arbeit suchten.

Alle drei Beispiele des Systems zeigen zwei Wirkungen:

1. Eine begrenzte Zahl von Einheiten in dem bestimmten Bereich.
2. Selektion dieser Einheiten nach irgendeiner Eigenschaft, die sie in höherem Maße besitzen als die anderen.

Der Unterscheidungsprozeß kann sehr subtil sein. Wenn ein neu hinzugefügter Barren nur etwas weniger glatt ist als einer, der schon auf der Plattform liegt, dann wird sich die Plattform gerade so weit neigen, daß der andere abrutscht, gleichgültig, wie klein der Unterschied ist.

10.

Wenn Sie Wasser auf eine starre Oberfläche gießen, wird es sich auf dieser Oberfläche ausbreiten. Je mehr Wasser Sie ausgießen, um so größer wird die Pfütze. Wenn die Oberfläche aber nicht starr ist, sondern aus einer dünnen Gummihaut besteht, die nur an den Rändern unterstützt ist, dann geschieht etwas Seltsames. Die Wasserpfütze breitet sich nicht weiter aus, sondern erreicht einen begrenzten Umfang. Der Durchmesser der Pfütze vergrößert sich nicht, gleichgültig, wieviel Wasser auf die Gummihaut gegossen wird. Dieser Effekt wird auf Seite 67 gezeigt. Das Gewicht des Wassers drückt die Gummihaut nach unten. Mehr Wasser drückt sie nur noch tiefer. Da sie in der Mitte hinuntergedrückt wird, werden die Wände der Einbuchtung immer steiler und verhindern so, daß sich das Wasser ausbreitet. Tatsächlich ist dies Modell ein stabilisierendes System. Die Schwierigkeit der Ausbreitung (Steilheit der Wände) ist proportional zur Wassermenge, deshalb kann sich das Wasser auf der Gummihaut nicht ausbreiten, gleichgültig, wieviel Wasser man hinzufügt. Das steht in krassem Gegensatz zu dem unstabilisierten System, bei dem eine größere Wassermenge eine größere Ausbreitung bedeutet.

Das Mißliche bei der Tausend-Glühbirnen-Erinnerungsoberfläche war, daß sich das Muster, wenn man zuließ, daß es sich überhaupt ausbreitete, regelmäßig über die ganze Oberfläche verteilte. Um dem abzuhelfen wäre erforderlich, daß nur eine begrenzte Zahl von Glühbirnen angezündet wird und die alten ausgehen, wenn neue aufleuchten. Das würde eine echte Musterverschiebung und eine nützliche Informationsverarbeitung ergeben. So ist es nämlich bei den Leuchtreklamen, wo Bilder über die unzähligen Birnen hinwegziehen, weil neue aufleuchten, während andere ausgehen.

Beide Beispiele für zirkuläre Systeme im vorigen Abschnitt liefen darauf hinaus, daß sich eine begrenzte Zahl von Einheiten in einem gegebenen Bereich befand. Das wurde erreicht, indem ein stimulierender Faktor mit einem hemmenden kombiniert wurde. Der stimulierende Faktor war die Arbeitsmöglichkeit im einen Fall und das Angeheitertsein im anderen. Der hemmende Faktor war die Sättigung des Arbeitsmarktes in einem Fall und die Angst vor dem Untergehen im anderen.

Dieselben Prinzipien kann man auf das Tausend-Glühbirnen-Modell anwenden. Wie im Fall der Gummihaut, des Party-Boots und des Gebiets mit den günstigen Arbeitsmöglichkeiten kombiniert man einen stimulierenden Faktor mit einem hemmenden (wie auf Seite 69 gezeigt). Der stimulierende Faktor ist einfach die Tendenz des Musters, sich auszubreiten, die Tendenz einer Glühbirne, aufzuleuchten, wenn eine angrenzende Birne schon brennt. Der hemmende Faktor muß bewußt eingebaut werden. Dieser Faktor muß proportional zur Zahl der brennenden Birnen sein und bewirken, daß es für eine Birne schwerer wird, aufzuleuchten oder weiterzubrennen.

Man könnte vorschlagen, daß von jeder Birne ein Kabel zu einer zentralen Quelle führt, und daß jede Birne, die aufleuchtet, etwas zu dieser Quelle beisteuert. Von dieser Quelle würde ein anderes Kabel zurück zu jeder Birne führen und es jeder Birne erschweren, aufzuleuchten. Eine solche Anordnung könnte (wie auf Seite 69 gezeigt) sehr gut funktionieren. Die tatsächliche Anlage der Verbindungen kann mit demselben Effekt auf viele verschiedene Weisen organisiert werden. Man braucht dazu nichts als ein hemmendes Netzwerk, das proportional zum Erregerzustand auf der Oberfläche unter Strom gesetzt wird und das die Tendenz hat, diese Erregung zu mindern.

Diese Methode ist indes sehr umständlich, und sie wird nur erwähnt, weil etwas Derartiges im Gehirn vorgeht. Es gibt jedoch eine elegantere Lösung des Problems. Das Tausend-Glühbirnen-Modell wird in einen

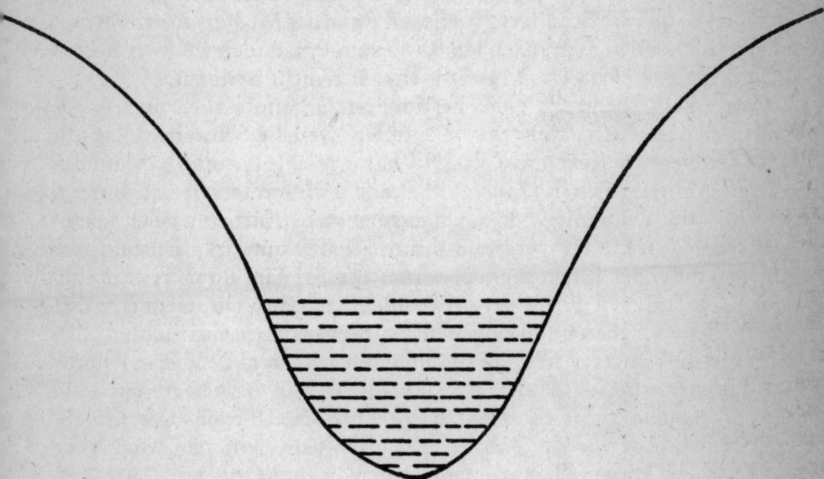

flachen Glaskasten gesetzt. Je mehr Glühbirnen aufleuchten, desto höher steigt die Temperatur in dem Glaskasten. Die Schalter der einzelnen Birnen reagieren jetzt temperaturempfindlich. Je höher die Temperatur steigt, um so höher wird die Schwelle jedes Schalters und um so schwieriger wird es, die Birne anzuzünden. Dieser zusätzliche Mechanismus gewährleistet den hemmenden Einfluß.

Ein kleines Muster fällt auf die Tausend-Birnen-Oberfläche. Die Birnen unter dem Muster leuchten auf. Die angrenzenden Birnen leuchten auf, und das Muster tendiert dazu, sich auszubreiten. Doch während es sich ausbreitet, steigt die Temperatur, und das macht es dem Muster immer schwerer, sich auszubreiten, weil sich auch die Schwelle der Schalter erhöht. Dann kommt ein Punkt, an dem sich die Temperatur und damit auch die Schalterschwelle am Rand des Musters so erhöht hat, daß das Licht einer angrenzenden Birne zum Entzünden weiterer Birnen nicht mehr ausreicht. Das Muster breitet sich nicht weiter aus.

Dort wo die Schwelle eines bestimmten Schalters noch niedrig ist, kann sich das Muster weiterhin ausbreiten, weil die Schwelle selbst mit dem Temperatureffekt nicht das Niveau erreicht, das dies verhindern würde. Während sich das Muster in diesen leichten Gebieten ausbreitet, kann es sein, daß einige der schon angezündeten Birnen wieder ausgehen, wenn sich die Temperatur auf ihre Schalter auswirkt. Dort ist jetzt ein selektierender Effekt zu beobachten wie bei dem Punt-System und dem Gebiet mit den günstigen Arbeitsmöglichkeiten. Die leicht erregbaren Einheiten ziehen immer noch in den Bereich (d. h. sie leuchten auf), während die schwerer erregbaren Einheiten ausfallen. Bei dieser Anordnung brennt eine begrenzte Zahl von Birnen, und diese begrenzte Zahl besteht aus den am leichtesten zu entzündenden Birnen. Das Muster verhält sich jetzt wie das Wasser in dem Polyäthylenfolien-Modell. Es verlagert sich körperlich von einem Bereich in einen anderen.

Man könnte an einen interessanten Vortrag in einem kleinen Raum denken. Wenn sich viele Menschen in dem Raum zusammendrängen, steigt die Temperatur. Die weniger interessierten brechen auf, wenn es drückend heiß wird. Aber die interessierteren kommen immer noch herein. Schließlich sind in dem Raum nur noch die interessierteren und mehr erregbaren Menschen.

Während vorher das Tausend-Glühbirnen-Modell dem Polyäthylenfolien-Modell unterlegen war, ist es ihm jetzt überlegen. Bei dem Modell mit der Folienoberfläche war nicht leicht einzusehen, warum Wasser, das auf eine bereits Erhebungen und Vertiefungen aufweisende Oberfläche tropft, je das Muster beibehalten sollte, in dem es verspritzt wurde. Würde es sich nicht immer den Erhebungen und Vertiefungen entsprechend verteilen? Sie wären nie imstande, etwas über Kamele zu erfahren, wenn Ihre Fotografie immer nur die Pyramiden zeigte, obwohl Sie ein Kamel aufnehmen wollten. Bei dem Polyäthylenfolien-Modell beherrschen die schon auf der Oberfläche vorhandenen Erhebungen und Ver-

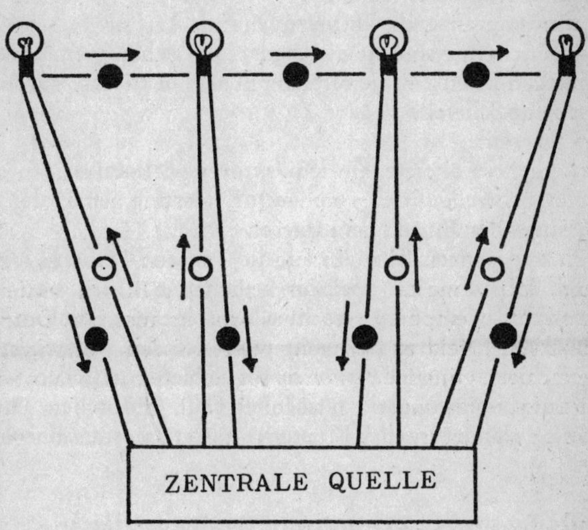
ZENTRALE QUELLE

tiefungen fast völlig den Prozeß, und das tatsächlich ankommende Muster kann ganz verlorengehen. Bei dem Tausend-Glühbirnen-Modell gibt es einen Ausgleich zwischen beiden.

Jede einzelne Birne kann ein- oder ausgeschaltet sein. Das hängt davon ab, ob ihr Schalter aktiviert ist oder nicht. Und das wiederum hängt von den folgenden Faktoren ab, von denen manche dazu tendieren, ihn zu aktivieren, und andere, ihn inaktiv zu halten.

Aktivierende Faktoren:

1. Wenn das Muster direkt auf den Schalter fällt (es wird unterstellt, daß es sich um Lichtmuster handelt).

2. Wenn eine angrenzende Glühbirne brennt.

3. Wenn die Schalterschwelle niedrig ist infolge häufiger Aktivierung in der vorangegangenen Zeit. Je öfter der Schalter aktiviert wurde, um so niedriger ist seine Schwelle.

Inaktive Faktoren:

1. Wenn keiner der obengenannten Faktoren wirksam ist.

2. Wenn die Schwelle durch Temperaturänderung gemäß der Anzahl der schon brennenden Birnen heraufgesetzt wird.

Im großen und ganzen wird ein auf die Tausend-Birnen-Oberfläche aufgebrachtes Muster seine Position beibehalten. Doch wenn es auf Gebiete übergreift, wo die Schalterschwelle infolge wiederholter Aktivierung ungewöhnlich niedrig ist, dann wird sich das Muster in dieser Richtung verschieben und die Birnen dieser Gebiete entzünden, während die Birnen, auf die das Muster tatsächlich fällt, verlöschen. Die Folge davon ist eine Veränderung des Musters und der Informationsverarbeitung.

Verhalten der Tausend-Glühbirnen-Erinnerungsoberfläche

Besonders wichtig ist, daß jeweils nur eine begrenzte Zahl von Birnen auf der Oberfläche brennen kann. Doch das Muster, das auf die Oberfläche aufgebracht wird, kann kleiner sein als diese Zahl, oder aber größer.

Wenn das angebotene Muster unter dieser Zahl bleibt, dann wird es sich ausbreiten, bis die erlaubte Zahl von brennenden Birnen erreicht ist. Die Ausbreitung wird in Richtung auf jene Bereiche erfolgen, die schon früher Muster aufgenommen haben, da in diesen Bereichen die Schwellen niedriger sind. Auf diese Weise kann ein Muster von der Oberfläche erweitert oder vergrößert werden. Die Oberfläche nimmt das Muster nicht einfach auf, sondern verarbeitet es tatsächlich im Anschluß an Muster, mit denen sie vorher in Berührung gekommen war, oder im Anschluß an Muster, die ihm ähneln.

Wenn das auf die Oberfläche aufgebrachte Muster viel mehr Birnen bedeckt als die festgelegte Zahl umfaßt, dann werden nur einige der bedeckten Birnen aufleuchten und die anderen inaktiv bleiben. Es werden jene aufleuchten, die die niedrigsten Schwellen haben. Das restliche Muster bleibt von der Erinnerungsoberfläche unbeachtet (jedenfalls zu

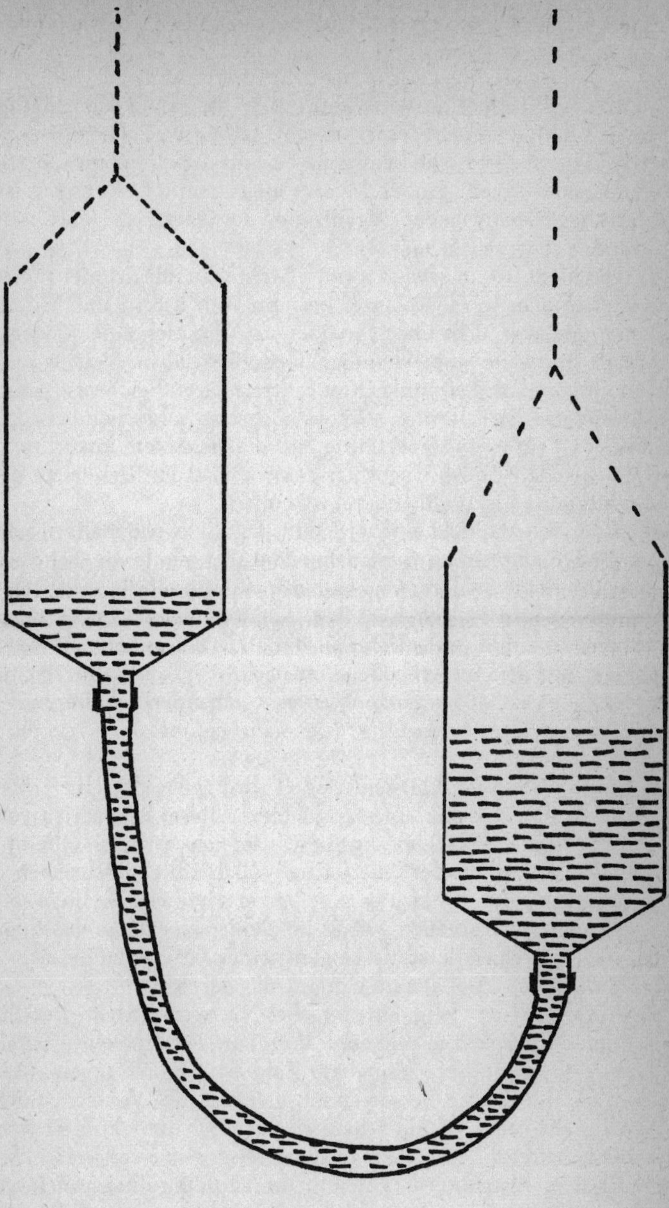

diesem Zeitpunkt). Die Erinnerungsoberfläche wählt einfach denjenigen Teil des Musters aus, der am vertrautesten ist, und reagiert auf ihn. Das ist die selektierende Eigenschaft einer Erinnerungsoberfläche. Im Hinblick auf die Informationsverarbeitung ist das gewiß die nützlichste Eigenschaft der Oberfläche. Es ist seltsam, daß sie aus einer Schwäche der Oberfläche hervorgeht. Die Schwäche besteht darin, daß die Oberfläche nicht imstande ist, ein großes Muster aufzunehmen. Dennoch ist die Schwäche das Ergebnis jener Organisation der Oberfläche, die aus anderen Gründen so wesentlich ist.

Was geschieht, wenn zwei getrennte Muster auf die Erinnerungsoberfläche aufgebracht werden? Unter getrennten Mustern sind Muster zu verstehen, die sich nicht überschneiden und die nicht aneinandergrenzen. Es ist höchst unwahrscheinlich, daß zwei solche Muster in ihrer Ausdehnung und im Zeitpunkt ihres Eintreffens völlig übereinstimmen. Selbst wenn das der Fall wäre, so ist es höchst unwahrscheinlich, daß die Bereiche der Erinnerungsoberfläche, auf die sie treten, hinsichtlich der Schalterschwellen und hinsichtlich dessen, was den Bereichen gerade zuvor widerfahren ist, völlig übereinstimmten.

Die Situation entspricht einem Modell, das aus zwei Behältern besteht, die am Boden mit einem Schlauch verbunden sind, wie auf Seite 71 gezeigt wird. Beide Behälter sind halb mit Wasser gefüllt, und beide sind an Gummibändern aufgehängt. Der Behälter, der zuerst etwas mehr Wasser enthält, sinkt etwas tiefer als der andere. Das hat zur Folge, daß das Wasser aus dem anderen Behälter nachfließt, und dadurch sinkt er noch tiefer. Zuletzt ist das ganze Wasser in dem einen Behälter, während der andere leer ist. Gleichgültig, wie man beginnt, das Ergebnis wird immer dasselbe sein.

Bei dem Tausend-Glühbirnen-Modell wird genau derselbe Effekt erreicht, wenn die Tendenz eines erleuchteten Bereichs, sich zu vergrößern, proportional zum Umfang dieses Bereichs ist. Das scheint eine Eigenschaft zu sein, die der Oberfläche willkürlich zugeschrieben wird, aber tatsächlich würde sie sich ganz selbstverständlich aus einem solchen zufälligen Netzwerk ergeben, wie es im Gehirn zu existieren scheint. In einem solchen Netzwerk ist die Tendenz eines aktivierten Bereichs, sich auszubreiten, proportional zum Umfang des Bereichs.

Das Bild auf Seite 73 zeigt ein einfaches Netzwerk, in dem die Schalter durch dunkle Kreise dargestellt sind. Wenn die Tendenz eines Schalters, aktiviert zu werden, proportional zur Zahl der Verbindungen zwischen ihm und bereits aktiven Schaltern ist, dann ist die Wahrscheinlichkeit größer, daß die mit 1, 2 und 3 bezeichneten Schalter aktiviert werden, wenn alle Schalter innerhalb des großen Kreises aktiv sind, sie ist kleiner, wenn nur diejenigen innerhalb des Quadrats zufällig aktiv sind. Je größer der aktivierte Bereich, um so wahrscheinlicher ist es, daß zufällige Verbindungen zu Schaltern außerhalb des Bereichs eingeschlossen werden.

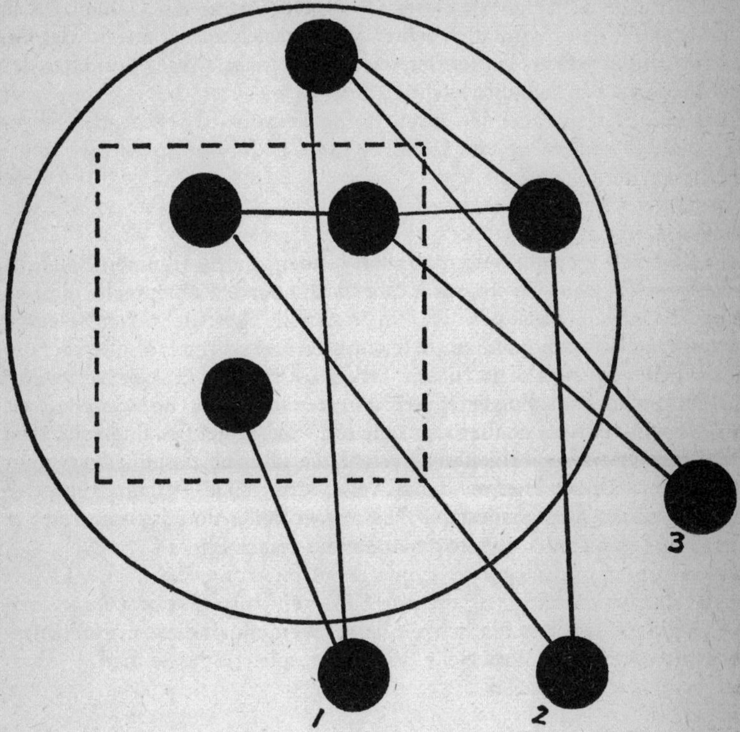
3
1
2

Wenn diese Eigenschaft auf die Tausend-Glühbirnen-Oberfläche übertragen wird, dann verhindert sie, daß zwei getrennte Aktivierungsbereiche auf der Oberfläche koexistieren. Der größere Bereich wird dazu tendieren, größer zu werden, was bedeutet, daß der kleinere Bereich kleiner werden muß, da der aktive Gesamtbereich begrenzt ist. Der Prozeß ist ein weiterer zirkulärer Effekt, denn wenn der kleine Bereich kleiner wird, dann wird auch seine Tendenz, sich auszubreiten, kleiner, und so geht es weiter, bis der Bereich verschwindet. Dieses Verhalten der Erinnerungsoberfläche ist wichtig, denn es bedeutet, daß es immer nur einen zusammenhängenden Beleuchtungsbereich auf der Oberfläche geben kann. Das hat weitgehende Folgen für das informationsverarbeitende Verhalten der Oberfläche.

Zusammenfassung
Es gibt einen einzigen zusammenhängenden und begrenzten Beleuchtungsbereich, der sich über die Oberfläche bewegt entsprechend dem, was vorangegangen ist, und was im Augenblick geschieht. Der Beleuchtungsbereich besteht aus den am leichtesten erregbaren Einheiten auf der Oberfläche. Entscheidend für die Erregbarkeit einer Einheit ist, wie oft die Einheit vorher schon erregt wurde, ob das dargebotene Muster auf sie fällt und was den benachbarten Einheiten widerfährt. Das Endresultat ist ein informationsverarbeitendes System, das fähig ist, das ihm dargebotene Material zu selektieren und zu verändern. Beide Vorgänge beruhen auf der früheren Erfahrung der Oberfläche. Beide Vorgänge sind darauf ausgerichtet, feste Muster zu gewinnen und zu etablieren.

Das ist der grundlegende Typus der Erinnerungsoberfläche. Es gibt zahlreiche Modifikationen, die ihre Fähigkeit, Information zu verarbeiten, erhöhen. Der Bequemlichkeit halber werden wir diese Erinnerungsoberfläche von nun an spezielle Erinnerungsoberfläche nennen.

11.

Aufmerksamkeit
Was würden Sie denken, wenn Sie, sooft Sie in einen bestimmten Spiegel schauten, immer nur Ihren Mund sähen und sonst nichts von Ihrem Gesicht? Gleichgültig, von welchem Standpunkt oder aus welcher Entfernung Sie in den Spiegel schauten, er zeigte immer nur Ihren Mund. Auch wenn Sie Ihre Freunde veranlassen würden, in diesen besonderen Spiegel zu schauen, würde er nur ihre Münder zeigen.

Was würden Sie denken, wenn Sie eines Abends das Fernsehgerät einschalteten und es erschiene statt des erhellten Bildschirms ein winziger Lichtkreis, der immer nur den Mund eines Schauspielers oder Ansagers zeigte?

Was würden Sie denken, wenn Sie eine Aufnahme von einem Zimmer machen sollten und auf dem entwickelten Film wäre nichts zu sehen als der große Kuchen auf dem Tisch? Sie würden noch eine Aufnahme machen, von einem anderen Standort aus, aber wiederum wäre nur der Kuchen zu sehen. Mit derselben Kamera wollten Sie die Hauptstraße mit ihren verschiedenen Kaufhäusern und Geschäften aufnehmen. Zu Ihrer Überraschung zeigte der entwickelte Film nichts als den Bäckerladen.

Dieses seltsame Verhalten des Spiegels, des Fernsehgeräts und der Kamera gleicht dem Verhalten der speziellen Erinnerungsoberfläche. Wird ein großes Muster auf die Erinnerungsoberfläche aufgebracht, dann wird nur ein kleiner Teil des Musters behalten. Der Rest wird einfach außer acht gelassen. Der Aktivierungsbereich auf der Erinnerungsoberfläche ist streng begrenzt, er kann seinen Umfang nicht erweitern. Dieser begrenzte Bereich erstreckt sich über den am leichtesten aktivierbaren Teil der Oberfläche, das heißt auf den Teil, der am häufigsten benutzt worden ist. Das ist der Grund, warum der Spiegel, das Fernsehgerät und die Kamera ihre Aufmerksamkeit auf den Mund oder auf Eßbares begrenzten.

Tatsächlich bedeutet dieses Verhalten der Erinnerungsoberfläche, daß sie nur einem Teil des insgesamt verfügbaren Musters Aufmerksamkeit schenkt. Aufmerksamkeit bedeutet lediglich, sich jeweils mit einem Teil der Umgebung zu beschäftigen. Da braucht keine Magie im Spiel zu sein. Und es geht nicht darum, daß die Aufmerksamkeit aktiv auf etwas gelenkt wird. Der Effekt ergibt sich aus dem gewöhnlichen Verhalten eines bestimmten Typs der Erinnerungsoberfläche. Und das Verhalten ist rein passiv.

Es könnte scheinen, als ob dieses Verhalten der speziellen Erinnerungsoberfläche ein Mangel sei und das Fassungsvermögen einer effizienten Erinnerungsoberfläche nicht so beschränkt sein dürfte. In Wirklichkeit ist diese beschränkte Aufmerksamkeitsspanne keineswegs ein Nachteil, sondern ein so ungeheuer großer Vorteil, daß die ganze Wirkungsweise des Verstandes darauf beruht. Eine beschränkte Aufmerksamkeit bedeutet, daß viel ausgelassen wird, aber sie bedeutet auch, daß etwas tatsächlich selektiert wird. Gerade dieser Selektionsprozeß, diese Fähigkeit auszuwählen, ist so wichtig. Selektion bedeutet Bevorzugung und Auswahl statt absoluter Hinnahme von allem, was geboten wird. Es wird oft angenommen, daß diese Selektion bei einem passiven System nicht möglich sei.

Wie viele Leute, die jeden Tag durch den Londoner Stadtteil Marylebone fahren, wissen, daß in dieser Gegend auf jeder Verkehrsampel eine züngelnde Flamme aus Metall angebracht ist etwa von der Art wie sie bei der Darstellung von Seelen im Fegefeuer verwendet wird? Jahrelang bin ich durch diese Gegend gefahren und habe vermutlich die Verkehrsampeln oft genug betrachtet, aber diese Flammenzungen habe ich nie bemerkt. Dennoch sitzen sie so dicht auf der obersten Lampe, daß, wenn man über die Straße schaut, der Unterschied im Gesichtswinkel winzig sein muß. Doch die Aufmerksamkeit konzentriert sich auf die Verkehrsampeln als der wichtigsten Sache, so daß alles übrige außer acht gelassen wird. Das Leben wäre schwierig ohne diese Art von Selektion nach der Nützlichkeit.

Zu einem Badezimmer gehört eine Badewanne, ein Spiegel, ein Waschbecken und manchmal ein Klosett. Wenn man auf das Badezimmer als Ganzes reagieren müßte, dann wäre eine Benutzung unmöglich, es sei denn, man wählte Tapeten dafür aus. Zum Glück richtet sich die Aufmerksamkeit auf die Badewanne, das Waschbecken oder was immer gerade gebraucht wird.

Angenommen, jemand gießt heißes Wasser aus einem Kessel auf eine Scheibe Gelee. Angenommen, aus irgendeinem Grunde, zum Beispiel weil ein Schirm dazwischengeschoben ist, können Sie niemals die ganze Situation überblicken, sondern immer nur einen Teil.

Wenn Ihre Aufmerksamkeit auf das Gelee und auf nichts sonst gerichtet ist, dann sehen Sie, daß das Gelee *verschwindet.*

Wenn Ihre Aufmerksamkeit zugleich auf das heiße Wasser und auf das Gelee gerichtet ist, dann sehen Sie, daß das heiße Wasser das Gelee *zerstört.*

Wenn Ihre Aufmerksamkeit auf die farbige, klebrige Flüssigkeit gerichtet ist, die sich auf dem Tisch ausbreitet, dann wird die Flüssigkeit *erzeugt.*

Wenn sich Ihre Aufmerksamkeit zugleich auf das Gelee und die farbige Flüssigkeit richtet, dann wird das Gelee in Flüssigkeit *umgewandelt.*

Wenn Ihre Aufmerksamkeit auf das aus dem Kessel fließende Wasser und auf die gefärbte Flüssigkeit gerichtet ist (während das Gelee selbst hinter dem Schirm verborgen ist), dann wird das Wasser in gefärbtes Wasser *verwandelt.*

Aus ein und derselben Situation kann man also Vorstellungen von Verschwinden, Zerstörung, Erzeugung, Um- und Verwandlung gewinnen, je nachdem, was die Aufmerksamkeit aufgreift. Die Art und Weise wie eine Situation betrachtet wird, hängt von diesem Umstand ab. Dieselbe Situation kann zwei Menschen völlig verschieden erscheinen, weil die Erhebungen und Vertiefungen ihrer Erinnerungsoberfläche so beschaffen sind, daß der ausgewählte Aufmerksamkeitsbereich oder die Folge von Aufmerksamkeitsbereichen ganz verschieden sind.

Dieses System hat einen Nachteil. Wenn eine Situation auf zwei Arten erklärt werden kann, die beide gleich stichhaltig sind, dann wird die definitive Selektionskapazität der Erinnerungsoberfläche die eine wählen und die andere völlig außer acht lassen. Es kann gelegentlich vorkommen, daß die zweite Möglichkeit zur Kenntnis genommen wird, nachdem die erste genutzt worden ist, aber häufiger bringt die erste eine Entwicklungsfolge in Gang, und die zweite wird überhaupt nicht erwogen. Die beiden Betrachtungsweisen der Situation mögen sich im Sinne der mathematischen Wahrscheinlichkeit stark annähern (wenn zum Beispiel 51

Prozent der Leute die eine und 49 Prozent die andere wählen würden). Dennoch ist die Erinnerungsoberfläche so beschaffen, daß sie die eine wählt und die andere völlig außer acht läßt, als ob der Abstand zwischen den beiden Betrachtungsweisen gewaltig wäre. Dieser definitive Typ der Selektion der Erinnerungsoberfläche bewirkt hohe Leistungsfähigkeit, wenn es um die Gewinnung von Mustern aus der Umgebung geht, aber er kann auch viel Ärger bereiten. Zum Beispiel können zwei Menschen, die sich genau der gleichen Situation gegenübersehen, zu sehr unterschiedlichen Schlußfolgerungen gelangen. Schlimmer ist, daß sie absolut außerstande sein werden, die Vertretbarkeit des Standpunkts des anderen einzusehen, denn die Selektion wirkt ausschließend und maximierend, und sie funktioniert nicht nach dem Prinzip der Wahrscheinlichkeit.

Das System hat aber auch Vorzüge. Humor beruht auf genau demselben Vorgang. Wenn also einer ein System hätte, das die Möglichkeit des oben erwähnten anmaßenden Beharrens auf dem eigenen Standpunkt ausschlösse, dann würde dieses System auch die Möglichkeit des Humors ausschließen. Doch das wird in einem späteren Abschnitt behandelt.

Ein weiterer Vorzug dieses maximierenden Selektionstyps, den die Erinnerungsoberfläche darstellt, liegt darin, daß es das Verhungern von Buridans Esel zu einem Ding der Unmöglichkeit macht. Buridans Esel wurde von Philosophen zwischen zwei gleiche Heubündel gestellt, und es wurde angenommen, daß er verhungern würde, weil er nicht imstande sei, zwischen zwei Gegenständen, die die gleiche Anziehungskraft auf ihn ausüben, zu wählen, wenn sie unbewegt bleiben. Bei dem Selektionstyp, den die Erinnerungsoberfläche darstellt, könnte das nie geschehen. Der kleinste Unterschied zwischen den Heubündeln, in der entfernten oder unmittelbaren Erfahrung des Esels, in der Refraktionskraft seiner beiden Augen, in der Art und Weise, wie die Bündel hingelegt worden sind, überhaupt in allem, würde von dem System maximiert zu einer definitiven Selektion, die dem einen Bündel den Vorzug geben und das andere außer acht lassen würde. Tatsächlich würde es für Buridans Esel viel schwieriger sein, zwischen einem Bündel Heu und einem Bund Mohrrüben zu wählen. Es liegt an der Organisation der Erinnerungsoberfläche, daß diese Zusammenstellung größere Unentschlossenheit verursacht hätte.

Das Beispiel des selektiven Spiegels, Fernsehgeräts und der selektiven Kamera hätte den Eindruck erwecken können, daß die Erinnerungsoberfläche nur einem *einzelnen* Teil eines Bildes Aufmerksamkeit schenkt. Die Aufmerksamkeit wandert jedoch von einem Teil zum anderen, bis das Bild ganz oder überwiegend erfaßt ist. Der Aktivierungsbereich bewegt sich über die Erinnerungsoberfläche, indem er seinen Platz entsprechend den sich ändernden Erhebungen und Vertiefungen der Oberfläche wechselt, genau wie Sauce sich in einer Schüssel bewegt, die einmal nach der einen Seite und einmal nach der anderen gekippt wird.

Die Art und Weise, wie diese Erhebungen und Vertiefungen sich von einem Augenblick zum anderen verändern und damit das Fließen des aktivierten Bereichs gewährleisten, wird später besprochen werden.

Da der Aufmerksamkeitsbereich einen Teil des Bildes nach dem anderen erfaßt, könnte man sagen, das ganze Bild wird in einzelne Aufmerksamkeitsfragmente zerlegt.

Wenn Sie einen Hahn langsam zudrehen, dann wird der Wasserstrom allmählich zu einem Rieseln vermindert, und dann plötzlich löst sich das Rieseln zu einer Kette winziger Tropfen auf. Das liegt daran, daß ein Punkt erreicht wird, an dem der Wasserstrom so schmal ist, daß die Wirkung der Oberflächenspannung ihn in einzelne Tropfen aufspaltet. Dieser Prozeß ist genau analog dem Verhalten der Erinnerungsoberfläche, die ein kontinuierliches Bild in Fragmente aufteilt.

Wenn Sie im Ausland sind und die Sprache noch nicht verstehen, dann erscheint sie ihnen wie ein kontinuierlicher Strom unbegreiflicher Geräusche. Wenn Sie anfangen, die Sprache zu verstehen, dann löst er sich in erkennbare Laute auf, später in erkennbare Wörter und Sätze. Nun können Sie, wie sehr Sie sich auch bemühen, sie nicht einfach wieder als kontinuierliches Geräusch hören. Sie wird immer unterteilt sein in einzelne Wörter. In dieser Weise befaßt sich die Erinnerungsoberfläche mit dem unverständlichen Bild, das ihr von ihrer Umgebung dargeboten wird. Sobald erst einmal einige Muster erkannt sind, bilden sie den Brennpunkt eines Aufmerksamkeitsbereichs. Das kontinuierliche Bild wird nun in Aufmerksamkeitsbereiche zerlegt, die immer deutlicher werden. Das ist der Mustergewinnungsprozeß, der als eine typische Eigenschaft der Erinnerungsoberfläche hervorgehoben worden ist.

Der große Vorteil der Zerlegung der Dinge in einzelne Fragmente besteht darin, daß Fragmente eine große Mobilität haben. Sie können in einer Weise bewegt werden, in der das ganze Bild niemals bewegt werden könnte. Die Sprache funktioniert, weil sie aus beweglichen Fragmenten besteht, die auf verschiedene Weise aneinandergereiht werden können. Mathematik, Naturwissenschaften und Meßtechnik beruhen alle auf demselben Zerlegungsprozeß. Das ist also ein weiterer enormer Vorteil der begrenzten Aufmerksamkeitsspanne, die ein natürliches Charakteristikum der in diesem Buch beschriebenen speziellen Erinnerungsoberfläche ist. Der Nachteil ist, daß die Fragmente allmählich unbeweglich und starr werden, und da sie vielleicht nicht mehr die zweckmäßigsten sind (obwohl sie es einmal gewesen sein können), geschieht es, daß die Entwicklung neuer Betrachtungsweisen blockiert wird.

Selbst wenn das ganze Bild von einer Folge von Aufmerksamkeitsbereichen erfaßt werden sollte, kann die Reihenfolge, in der die Bereiche erfaßt werden, für die Interpretation des Bildes von großer Bedeutung sein. Es können völlig verschiedene Ergebnisse erzielt werden, je nachdem, ob man in der Mitte oder in der unteren linken Ecke anfängt. Doch mit diesem Punkt werden wir uns später befassen.

Veränderung und Selektion sind die grundlegenden Evolutionsprozesse. Zufällige Mutationen der Gene kommen durch Dinge wie kosmische Strahlung zustande. Diese Mutationen werden manifest als physische Veränderungen der Lebewesen. Der Selektionsprozeß durch Überleben der Geeignetsten bewahrt dann die nützlichsten Veränderungen. Auf ähnliche Weise entwickeln sich Muster auf der Erinnerungsoberfläche, die sowohl fähig ist zu selektieren, wie zu verändern. Selektion ist auf zwei Ebenen wirksam. Die erste Ebene ist die Selbstselektion der Information, auf der sie von sich aus unabhängig von den eigennützigen Bedürfnissen des Organismus ihren Sinn erhält. Der zweite Selektionstyp soll diese eigennützigen Bedürfnisse befriedigen.

Ein Sieb ist insofern ein Beispiel für einen selektierenden Mechanismus, als es nur Partikel von einer bestimmten Größe durchläßt. Eine fotografische Platte, die auf einige Farben stärker reagiert als auf andere, wird insofern ebenfalls selektiv wirken, als diese Farben besonders hervorgehoben werden. Diese Art Selektion ist insofern nützlich, als sie aus dem ganzen Muster, das angeboten wird, Information gewinnt. Aber die Selektion ist starr und unveränderlich, denn sie hängt von den feststehenden Eigenschaften des Systems (der Zusammensetzung der fotografischen Emulsion, der Lochgröße im Sieb) ab.

Bei der speziellen Erinnerungsoberfläche hängt es indes von der Organisation des Systems ab, ob überhaupt Selektion stattfindet. Die Selektion selbst ist nicht fixiert, sondern hängt von der früheren Erfahrung der Oberfläche ab. So ist sie insofern ein selbstselektierendes System, als die früher angesammelten Informationen nun die neuen Informationen auswählen. Das führt zu einer Kontinuität, die, wie wir gesehen haben, so enorme Vorteile hat, weil sie der Umgebung einen Sinn verleiht, aber sie hat auch einige Nachteile.

Der einzige Aufmerksamkeitsbereich auf der Erinnerungsoberfläche

Der Aktivierungsbereich auf der speziellen Erinnerungsoberfläche ist nicht nur im Umfang begrenzt, er muß auch der einzige auf der Erinnerungsoberfläche und kohärent sein. Zwei kleine, getrennte Bereiche, die zusammen die erlaubte Größe haben würden, sind ungeeignet.

Es ist nicht schwierig, eine Fotografie von zwei Menschen, die sich in einem Zimmer befinden, zu machen. Man kann sogar zwei Bilder nebeneinander legen und die beiden Bilder aufnehmen, so daß beide auf demselben Stück Papier zu sehen sind. Das ist durchaus möglich bei der Erinnerungsoberfläche des Films. Die spezielle Erinnerungsoberfläche würde jedoch immer nur eine Person zeigen.

Für die Erinnerungsoberfläche sind getrennte Muster einfach Muster, die sich selbst etabliert haben. Wenn der Erinnerungsoberfläche zwei solche getrennte Muster angeboten werden, kann dreierlei geschehen.

Ein Muster wird angenommen und weiterverarbeitet, während das andere Muster unbeachtet bleibt.

DE

DE

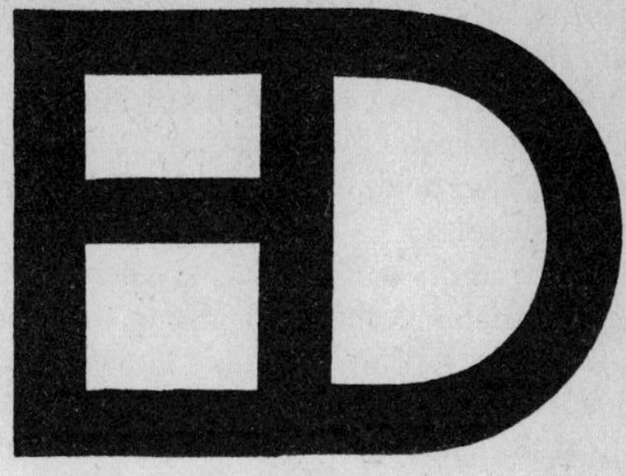

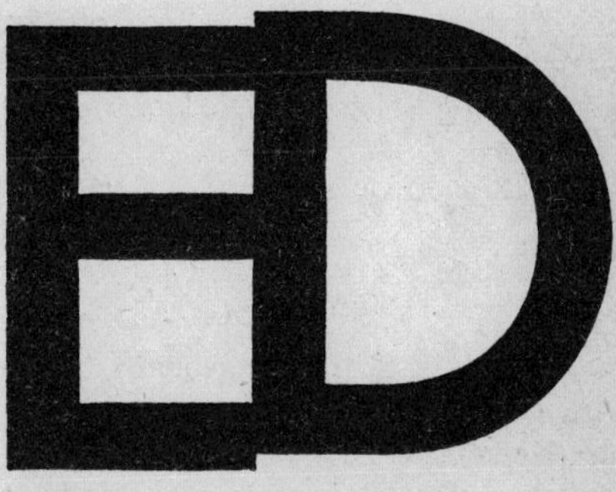

Ein Muster kann zuerst angenommen werden, und das zweite dann später. Auf diese Weise würde eine Folge entstehen.

Die beiden getrennten Muster könnten bei Wiederholung miteinander vereinigt werden und ein einziges Muster bilden.

Die spezielle Erinnerungsoberfläche hat die Tendenz, getrennte Muster zu etablieren und diese Trennung zu vertiefen. Auf Seite 80/81 werden zusammenhängende Bilder gezeigt, die durch die Erinnerungsoberfläche in zwei Aufmerksamkeitsbereiche, in zwei Muster aufgeteilt werden. Die Möglichkeit, einen einzigen Aufmerksamkeitsbereich herzustellen, der sich über beide erstreckt, ist gering, da die Aufmerksamkeit der Trennungslinie folgt.

Wie kommt es dann, daß sich zwei getrennte Muster dennoch zu einem einzigen Muster verbinden? Wenn die beiden Muster einander folgen, so daß sich die Aufmerksamkeit von einem Muster zum anderen wendet und wieder zurückkehrt, dann kann es vorkommen, daß die Kurzzeitgedächtniseigenschaften der Oberfläche sie zu einem einzigen Muster verbinden. Aus der wechselnden Betrachtung der beiden Muster kann sich ein drittes ergeben, das die beiden verbindet. Die beiden getrennten Muster können verbunden werden, um ein neues Muster zu bilden, oder sie werden lediglich verbunden, um eine Folge herzustellen, so daß das eine Muster immer nach dem anderen kommt.

Diese verbindende Eigenschaft der speziellen Erinnerungsoberfläche beruht letztlich auf der Voraussetzung, daß ein aktivierter Bereich der einzige auf der Erinnerungsoberfläche und kohärent ist.

Die trennende Eigenschaft der speziellen Erinnerungsoberfläche führt zu Unterscheidung und Selektion. Die verbindende Eigenschaft führt zu Assoziation und Lernen.

12.

Das Geleemodell

Was mit einem auf die Erinnerungsoberfläche aufgebrachten Muster geschieht, wird weitgehend determiniert durch die Spuren, die frühere Muster auf der Oberfläche zurückgelassen haben. Die Erinnerungsoberfläche ist lediglich ein System, das früheren und gegenwärtigen Informationen erlaubt, sich auf eine selbstorganisierende, selbstselektierende und selbstmaximierende Weise gegenseitig zu beeinflussen.

Position und Bewegung des aktivierten Bereichs auf der Erinnerungsoberfläche hängen von den Erhebungen und Vertiefungen ab, und diese sind weitgehend durch das determiniert, was vorher auf der Oberfläche geschehen ist. Man braucht ein Modell, dessen Oberfläche so beschaffen ist, daß ein aufgebrachtes Muster eine bleibende Spur hinterläßt, die das nächste, auf die Oberfläche auftreffende Muster beeinflußt. Auf diese Weise werden die Erhebungen und Vertiefungen der Oberfläche zu einer plastischen Aufzeichnung von allem, was auf der Oberfläche geschieht.

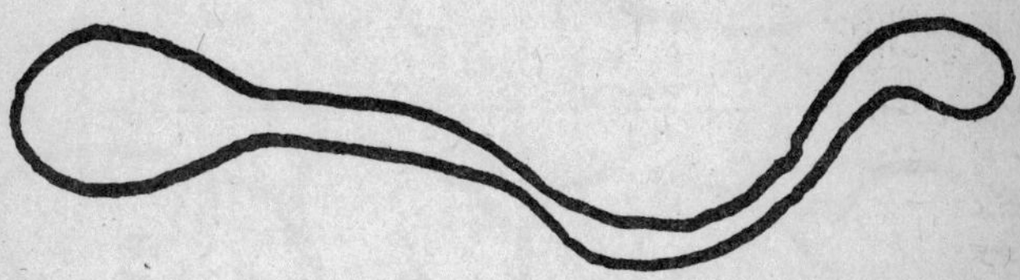

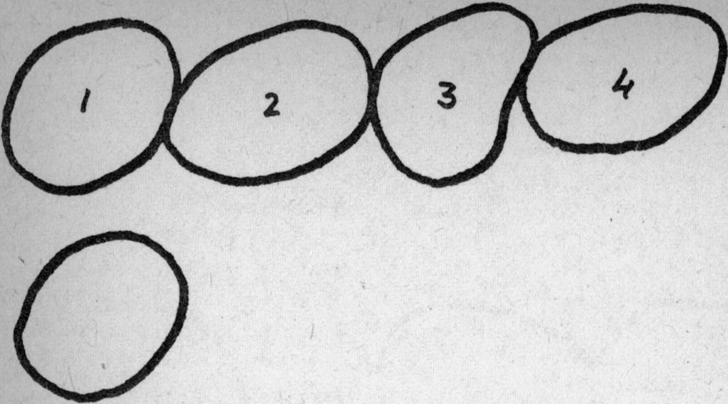
1
2
3
4

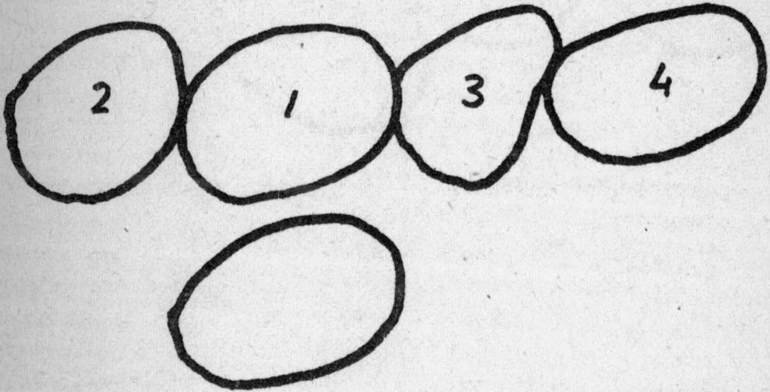
2
1
3
4

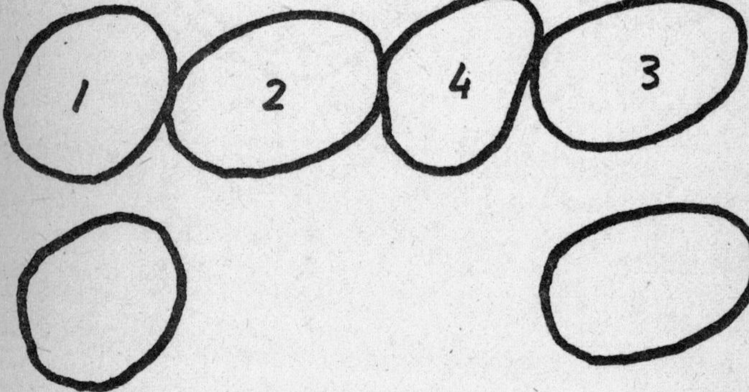
1
2
4
3

Gewöhnliches Gelee auf einem flachen Teller liefert ein solches Modell. Die glatte Oberfläche des Gelees ist die unberührte Erinnerungsoberfläche. Das ankommende Muster ist heißes Wasser, das löffelweise an verschiedenen Stellen auf die Oberfläche aufgebracht wird. Da der Aktivierungsbereich begrenzt ist, wird immer nur eine bestimmte Menge heißes Wasser, etwa ein Teelöffel voll, verwendet. Solange das Wasser noch heiß ist, löst es die Gelatine auf. Das Wasser wird dann abgegossen, und es bleibt eine flache Vertiefung in der Oberfläche zurück. Eine neue begrenzte Menge Wasser wird nachgegossen. So entstehen auf der Oberfläche des Gelees Erhebungen und Vertiefungen, je nachdem, wohin das Wasser gelangt ist. Sobald sich einmal Vertiefungen und Rinnen gebildet haben, bleibt das Wasser nicht mehr an der Stelle, wo es auftraf, sondern nimmt eine neue Position ein. Wenn zum Beispiel die zweite Wassermenge in die von der ersten gebildete Vertiefung fließt, dann wird diese Einbuchtung tiefer, aber dort, wo die zweite Wassermenge tatsächlich plaziert wurde, wird es nur eine geringe Erosion geben. Auf diese Weise werden die ankommenden Muster durch die von früheren Mustern geformten Erhebungen und Vertiefungen in Bewegung gebracht, und während dieses Vorgangs werden die Konturen selbst immer ausgeprägter.

Das Geleemodell spiegelt die spezielle Erinnerungsoberfläche auf folgende Weise wider:

1. Wasser tendiert dazu, in die tieferen Bereiche zu fließen. Ebenso bewegt sich die Aktivierung zu den Einheiten mit niedrigen Schwellen.

2. Sobald Wasser einmal durch einen Bereich geflossen ist, ist die Wahrscheinlichkeit größer, daß es erneut durch diesen Bereich fließt. Ebenso macht die Aktivierung die Schwelle einer Einheit niedriger und die Wahrscheinlichkeit erhöht sich, daß diese Einheit wieder aktiviert wird.

3. Der vom Wasser bedeckte Bereich ist begrenzt, ebenso wie der Aktivierungsbereich.

4. Der vom Wasser bedeckte Bereich ist kohärent, genau wie der Aktivierungsbereich.

Bei diesem Geleemodell kann man jetzt sehen, was dem natürlichen Aktivierungsfluß auf einer Erinnerungsoberfläche mit diesen Charakteristika widerfährt. Die Grundfunktion des Modells ähnelt der des Folien-und-Stecknadel-Modells, doch können bei dem Gelee Erinnerungen akkumuliert werden, die die Oberfläche regelrecht prägen. Das auf einer Stelle der Geleeoberfläche aufgebrachte Wasser kann in irgendeiner Rinne abfließen und woanders hingelangen. Was stellt dieses Fließen dar? In erster Linie die Interpretation und Registrierung der ankommenden Information. Registrieren ist kein isolierter Vorgang, sondern kann Interpretation einschließen, die eine Kette von Vorstellungen mit sich bringt. In zweiter Linie stellt das Fließen des Wassers über verschiedene Teile der Erinnerungsoberfläche die verschiedenen Vorstellungen eines

Gedankengangs dar, der durch ankommende Information hervorgerufen sein kann. Das Wichtigste ist der Vorgang des Fließens, und die Tatsache, daß das Fließen durch die Erhebungen und Vertiefungen der Oberfläche bestimmt wird.

Viele Vorgänge, die auf der Geleeoberfläche stattfinden, veranschaulichen das Verhalten der speziellen Erinnerungsoberfläche.

Zentrierung
Die erste Wassermenge hinterläßt eine flache Vertiefung. Wenn eine zweite Wassermenge so plaziert wird, daß sie sich bis zu der ersten Vertiefung ausbreitet, dann wird das Wasser in diese Vertiefung fließen. Wenn weitere Mengen rings um die erste Vertiefung wiederum so auftreffen, daß sich die Bereiche Überschneiden, wird die erste Einbuchtung immer tiefer, obwohl kein weiteres Wasser direkt auf diesen Bereich trifft. Das impliziert, daß Muster, die mit einem zentralen Muster verbunden sind, dieses zentrale Muster sehr fest etablieren. Es bedeutet auch, daß ein Muster stärker ausgeprägt werden kann durch eine Reihe anderer Muster, die ähnlich, aber nicht ganz gleich sind. Es bedeutet auch, daß die Erinnerungsoberfläche ein fixiertes Muster aus einer Reihe sich überschneidender, aber unterschiedlicher Muster gewinnen kann.

Assimilation
Die Tatsache, daß Wasser in eine angrenzende Vertiefung fließt, statt zu bleiben wo es plaziert wurde, deutet darauf hin, daß es fast unmöglich ist, ein neues Muster zu etablieren, wenn dieses Muster mit einem alten eng verbunden ist. Das neue Muster wird von dem alten Muster assimiliert und nicht als selbständiges Muster etabliert.

Fixierte Muster
Sobald die Rinnen und Einbuchtungen einmal in die Oberfläche eingeprägt sind, wird es schwierig, sie zu verändern, da jedes neue Muster eher die Tendenz hat, den alten Erhebungen und Vertiefungen zu folgen und sie stärker auszuprägen als zu ändern.

Verbundene Muster
Wenn eine Anzahl aufeinanderfolgender Wassermengen so plaziert wird, daß jede einzelne die vorangegangene überschneidet und sich so eine Kette bildet, dann durchfließt das Wasser immer diese Kette und landet wieder in seiner ursprünglichen Position. Das bedeutet, daß eine Kette aufeinanderfolgender verbundener Vorstellungen immer wieder zurückführt zu der ursprünglichen Vorstellung, gleichgültig, wie weit sie sich ausgedehnt hat. Das bedeutet auch, daß ein Muster direkt zu einem anderen führen kann, das sehr entfernt erscheint, wenn man die Folge, die die beiden verbindet, nicht kennt.

Die Hauptrinne
Ziemlich oft entsteht auf der Geleeoberfläche eine tiefe, schmale Hauptrinne, die verschiedene flache Einbuchtungen verbindet. Da diese Rinne das Wasser aus all diesen Bereichen abzieht, fließt in ihr viel mehr Wasser als durch die anderen Bereiche, und sie wird tief. Die Rinne kann ein umfassendes Thema oder Organisationsmuster repräsentieren, das sich entwickelt, um sonst getrennte Muster zu verbinden. Interessant ist, daß diese Rinne fester etabliert ist als das, was sie verbindet.

Repräsentativer Teil
Wo das Wasser durch eine Kette miteinander verbundener Vertiefungen fließt, wie auf Seite 83 dargestellt, kann sich in der Mitte jeder Senke eine schmale Rinne bilden und den ganzen Fluß aufnehmen. Das deutet darauf hin, daß vielleicht nur ein Teil eines Musters das ganze Muster in einer Vorstellungsfolge repräsentiert. Dieser Teil ist symbolisch oder repräsentativ für das Ganze. Es kann auch bedeuten, daß nur der Teil des Musters, der für die Vorstellungsfolge relevant ist, regelrecht etabliert wird.

Zeitliche Folge
Wenn eine Anzahl aufeinanderfolgender Wassermengen in genau denselben Positionen auf der Geleeoberfläche plaziert wird, kann die tatsächliche Reihenfolge, in der dies geschieht, für das sich ergebende Muster von außerordentlicher Wichtigkeit sein. Die Abbildungen auf Seite 84 zeigen, was eintritt, wenn dieselben Bereiche in verschiedener Reihenfolge aktiviert werden. In jedem einzelnen Fall ist das tiefste Loch (das bestetablierte Muster) in einer anderen Position zu finden. Das bedeutet, daß die Erinnerungsoberfläche Erinnerungen nicht durch einfache Addition akkumuliert. Da jede Erinnerung durch die vorangegangenen Erinnerungen verarbeitet wird, kann die tatsächliche Reihenfolge des Eintreffens eine stark differenzierende Wirkung auf das Muster, das etabliert wird, haben, selbst wenn die einzelnen angebotenen Muster einander absolut gleichen.

Zusammenfassung
Das Geleemodell ist eine sehr einfache Erinnerungsoberfläche. Sein Vorteil ist, daß es ein System bietet, in dem ankommende Information durch Information verarbeitet wird, die schon registriert ist.

13.

Sie sitzen in einem fremden dunklen Zimmer. Wenn es heller wird, beginnen Sie ringsherum Formen in verschwommenen Umrissen zu sehen. Ihre Phantasie interpretiert diese Formen nur zu einem geringen

Teil nach dem, was Sie wirklich sehen können, und weitgehend danach, was auf Grund Ihrer Erfahrung am wahrscheinlichsten ist. Wenn das Licht zunimmt, wird die tatsächliche Beschaffenheit der Gegenstände offenkundiger. Das von den Gegenständen angebotene Muster tendiert dazu, das von der Phantasie erarbeitete Muster abzulösen.

Sobald sich bei dem Geleemodell die Erhebungen und Vertiefungen gebildet hatten, blieb das Wasser selten dort, wohin es gegossen worden war: es floß in irgendeine Rinne oder Senke. Das würde bedeuten, daß jedes ankommende Muster in völliger Übereinstimmung mit früheren Erfahrungen als Wiederholung eines alten Musters gesehen werden muß. Ein derartiges System wäre äußerst starr und nicht veränderungsfähig. Es wäre viel besser, wenn das ankommende Muster einerseits die Tendenz hätte, zu bleiben, wo es ankam, und andererseits die Tendenz, zu fließen. Ob es bleibt oder fließt, würde von dem Verhältnis zwischen der Intensität des Musters und dem Gefälle der Oberflächenvertiefungen abhängen. Dieser Effekt wurde bei dem Tausend-Glühbirnen-Modell beschrieben. In dem dunklen Zimmer wäre analog dazu die Intensität des Bildes zuerst gering, und deshalb bestünde eine starke Tendenz, zu fließen und das zu verarbeiten, was gesehen werden kann. Bei zunehmendem Licht würde auch die Intensität des Musters wachsen, das nun eher dazu tendiert, zu bleiben, wo es ankam. Das ist lediglich eine Analogie, um den Ausgleich zwischen der Tendenz eines Musters, zu bleiben und seiner Tendenz, die Lage zu wechseln, zu veranschaulichen.

Wenn der begrenzte Aktivierungsbereich auf der Erinnerungsoberfläche seinen festen Platz gefunden hat, warum sollte er dann die Lage wechseln?

Wenn das Wasser in dem Geleemodell den niedrigsten Punkt der Oberfläche erreicht hat, warum sollte es dann je die Lage wechseln?

Wenn sich die Aufmerksamkeit auf irgendeinen Teil eines dargebotenen Bildes konzentriert hat, zum Beispiel auf einen Mund, warum sollte sie sich davon wieder lösen?

Man könnte sagen, die Aufmerksamkeit würde den Bereich wechseln, weil das auf die Oberfläche aufgebrachte tatsächliche Bild sich verlagert wie etwa das Muster auf einem Fernsehschirm. Man könnte sagen, daß, selbst wenn das Bild stationär wäre, unsere Augen sich aus irgendeinem mechanischen Grund darüber hinwegbewegen. Das wären nur ganz partielle Erklärungen. Bis zu einem gewissen Grad ist die Aufmerksamkeit abhängig von dem angebotenen Bild in der Weise, wie unsere Augen von einem hellen Gegenstand gefesselt werden. Doch selbst wenn das äußere Bild unverändert bleibt, kann die Aufmerksamkeit darüber hinweggehen. Es gibt auch die Situation, daß gar kein Bild da ist, sondern nur eine Folge von Vorstellungen oder Gedanken, die einen Lagewechsel auf der Erinnerungsoberfläche widerspiegelt.

Bei dem Tausend-Glühbirnen-Modell würde sich das Muster der Birnen solange verschieben, bis die Birnen mit den niedrigsten Schwellen angezündet wären. Aber sobald diese Position einmal erreicht ist, könnte sie sich nur ändern, wenn es aus irgendeinem Grund im Verhältnis leichter würde, einen neuen Bereich zu aktivieren, oder wenn es im Verhältnis schwieriger würde, den erleuchteten Bereich zu aktivieren. Damit sich das Muster aus einem optimalen Bereich verlagert, müßte es eine Art Ermüdungsfaktor geben, so daß sich die brennende Einheit allmählich abschwächt. Die Schwelle dieser Einheit würde steigen, wenn sie schwächer wird, und damit würde sich die Anregung auf eine andere Einheit verlagern, deren Schwelle niedriger als die der anderen Einheit geworden ist. Ein solcher Ermüdungsfaktor würde bewirken, daß die begrenzte Aktivierung sich auf einen bevorzugten Bereich erstreckt und dort stationär wird, sich aber in einen anderen Bereich verlagert, wenn die Schwelle des bevorzugten Bereichs höher geworden ist. Es wäre wie mit der Wasserpfütze auf einer Plastikfolie. Jedesmal wenn die Folie angehoben und von unten abgestützt wird, ändert das Wasser, das sich in der Pfütze gesammelt hat, seine Position.

Im Nervensystem heißt dieser Ermüdungsfaktor Adaptation; er ist eine allgemein bekannte Erscheinung.

Schnelles Fließen und Stakkato-Fließen

In dem Geleemodell fließt das Wasser schnell und kontinuierlich die Rinnen hinab. Schnelles und kontinuierliches Fließen bedeutet, daß das Wasser in jedem Augenblick einen Bereich vor sich hat, der tiefer liegt als der, in dem es sich befindet. Derselbe schnelle Fluß kann auf der speziellen Erinnerungsoberfläche stattfinden. Wenn es dort eine Reihe Einheiten gibt, deren Schwellen abnehmen, so daß jede neue Schwelle niedriger ist als die der vorhergehenden Einheit, dann wird die Aktivierung rasch ohne Innehalten die ganze Reihe entlangfließen. Das wäre gleichbedeutend mit sofortiger Interpretation eines Musters, mit Intuition, Inspiration oder bildlosem Denken.

Die andere Art des Fließens auf der speziellen Erinnerungsoberfläche ist ihrem Wesen nach ruckartig oder Stakkato. Die Aktivierung verweilt in einem bevorzugten Bereich. Wenn dieser Bereich ermüdet, verlagert sich die Aktivierung (b) in einen anderen Bereich, wo sie wiederum verweilt. Wäre die Erinnerungsoberfläche eben, dann wäre das immer noch eine relativ gleichmäßige Bewegung. Doch wenn die Oberfläche Erhebungen und Vertiefungen aufweist, dann kann die Bewegung ruckartig werden. Aus einer Bewegung einen glatten Hang hinunter wird eine Abwärtsbewegung über eine Reihe von Terrassen (wie auf Seite 90 gezeigt). Das Wasser hält auf jeder Terrasse inne, bis der Rand der Terrasse aufgelöst ist, und dann stürzt es hinunter auf die nächste Terrasse, wo es wieder verweilt. Auf der Erinnerungsoberfläche gibt es natürlich kein fixiertes Terrassengefälle, sondern einen Bereich, der durch den Ermüdungsfaktor relativ erhöht wird. Auch löst sich der Rand der Terrasse nicht auf.

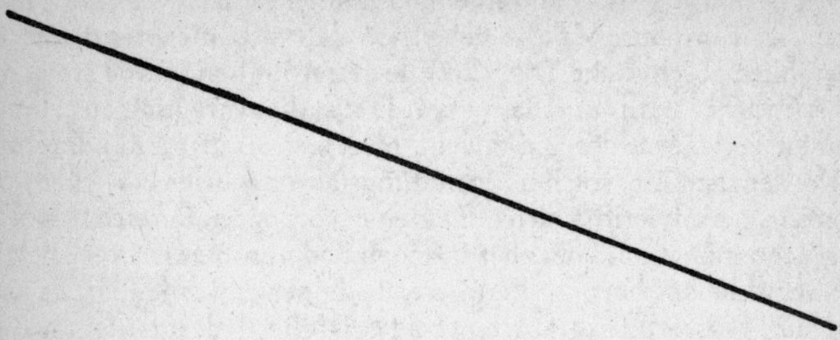

(a)

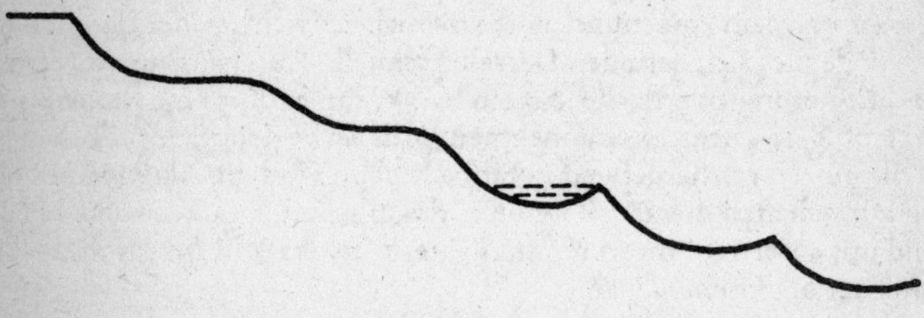

(b)

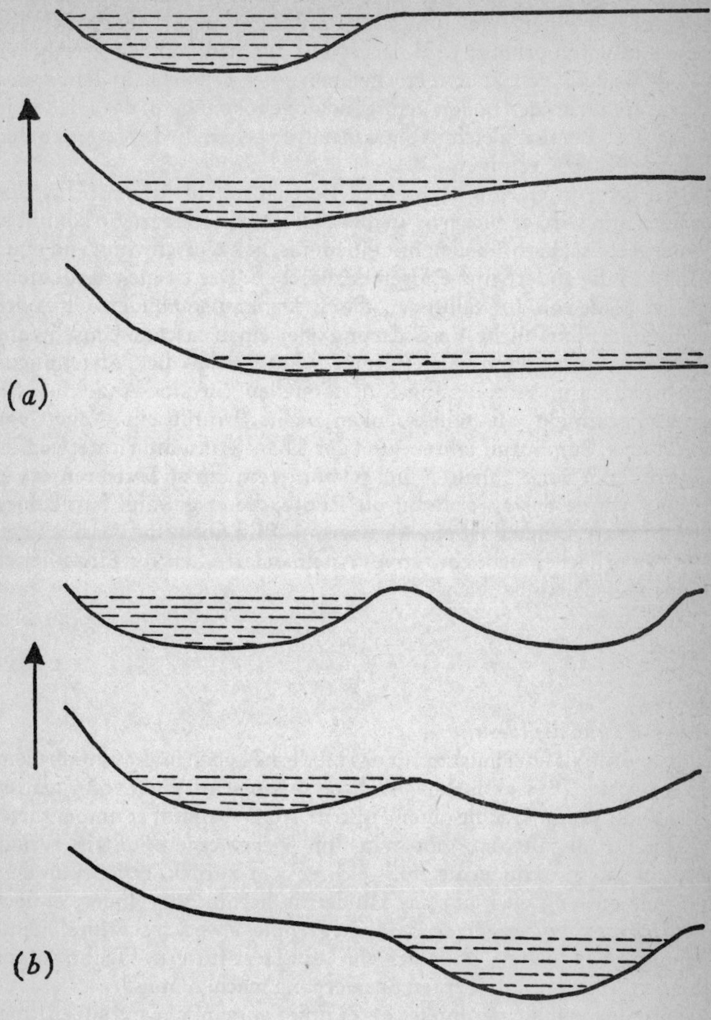
(a)
(b)

Auf Seite 91 werden unter (a) Querschnitte durch die Erhebungen und Vertiefungen der Erinnerungsoberfläche gezeigt. Der durch eine Wasserpfütze dargestellte Aktivierungsbereich bleibt in einem bevorzugten Bereich oder in einer Vertiefung. Der Ermüdungsfaktor, der die Schwellen der Einheiten erhöht, wird dargestellt durch allmähliches Anheben des Bodens, vergleichbar dem Hochziehen eines Teppichs. In dem ersten Bild würde, wenn der Boden genügend angehoben wäre, das Fließen in den nächsten Bereich gleichmäßig vonstatten gehen. In dem zweiten Bild würde es ruckartig erfolgen.

Wenn der Aktivierungsfluß einen Bereich mit niedrigen Schwellen erreicht, dann wird er ruckartig in diesen Bereich verlagert. So kommt es zu einer Art Stakkato-Fließen mit einem raschen Umschwung von einer Stellung in die andere und Pausen dazwischen. Das ist gleichbedeutend mit einer Folge von Vorstellungen, die ein Denkmuster bilden. Ob es sich nun um eine allmähliche Veränderung oder einen raschen Umschwung von einem zum anderen handelt, interessant ist, daß die Vorstellungen einfach Pausen im Aktivierungsfluß darstellen. Sie sind Anzeichen für das, was geschieht, sie selbst lenken nichts. Würde ein Wagen von London nach Edinburgh fahren, und der Chauffeur würde unterwegs in jeder größeren Stadt anhalten und telefonieren, um zu berichten, wo er sei, dann würde das an sich auf die Route, die er gewählt hat, keinen Einfluß haben. Denken ist ein Aktivierungsfluß über eine passive Erinnerungsoberfläche, nicht ein aktives Aneinanderreihen von Einzelheiten aus einem Gedächtnisspeicher.

14.

Das Wesen und die Identität

Freddie wurde als ein Haustier für das moderne Leben im Raumfahrtzeitalter entworfen. Er ist eine kleine schwarze Kugel mit einer völlig glatten Außenseite. Wenn Freddie einen Fußtritt erhält, beginnt er umherzurollen. Um ihn anzuhalten, gibt man ihm wieder einen Fußtritt. Wann immer er auf ein Hindernis stößt, schreckt er zurück, er läuft an dem Hindernis entlang oder um das Hindernis herum oder ändert einfach seine Richtung, wie er gerade Lust hat. Freddies Zweck ist es, intelligente Lebendigkeit zu bieten, ohne daß ihn sein Herr füttern, für ihn sorgen und jeden Abend mit ihm einen Spaziergang machen muß.

Wenn Sie in einem verdunkelten Zimmer vor einer Wand sitzen, über die ein heller, kreisrunder Lichtfleck hinweghuscht, dann werden Sie sich bald nur noch dieses Lichtflecks bewußt sein. Wenn er von einer Stelle zur anderen wandert, einmal zögernd, dann wieder schneller und dann an irgendeinem Punkt kreisend, scheint der runde Fleck lebendig zu sein und ein bestimmtes Ziel zu haben.

Alles, was sich von selbst bewegt ohne eine sichtbare äußere Tätigkeit, die die Bewegung lenkt, scheint Identität und Leben zu besitzen. Auf der speziellen Erinnerungsoberfläche gibt es einen Aktivierungsbereich, der begrenzt und kohärent ist und sich von selbst verlagert. In dem Tausend-Glühbirnen-Modell ist das tatsächlich ein Beleuchtungsbereich wie der kreisrunde Lichtfleck auf der Wand. Wenn er umherwandert, könnte es scheinen, daß er ein Wesen sei und ein eigenes Ziel habe.

Wenn Sie wieder in jenem verdunkelten Zimmer sind und statt des huschenden Lichtflecks plötzlich eine Reihe von Bildern auf der Wand sichtbar werden, dann würden Sie annehmen, daß jemand mit einem Dia-Projektor hinter Ihnen stehe. Weil etwas Vernünftiges geschieht, weil es eine bewußte Wahl zu sein scheint, nimmt man an, daß ein von außen Handelnder diese Wahl getroffen hat.

Angenommen an der Zimmerwand hängt eine Reihe verschiedener Fotografien, und der runde Lichtfleck erscheint wieder und huscht über sie hinweg, einmal die eine Fotografie und dann eine andere beleuchtend. Man könnte den Eindruck bekommen, daß der Fleck die Bilder bewußt aussucht, oder daß jemand das Licht über die Bilder führt. Angenommen schließlich, die Bilder leuchten eins nach dem anderen in einer bestimmten Reihenfolge von hinten auf, so daß jeweils immer nur ein Bild erleuchtet ist. Was würde man annehmen? Würde man annehmen, das sei eine selbstselektierende Eigenschaft der Bilder, oder würde man annehmen, daß irgend jemand irgendwo Schalter betätigt?

Die Bilder, die nacheinander aufleuchten, sind wie die Muster, die einander auf der speziellen Erinnerungsoberfläche folgen. Tatsächlich sind es die Bilder selbst, die nacheinander die Beleuchtung in Gang setzen, und nicht ein Beleuchtungsbereich, der die Bilder aussucht. So verlagert sich auf der selbstselektierenden Oberfläche des Tausend-Glühbirnen-Modells der Lichtbereich und bildet zuerst das eine Muster und dann ein anderes. Genau derselbe Effekt kann bei der Leuchtreklame erzielt werden, wo jemand die Schalter bedient, damit bestimmte Muster nacheinander aufleuchten. Der Endeffekt ist derselbe, und weil er derselbe ist, zeigt er nicht an, wie er zustande kommt.

Wenn sich von der speziellen Erinnerungsoberfläche sagen läßt, sie habe deshalb ein Ich, weil sie Wahl und Bewegung hat, könnte sie dann auch ein Selbstbewußtsein haben? Vielleicht brauchte man nichts zu tun, als über die Oberfläche einen Spiegel zu halten.

15.

In jeder Kommunikationssituation gibt es eine Person, die sich bemüht, etwas zu sagen, und eine andere Person, die sich bemüht zu verstehen, was gesagt wird. Wahrnehmung könnte als Kommunikation zwischen der Umgebung und dem Verstand angesehen werden. Nur bemüht sich die Umgebung nicht gerade, sich verständlich zu machen. Deshalb muß sich der Verstand so bemühen, daß es für beide reicht. Das ist die Erinnerungsoberfläche, die in einen Wust ihr zur Verfügung stehender Muster Sinn zu bringen sucht.

Es gibt drei grundlegende Typen von Kommunikation:

1. Kommunikation durch Übertragung.
2. Kommunikation durch Verwirrung.
3. Kommunikation durch Auslöser.

Kommunikation durch Übertragung ist recht einfach. Ein Muster wird an einem bestimmten Punkt in der Weise weitergegeben, daß genau dasselbe Muster woanders wiederholt werden kann. Das Muster wird körperlich übertragen. Eine Fotografie ist insofern eine Annäherung an Kommunikation durch Übertragung, als das Bild der Umgebung auf ein Stück Papier übertragen wird. Das Nordatlantik-Kabel, das Telefongespräche unter dem Ozean weiterleitet, ist Kommunikation durch Übertragung, denn man hofft, daß an dem einen Ende dieselben Töne wiederholt werden, die am anderen Ende hineingesprochen wurden. Manche Lehrer glauben, beim Unterricht brauche bloß das, was in den Lehrbüchern steht, in die Köpfe widerstrebender Schüler übertragen zu werden.

Kommunikation durch Verwirrung findet statt, wenn Sie einem anderen ein Durcheinander anbieten und von ihm erwarten, daß er daraus klug werden soll. Sie erwarten, daß er daraus klug wird, weil sie sicher sind, daß er das Zeug dazu hat. Das tatsächliche Muster, das er gewinnt, wird indes von ihm als Individuum abhängig sein, während bei der Kommunikation durch Übertragung das Muster für alle, die es empfangen, gleich ist. Ein gut Teil der modernen Kunst ist Kommunikation durch Verwirrung. Ein Wirrwarr von Sinneseindrücken, eine Montage von Bildern wird dem Betrachter entgegengeschleudert, und wie von einem Pudding, den Sie jemandem ins Gesicht werfen, etwas kleben bleibt, so bleibt auch hier etwas haften in Form einer individuellen Reaktion. Kommunikation durch Verwirrung ist auch das Anfangsstadium der Beziehung zwischen der Erinnerungsoberfläche und der Umgebung. Die Erinnerungsoberfläche sucht sich aus dem ihr angebotenen Wust ihre eigenen individuellen Muster aus.

Kommunikation durch Auslöser findet statt, wenn nichts als ein einziges Auslösewort übertragen wird, das in dem Empfänger ein vollständiges Muster hervorruft. Das Auslösewort, der Anhaltspunkt oder das Symbol, identifiziert lediglich das Muster, das der Empfänger verwenden muß. Der Empfänger ist bereits mit Mustern ausgestattet wie eine Bibliothek mit Büchern. Der Auslöser identifiziert das Muster, wie eine Katalognummer der Bibliothek ein Buch identifiziert. Es ist ein gewaltiger Unterschied, ob man den Inhalt eines Buches mitteilt, indem man es jemandem am Telefon vorliest, oder ob man ihm bloß die Katalognummer der Bibliothek mitteilt und es ihm selbst überläßt, das Buch zu lesen. Einige Kunstformen teilen sich auf diese Weise mit, indem sie einen minimalen, aber prägnanten Stimulus bieten, der bei dem Betrachter

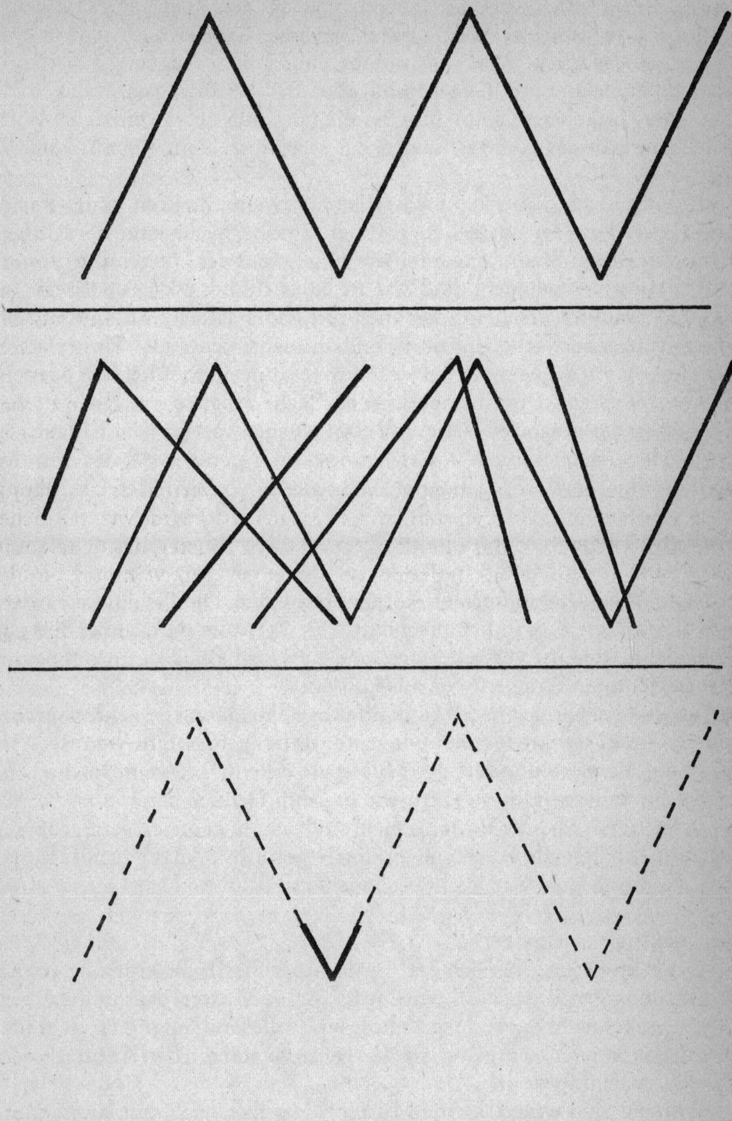

vollendete Muster hervorruft. Bei der Kommunikation durch Auslöser gibt es keine Beziehung zwischen dem Wesen des Auslösers und dem Ausmaß seiner Wirkung. Der Fingerdruck auf den Abzug eines Gewehrs ist gering, aber die Durchschlagskraft der ausgelösten Kugel ist groß. Der Knopf, der gedrückt wird, um Bomben aus einem Flugzeug auszuklinken, ist ein belangloser Gegenstand, aber die Zerstörungskraft der Bomben kann ungeheuer sein. Ein Befehl mag aus einem einzigen Wort bestehen, aber das Aktionsmuster, das er auslöst, kann überaus kompliziert sein.

Kommunikation durch Auslöser ist das zweite Stadium in der Beziehung zwischen der speziellen Erinnerungsoberfläche und der Umgebung. Im ersten Stadium werden die Muster aus der Umgebung gewonnen, definitiver gemacht und wie in einer Bibliothek gespeichert. Im zweiten Stadium erscheint das entsprechend etablierte Muster auf der Erinnerungsoberfläche, sobald irgendein identifizierender Hinweis von der Umgebung gegeben wird. Der Hinweis kann ein Symbol sein oder ein Teil des Musters. Die Erinnerungsoberfläche arbeitet den Hinweis aus und liefert das gesamte Muster, ob es nun gegenwärtig in der Umgebung vorhanden ist oder nicht – das kann so weit gehen, daß das von der Erinnerungsoberfläche gelieferte Muster sich von dem der Umgebung unterscheidet.

Wenn Sie einen Mann fotografieren, der vor Ihnen auf einem Sessel sitzt, kann es sein, daß seine Füße und Beine gewaltig und ganz unproportioniert zu seinem übrigen Körper erscheinen. Die Kamera registriert das Bild so, wie es wirklich erscheint. Der Verstand indes akzeptiert das Bild nicht, sondern verwendet es, um ein Normalbild des Mannes mit seinen richtigen Proportionen auszulösen.

Dieser Auslösungsprozeß kann offenbar Illusionen und Fehler hervorrufen. Diese Aspekte werden wir später untersuchen. Eine weitere Wirkung der Verwendung fertiger Muster ist erkennbar, wenn solche Muster aneinandergereiht werden, wie es beim Denken der Fall ist. Wenn diese fertigen Muster umfangreich sind, dann kann es sein, daß die zusammenhängende Folge wie ein fertig gekaufter Anzug für die Situation, an die gedacht war, nicht besonders gut paßt.

Ausbildung des Musters

Da der Aktivierungsbereich der Erinnerungsoberfläche einen bestimmten Umfang erreichen muß, wird jedes kleine Muster, das auf die Oberfläche aufgebracht wird, ausgedehnt, bis es diesen Umfang erreicht hat. Wenn das Muster zu groß ist, wird es selbstverständlich in Aufmerksamkeitsbereiche unterteilt.

Symbole sind winzig kleine Muster, die selbständig sein können. Sie können auch Teil eines größeren Musters sein oder mit einem größeren Muster verbunden werden. Sie sind die Tore zu den größeren Mustern. In Hinblick auf die Erhebungen und Vertiefungen der Erinnerungsoberfläche sind sie die engen Zugänge zu den Tälern. Sie ermöglichen dem Fluß, sich auszubreiten und das ganze Muster zu erfassen. Ganze Muster können zu groß sein, um in einem einzigen Aktivierungsbereich zusammengefaßt zu werden. Die viel kleineren Symbole können kombiniert werden und passen dann immer noch in den erlaubten Bereich. Aus dieser Kombination kann sich ein neues, nützliches Muster ergeben, das dann wiederum ein eigenes Symbol haben kann. Und so kann durch sukzessive Kombinationen von Symbolen eine Rangordnung neuer Muster gebildet werden. Darum kann die Sprache und jede Form von symbolischer Darstellung zur Informationsverarbeitung beitragen. Es ist bequemer, ein Symbol zu benutzen als zu warten, bis ein großes Muster sein eigenes repräsentatives Fragment liefert.

Der begrenzte Aktivierungsbereich auf der Erinnerungsoberfläche bietet scheinbar wenig Gelegenheit für die Ausbildung eines angebotenen Musters, es sei denn, das Muster wäre sehr klein. Aber da sich der Aktivierungsbereich in einer Folge von Bewegungen zu verschieben vermag, kann die Ausbildung ausgedehnt werden. Die Lage des Bereichs wird zu jedem Zeitpunkt durch die Erhebungen und Vertiefungen der Oberfläche bestimmt. Das Wandern des Aktivierungsbereichs von einer Stelle der Oberfläche zu einer anderen hängt von dem Ermüdungsfaktor ab. Die anderen Faktoren können eine permanente Veränderung der Erhebungen und Vertiefungen durch Veränderung der Schwellen der Einheiten verursachen; der Ermüdungsfaktor verursacht eine temporäre Veränderung der Schwellen, eine temporäre Veränderung der Erhebungen und Vertiefungen, was wiederum den Aktivierungsbereich veranlaßt, weiterzuwandern. Ebenso wie es für eine einzelne Eingabe ein definitives räumliches Muster auf der Oberfläche gibt, so kann es für sie auch eine definitive zeitliche Reihenfolge von Mustern geben.

Auf diese Weise hat die Erinnerungsoberfläche, während alle Vorteile eines begrenzten Aufmerksamkeitsbereichs, wie Zerlegung und Auswahl, erhalten bleiben, auch die Möglichkeit zur unbegrenzten Ausbildung, indem sie fixierte Bewegungsfolgen der Aufmerksamkeit als zeitliches Muster etabliert. Diese Austauschbarkeit von Zeit und Raum ist eine für die Informationsverarbeitung überaus nützliche Eigenschaft der Oberfläche. Etablierte Muster können vorkommen als räumliche Distribution aktiver Einheiten auf der Oberfläche oder als zeitliche Distribution, wobei eine Gruppe von Einheiten nach der anderen aktiviert wird.

16.

Kurzzeitgedächtnis

Wenn Sie etwas in einem Geschäft kaufen, dann erinnern Sie sich lange genug an den Preis, um darauf achten zu können, daß die Verkäuferin Ihnen das Wechselgeld richtig herausgibt. Sie ihrerseits erinnert sich lange genug daran, wieviel Geld Sie ihr gegeben haben, um ausrechnen zu können, wieviel sie herausgeben muß. Ein paar Minuten später wird sie es vergessen haben, und nach einigen Stunden werden auch Sie den Preis vergessen haben. Wenn eine Katze eine Zeitlang auf Ihrem Schoß gesessen hat und dann, wie es alle Katzen tun, aus keinem ersichtlichen Grund herunterspringt, werden Sie vielleicht noch eine Zeitlang, nachdem die Katze fort ist, das Gefühl haben, sie sei noch da.

Das Kurzzeitgedächtnis ist der Eindruck, den ein Ereignis, das stattgefunden hat, für eine kleine Weile hinterläßt. Es ist eine Art Nachglanz oder Schatten, der etwas länger verweilt als seine Ursache. Der Kurzzeitgedächtnis-Effekt kann in einen Langzeitgedächtnis-Effekt verwandelt werden oder aber vergehen. Sofern es nicht tatsächlich zu einer Umwandlung in einen Langzeitgedächtnis-Effekt kommt, ist es das Wesen des Kurzzeitgedächtnis-Effekts zu vergehen – aber bis dahin kann er irgendeinen Zweck erfüllt haben.

Bei dem Geleemodell war die Gestaltung der Oberfläche durch das heiße Wasser ein langfristiger oder permanenter Gedächtniseffekt. Aber wenn Sie das Geleemodell wirklich ausprobieren würden, statt nur etwas darüber zu lesen, würden Sie eine seltsame Wirkung beobachten. Wenn Sie nacheinander löffelweise heißes Wasser in der Weise auf die Oberfläche gießen, daß jeder Löffelvoll auf ein bereits benetztes Gebiet trifft, dann bildet sich auf der Oberfläche ein einziges Rinnennetz. Infolgedessen wird jeder Löffel Wasser, der irgendwo auf der Oberfläche plaziert wird, den Weg zu ein und derselben Stelle finden. Dies wird immer geschehen, wenn Sie das Experiment an einem Tag durchführen. Wenn Sie es indes auf mehrere Tage ausdehnen und jeden Tag nur ein paar Löffelvoll zufügen, ist das Ergebnis ganz anders. Obwohl die Wassermengen auf dieselben Stellen und in genau derselben Reihenfolge wie zuvor aufgebracht werden, erscheinen statt des einen Netzwerkes mehrere getrennte Netzwerke.

Die Erklärung für diesen seltsamen Unterschied im Verhalten der Geleeoberfläche, wenn das Experiment über mehrere Tage ausgedehnt wird, ist darin zu finden, daß sie in längeren Zeitabständen stärker austrocknet. Gleichgültig, wo das Wasser tatsächlich hinfließt, ein Löffelvoll Wasser hinterläßt immer dort einen nassen Fleck, wo er zuerst plaziert wird. Ein daneben plazierter zweiter Löffelvoll, der sich bis zu diesem nassen Bereich ausbreitet, wird immer die Tendenz haben, in den nassen Bereich zu fließen, selbst wenn dort keine wesentliche Vertiefung ist. Das ist der Effekt der Oberflächenspannung. Die Nässe der Oberfläche stellt eine kurzfristige Erinnerung an die Plazierung eines Löffels voll Wasser dar. Sie macht es dem Wasser leichter, in diesen Bereich zu fließen als in die umgebenden Bereiche. Wenn die Nässe getrocknet ist, dann bildet der zweite Löffelvoll seine eigene Vertiefung, ohne daß das Wasser in das erste Rinnennetz fließt und ein Teil davon wird. Dieser Effekt ist auf Seite 100 dargestellt.

Die Nässe der Geleeoberfläche entspricht einem Kurzzeitgedächtnis, und sie bewirkt, daß sich Dinge zu einem einzigen Muster vereinigen, während ohne sie die Tendenz bestünde, getrennte Muster zu bilden.

Synthese

Wie wir gesehen haben, besteht die Haupttendenz der speziellen Erinnerungsoberfläche darin, die Dinge in einzelne Fragmente zu zerlegen und diese Fragmente nach Möglichkeit zu festigen und klar abzugrenzen. Zerlegung, Trennung und Selektion ergeben sich aus der Art und Weise, wie die Oberfläche organisiert ist. Ein der Erinnerungsoberfläche dargebotenes großes Bild wird zerlegt in getrennte Aufmerksamkeitsbereiche, von denen jeder ein spezifisches Muster liefert. Doch wenn man nur die Oberfläche betrachtet, so läßt sich nicht feststellen, ob die Teile zusammen auftrafen oder als getrennte Muster, die an verschiedenen Tagen angeboten wurden. Dieser Effekt wird auf Seite 101 gezeigt. Bei dem Kurzzeitgedächtnis-Effekt hinterläßt jedes Muster eine Nachwirkung, die zur Folge hat, daß ein Teil der Erinnerungsoberfläche leicht zu aktivieren ist. Aus der Kombination dieser Nachwirkungsbereiche taucht ein neues Muster auf als Synthese aller getrennten Muster.

Ein besseres Beispiel bietet ein riesengroßes Bild, auf dem viele Gestalten verschiedene Dinge tun. Man widmet seine Aufmerksamkeit jeweils einer Gestalt und sieht sich an, was sie tut. Wenn die Aufmerksamkeit zu einem anderen Teil des Bildes wandert, bleibt eine kurzfristige Erinnerung an jede vorher gesehene Gestalt zurück, und zuletzt sind sie alle zusammengefügt zu einem vollständigen Muster, das selbständig zu existieren beginnt. Es mag eine Schlachtenszene sein oder eine Hochzeitsfeier.

Die große Nützlichkeit des Kurzzeitgedächtnis-Effekts besteht darin, daß wieder zusammengefügt wird, was durch die begrenzte Aufmerksamkeitsspanne des Systems zerlegt worden war. Dinge, die als Ganzes existierten, können als Ganzes wiedererschaffen werden.

Zeit und Raum

Die begrenzte Aufmerksamkeitsspanne der speziellen Erinnerungsoberfläche unterteilt ein großes Bild in Aufmerksamkeitsbereiche, die nacheinander an die Reihe kommen, so daß das, was sich im Raum ausgebreitet hat, auch in der Zeit ausgebreitet wird. Von der Erinnerungsoberfläche her gesehen hätte das Bild genausogut in der Zeit ausgebreitet sein können. Ein Glas, das auf den Boden fällt und zerbricht, wird als eine Reihenfolge von Mustern registriert (das Glas in der Hand, das fallende Glas, das zerbrochene Glas, Scherben). Ob nun die Reihenfolge von Aufmerksamkeitsbereichen von etwas herrührt, das im Raum oder in der Zeit ausgebreitet ist, der Effekt ist derselbe, und das Kurzzeitgedächtnis wird aktiv, um die Stücke zusammenzufügen, damit ein neues zusammengesetztes Muster entstehen kann.

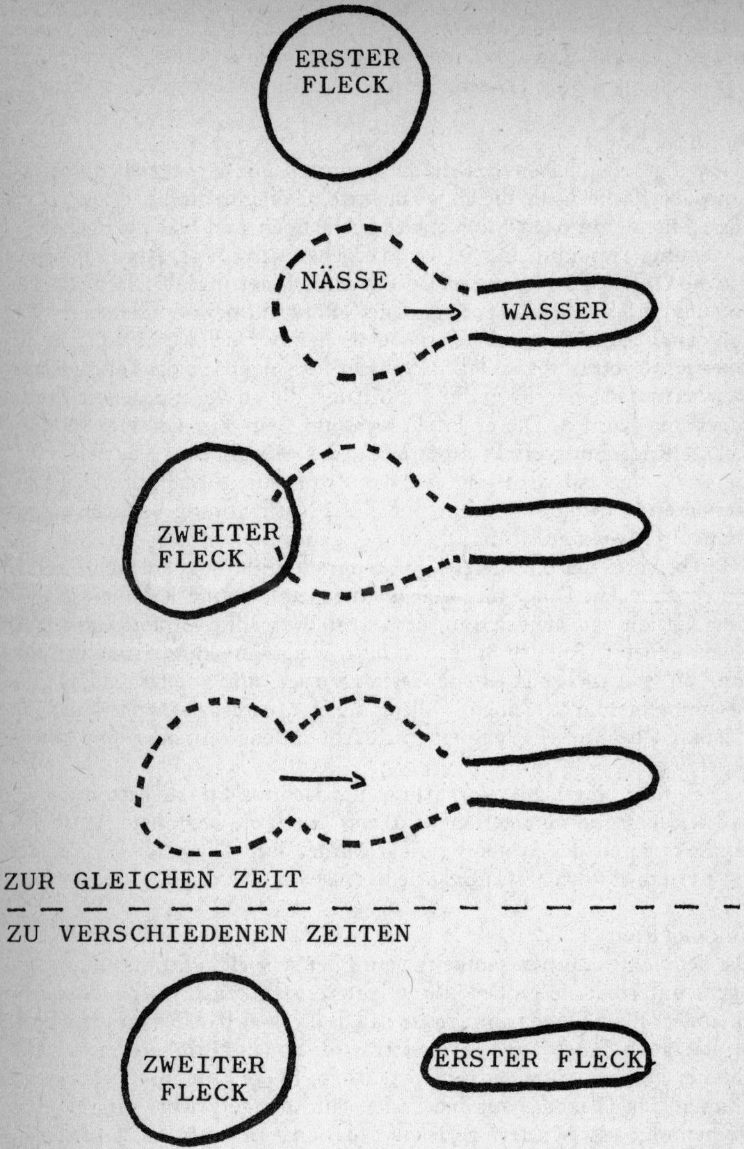
ERSTER FLECK
NÄSSE
WASSER
ZWEITER FLECK
ZUR GLEICHEN ZEIT
ZU VERSCHIEDENEN ZEITEN
ZWEITER FLECK
ERSTER FLECK

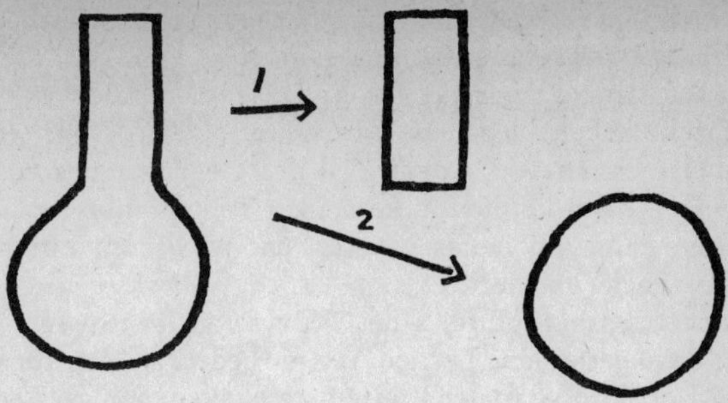
1
2

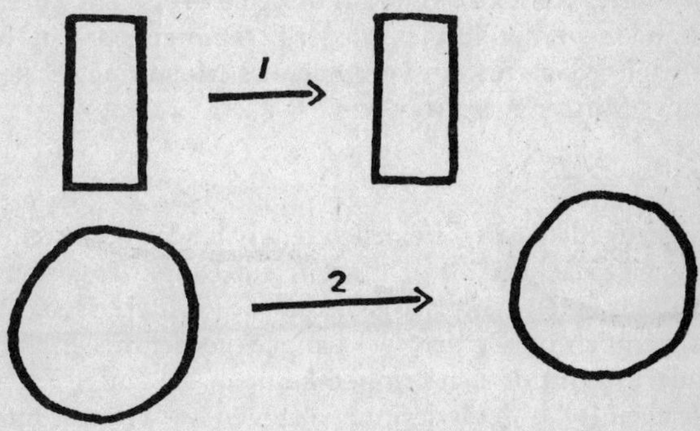
1
2

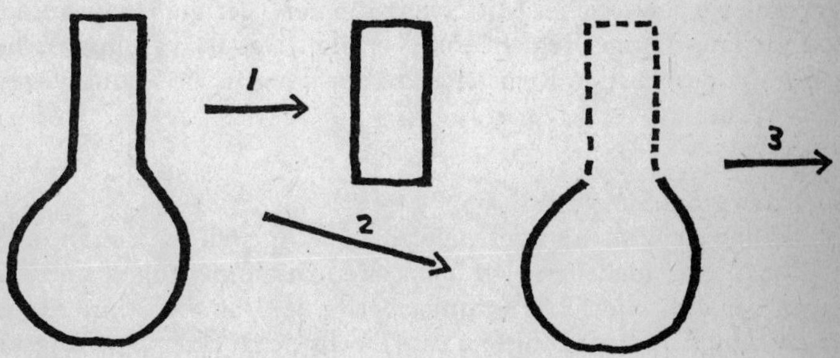
1
2
3

Bisher ist der Kurzzeitgedächtnis-Effekt nur als ein Ausgleich angesehen worden für die begrenzte Aufmerksamkeitsspanne, die die Dinge zerlegt. Doch das Kurzzeitgedächtnis kann auch einen positiven synthetisierenden Effekt haben, der neue Muster erschafft. Wenn sich der Aufmerksamkeitsbereich von einem Teil des Gegenstandes zu einem anderen verlagert, dann können diese beiden Teile kombiniert werden und sie ergeben dann ein neues Muster, das wiederum nur auf der Erinnerungsoberfläche existiert.

Dieser synthetisierende Effekt des Kurzzeitgedächtnisses ist die Grundlage für Assoziation und Lernen. Lehren bedeutet, eine künstliche, aber nützliche Reihenfolge in der Weise herzustellen, daß das Kurzzeitgedächtnis ein Muster erschaffen kann, das die Dinge permanent verknüpft. Ein bedingter Reflex kommt auf dieselbe Weise zustande. Zwei getrennte Ereignisse werden immer wieder zusammengebracht, bis sich durch das Kurzzeitgedächtnis ein verbindendes Muster entwickelt, um sie in ein einziges Muster zu verwandeln.

Der Effekt des Behaltens

Wenn der Langzeitgedächtnis-Effekt sich relativ langsam einstellt, dann kann das Kurzzeitgedächtnis dazu dienen, die Dinge lange genug zu behalten, damit sie einen langfristigen Eindruck hinterlassen. Das geschieht wahrscheinlich im Gehirn, wo Langzeitgedächtnis-Effekte chemische Veränderungen mit sich bringen können, die einige Zeit erfordern. Bis diese chemische Veränderung vollzogen ist, wird das tatsächliche Bild erhalten als elektrische Aktivität in Form des Kurzzeitgedächtnisses. Dieses System hat offenkundige Vorteile, weil das Kurzzeitgedächtnis als beweglicher Mittelwert fungiert, der die Dinge aussortiert, ehe die langfristige Registrierung erfolgt. Das ist viel praktischer, als wenn die langfristige Registrierung vor der Aussortierung vorgenommen würde.

Trennung und Synthese

Die Dinge in Einheiten zerlegen, diese Einheiten etablieren und dann wieder in verschiedenen Kombinationen zusammenfügen sind die Aufgaben der speziellen Erinnerungsoberfläche. Daß die Erinnerungsoberfläche fähig ist, diese Dinge zu tun, macht sie zu einem leistungsfähigen Rechensystem. Die Eigenschaft zu kombinieren besitzen die meisten Rechensysteme, aber das Ungewöhnliche ist das Aussonderungs- und Selektionsvermögen, das die Erinnerungsoberfläche befähigt, die Eingabe selbst zu organisieren.

Das Trennungsvermögen der Erinnerungsoberfläche führt zu Unterscheidung und Selektion.

Das kombinierende Verhalten der Erinnerungsoberfläche führt zu Assoziation, Lernen und Kreativität.

Diese Verhaltensweisen sind in Wirklichkeit zurückzuführen auf die Selbstorganisation der Information in der idealen Umgebung, die die spezielle Erinnerungsoberfläche bietet.

17.

Der begrenzte Aktivierungsbereich auf der Erinnerungsoberfläche besteht aus den am stärksten erregbaren Einheiten, solange das Ergebnis ein kohärentes Muster ist. Hohe Erregbarkeit bedeutet niedrige Aktivierungsschwelle. Wenn man sich die Oberfläche als ein Geleemodell vorstellt, wo sich der Aktivierungsbereich in den tieferen Teil der Geleeoberfläche verlagert, dann kann dieser als ein Bereich mit niedriger Schwelle angesehen werden. Wenn man die Pfeiler auf dem kippenden Brett vor Augen hat, dann kann man sich hohe Erregbarkeit vorstellen, denn je höher die Pfeiler sind, um so leichter fallen sie um. Hohe Erregbarkeit und niedrige Schwelle sind austauschbar.

Verschiedene Faktoren beeinflussen die Erregbarkeit von Einheiten. Diese Faktoren sind nacheinander erwähnt worden, und es könnte nützlich sein, sie hier zusammenzufassen. Das brauchbarste Modell für diesen Zweck ist das kippende Brett mit den Pfeilern. Jeder die Erregbarkeit beeinflussende Faktor ändert die Höhe der Pfeiler. Einige dieser Hinzufügungen sind permanent, einige sind temporär, und einige ändern sich mit der Zeit. Die Erregbarkeit in jedem einzelnen Augenblick ist durch die Höhe, die der Pfeiler in diesem Augenblick hat, gegeben.

1. Wenn das auf die Oberfläche aufgebrachte Muster direkt auf eine Einheit trifft, dann wird die Erregbarkeit dieser Einheit beträchtlich erhöht.

2. Die Erregbarkeit einer Einheit wird durch die Verbindung mit einer bereits aktivierten Einheit erhöht. Je mehr Verbindungen es zu bereits erregten Einheiten gibt, um so mehr steigert sich die Erregbarkeit.

3. Jedesmal, wenn eine Einheit aktiviert wird, wird ihre Erregbarkeit um einen bestimmten Wert erhöht. Im Gegensatz zu den beiden ersten Effekten ist dies ein permanenter Effekt. Im Sinne des Pfeilermodells: der Pfeiler wird jedesmal um einen Baustein erhöht, wenn er umgefallen ist.

4. Nachdem eine Einheit aktiviert worden ist, tritt ein Kurzzeitgedächtnis-Effekt ein, und die Einheit bleibt eine Zeitlang erregbar. Dieser Effekt schwächt sich allmählich ab.

Die genannten Effekte erhöhen sämtlich die Erregbarkeit einer Einheit. Es gibt zwei weitere Effekte, die die Erregbarkeit mindern.

5. Ein hemmender Einfluß, der sich proportional zum Aktivierungsbereich auf der Erinnerungsoberfläche verhält, vermindert die Erregbarkeit jeder Einheit. (In dem Pfeilermodell entspricht das dem Umstand, daß nur noch ein geringerer Neigungsgrad erforderlich ist, wenn einige der Pfeiler höher geworden sind.)

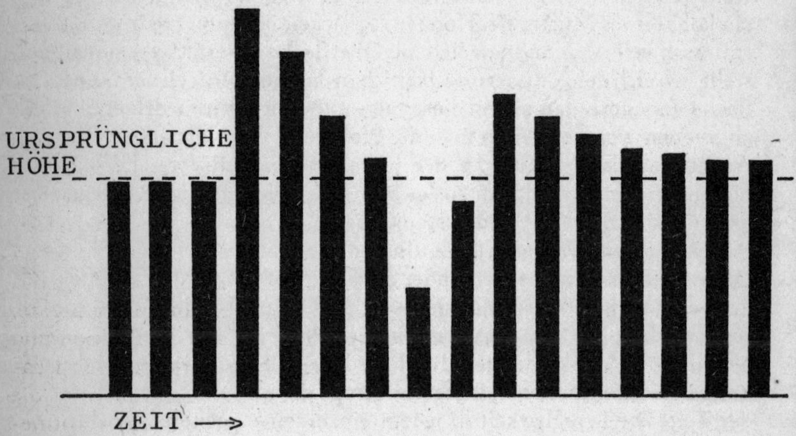
URSPRÜNGLICHE
HÖHE
ZEIT →

6. Unmittelbar nachdem eine Einheit aktiviert worden ist, sinkt die Erregbarkeit stark ab (Ermüdungsfaktor). Sie erhöht sich indes bald wieder.

Auf den ersten Blick mag es scheinen, daß die erhöhte Erregbarkeit des Kurzzeitgedächtnis-Effekts im Widerspruch steht zu dem Ermüdungseffekt, der eine aktivierte Einheit weniger erregbar macht. Die beiden Effekte können jedoch kombiniert werden. Auf Seite 104 ist ein Diagramm gezeigt, das die Höhe eines Pfeilers zu verschiedenen Zeitpunkten zeigt. Ein Muster trifft auf die Einheit, ihre Erregbarkeit steigt, und sie wird aktiviert. Dann setzt der Ermüdungsfaktor ein, und die Erregbarkeit wird unter das Stillstandsniveau gedrückt. Der Effekt ist vorübergehend, und die Erregbarkeit steigt auf das Kurzzeitgedächtnis-Niveau, das über dem Stillstandsniveau liegt. Dieses Niveau senkt sich langsam auf ein Niveau, das permanent über dem Anfangsniveau liegt.

Bei diesem Beispiel wird vorausgesetzt, daß alle Änderungen der Erregbarkeit innerhalb der Einheit selbst vor sich gehen. Das brauchen sie nicht, denn sie können genausogut in der Umgebung stattfinden. So kann das Kurzzeitgedächtnis die Form einer Aktivität in verbundenen Einheiten annehmen, wodurch wahrscheinlicher wird, daß die Aktivität zu der ursprünglichen Einheit zurückkehrt. Diese verschiedenen Effekte, die in jeder Einheit wirksam werden, reichen aus, um die Position und Bewegung des begrenzten Aktivierungsbereichs zu erklären. Und das Verhalten dieses begrenzten Aktivierungsbereichs reicht aus, um die Informationsverarbeitung zu erklären, die von der speziellen Erinnerungsoberfläche ausgeführt wird.

18.

Bei der Behandlung von Information verhält sich die spezielle Erinnerungsoberfläche, als ob sie ein selbständiges Wesen wäre. Dieses Wesen lenkt die Aufmerksamkeit von einem Teil der Umgebung auf einen anderen, wählt einige Merkmale aus und läßt andere außer acht. Es verbindet Muster miteinander, um neue zu erschaffen, die in Wirklichkeit nirgends existieren, oder es entnimmt der Umgebung ein kleines Muster und vergrößert es in phantasievoller Ausgestaltung. Dieses Wesen hat ein einheitliches Bewußtsein. Und doch ist das alles zurückzuführen auf das passive Verhalten der Information, die sich auf der speziellen Erinnerungsoberfläche selbst organisiert.

Obwohl sie Züge eines Wesens hat, gibt es bei der Erinnerungsoberfläche keine Spur von Eigennutz. Tatsächlich ist die Erinnerungsoberfläche selbstlos wie ein Heiliger. Sie ist so selbstlos, daß sie überaus verletzlich ist und nicht überleben könnte, wenn sie nicht beschützt und nicht für ihre Bedürfnisse gesorgt würde. Sie nimmt niemals ihre eigenen Interessen wahr, weil sie sich ihrer noch nicht bewußt ist. Es gibt keine besondere Selektion derjenigen Dinge, die notwendig sind, und auch die schädlichen Dinge werden nicht vermieden. Muster werden aus der Umgebung lediglich ausgewählt auf Grund ihrer Vertrautheit, und durch diese Selektion werden sie noch vertrauter. So wird das Wissen oder der Inhalt der speziellen Erinnerungsoberfläche ausschließlich determiniert durch die Reihenfolge, in der die Muster der Oberfläche angeboten werden, und durch ihre Wiederholung. Dieses Wissen wird in keiner Weise durch die Interessen der Erinnerungsoberfläche selbst beeinflußt. In den Augen der speziellen Erinnerungsoberfläche sind alle Merkmale der Umgebung gleich wünschenswert, und sie werden völlig unvoreingenommen behandelt. Dieses System könnte sehr ineffizient sein, denn es würde ein mit einer solchen Erinnerungsoberfläche ausgestattetes Geschöpf nicht lange in die Lage versetzen, äußere Merkmale als nützlich, schädlich oder unwichtig einzustufen.

Bisher ist die Erinnerungsoberfläche als eine körperlose, mit Informationen befaßte Einrichtung betrachtet worden. Der hauptsächliche Zweck dieses Buches ist es zwar, sich mit dem informationsverarbeitenden (denkenden) Verhalten einer solchen Erinnerungsoberfläche zu beschäftigen. Da jedoch die Erinnerungsoberfläche durchaus von eigennützigen Interessen beeinflußt sein kann, ist es nötig, auch diese in Betracht zu ziehen.

Wenn man der speziellen Erinnerungsoberfläche eigennützige Interessen nachsagt, muß man sie mit irgendeiner Art Körper ausstatten. Dieser Körper ist nichts als ein Organismus, der bestimmte Dinge aus seiner Umgebung braucht, um zu überleben. Er muß auch gewisse Dinge vermeiden, um zu überleben. Es handelt sich dabei um Reaktionen auf die Umgebung und um Bedürfnisse, die die Umgebung befriedigen kann. Die Reaktionen, zum Beispiel Schmerz, sind innere Reaktionen auf ein äußeres Geschehnis. Die Bedürfnisse, zum Beispiel Hunger, sind innere Geschehnisse, die eine äußere Reaktion erfordern.

Es ist zweckmäßig sich vorzustellen, daß sich die Erinnerungsoberfläche gleichzeitig zwei Umgebungen gegenübersieht (wie auf Seite 107). Die eine Umgebung ist die gewöhnliche äußere Umgebung, mit der die Erinnerungsoberfläche bisher zu tun hatte. Die andere Umgebung wird von den Geschehnissen innerhalb des Körpers, mit dem die Erinnerungsoberfläche ausgestattet wurde, bestimmt. Beide Umgebungen vermögen der Oberfläche Muster anzubieten, aber es besteht ein Unterschied in der Art der Muster, die angeboten werden. Die innere Umgebung bietet Muster, die den Zustand des Körpers widerspiegeln, sei es nun Hunger oder Schmerz. Als fixierte Muster tendieren sie dazu, die Erinnerungsoberfläche solange zu beherrschen, bis der Zustand des Körpers sich ändert. Die auf sie gerichtete Aufmerksamkeit kann fluktuieren, aber sie tendiert nicht dazu, sich ganz von ihnen abzuwenden, wie sie es vielleicht bei äußeren Mustern täte.

Ein Geschehnis in der äußeren Umgebung kann sowohl der Erinne-

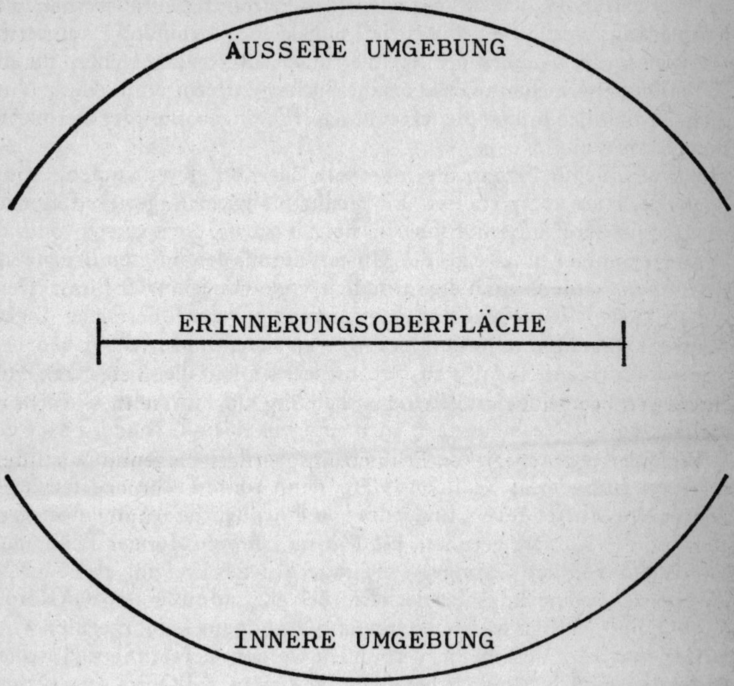
ÄUSSERE UMGEBUNG
ERINNERUNGSOBERFLÄCHE
INNERE UMGEBUNG

rungsoberfläche ein Muster aufprägen, als auch den Körper in einer Weise beeinflussen, daß auch er ein Muster auf der Erinnerungsoberfläche aktiviert. Eine Spritze, mit der eine schmerzhafte Injektion vorgenommen worden ist, wäre ein Beispiel für ein solches Geschehnis. Die beiden Muster, Spritze und Schmerz, die nacheinander auftreten, könnten sich verbinden, wie das bei zwei einander folgenden Mustern auf der Erinnerungsoberfläche möglich ist. Sobald die Verbindung hergestellt ist, könnte der Anblick der Spritze sofort Angst verursachen, die die Situation beherrschen würde, bis die Spritze entfernt wird. Dieser Vorgang ist ziemlich unkompliziert und schließt eingebaute oder instinktive Ängste nicht aus.

Bei den Bedürfnissen, die innerhalb des Körpers entstehen, ist die Situation eher komplizierter. Ein Bedürfnis wie Hunger erscheint als Muster auf der Erinnerungsoberfläche. Als Muster ist es verschwommen und viel weniger präzise als die Muster, die aus der äußeren Umgebung gewonnen werden durch die formalisierende Präzision der Sinne. Dennoch ist das Muster real und dominierend auf der Oberfläche. Dieses Muster kann eingebaute Verbindungen zu anderen Mustern haben, und das würde bedeuten, daß sich die Aufmerksamkeit diesen anderen Mustern, wenn sie in der Umgebung vorhanden sind, zuwendet. Üblicher ist es, daß solche Verbindungen nicht eingebaut sind, sondern von der Erfahrung hergestellt werden.

Wenn Hunger das Bedürfnis wäre, dann könnte es mindestens zwei gekoppelte Muster geben, und jedes von ihnen würde auf einem anderen Zustand des Körpers beruhen. Ein Muster könnte «Hunger-Bedürfnis» sein und das andere «Hunger-Vergnügen». Jedes Ereignis, das ein Muster auf der Erinnerungsoberfläche zurückläßt und außerdem den Körper so verändert, daß das Muster «Hunger-Vergnügen» hervorgerufen wird, würde mit dem Vergnügen verbunden werden, den Hunger zu stillen oder zu essen. Die beiden Muster würden sich auf der Oberfläche verbinden durch die bereits beschriebenen Mechanismen. Das «Hunger-Bedürfnis»-Muster müßte auch in irgendeiner Weise mit dem «Hunger-Vergnügen»-Muster verbunden werden. Dann würde das «Hunger-Bedürfnis» dazu führen, daß jene Gegenstände ausgewählt werden, die in der Vergangenheit mit «Hunger-Vergnügen» verknüpft waren. Um es zu wiederholen, wenn solche Verbindungen fest verknüpft wären, dann könnte das äußere Muster allein dazu führen, daß das «Hunger-Vergnügen»-Muster aktiviert wird.

Der tatsächliche Mechanismus für das Hervorrufen und die Befriedigung solcher inneren Bedürfnisse oder das Vergnügen dabei ist in diesem Zusammenhang nicht wichtig. Wichtig ist, daß diese intern erzeugten Muster in die unberührte Erinnerungsoberfläche eindringen und mit dazu beitragen, die Aufmerksamkeit zu lenken. Statt daß es der äußeren Information überlassen bleibt sich selbst zu organisieren, gibt es nun einen zusätzlichen Einfluß, der einige Dinge bevorzugt auswählt. Selektion erfolgt nicht länger nur auf Grund der Vertrautheit, sondern auch auf Grund der Nützlichkeit. Es gibt immer noch Selbstorganisation der Information, aber die Information stammt jetzt ebenso aus der inneren wie aus der äußeren Umgebung.

Da sich die innere Umgebung von einem Augenblick zum anderen ändern kann je nach dem chemischen Zustand des Körpers, kann auch die Reaktion auf ein äußeres Bild bei verschiedenen Gelegenheiten verschieden sein. Während unabhängige Erinnerungsoberflächen, die einer Folge von äußeren Bildern ausgesetzt sind, die Muster genau behalten würden, könnte das bei eigennützigen Erinnerungsoberflächen nicht mehr der Fall sein, da die inneren Umgebungen möglicherweise abweichen. Das trägt zu verstärkter Individualität bei.

Die Einführung der Eigennützigkeit der Erinnerungsoberfläche fügt ihrer Informationsbehandlung einen verzerrenden Faktor hinzu. Die Erinnerungsoberfläche befaßt sich nicht länger mit Information um ihrer selbst willen, sondern nur im Hinblick auf ihre Nützlichkeit. In bezug auf das Überleben oder die Adaptation mag das wesentlich sein. Auf die Maximierung von Information kann es sich einschränkend auswirken.

Da das System immer noch passiv ist, können bestimmte Muster oder Ideen dominierend werden, wenn sie mit einem inneren Muster verbunden sind, das heißt, wenn sie eine emotionale Tendenz haben. Eine Verbindung entwickelt sich also, um dieses dominierende Muster mit dem anfänglich angebotenen Muster zu verknüpfen. Auf diese Weise wird zuerst ein Abschluß erreicht, der dann nachträglich rational erklärt und zur ursprünglichen Situation zurückverfolgt wird. Das ist etwas ganz anderes als die Entwicklung eines anfänglichen Musters über eine natürliche Folge dazwischenliegender Muster bis zu einem endgültigen Muster. Bei dieser natürlichen Entwicklung hängt die Dominanz von der Reihenfolge der Muster ab, die vorangegangen sind, und von den gesammelten Erfahrungen.

19.

Das Universum der speziellen Erinnerungsoberfläche

In den vorangegangenen Abschnitten ist die spezielle Erinnerungsoberfläche allmählich Zug um Zug aufgebaut und ihre Grundstruktur modifiziert worden in einer Reihe von Schritten, die sie immer noch spezieller machten. Dennoch ist die Oberfläche am Ende dieser Modifikation immer noch eine relativ einfache mechanische Struktur mit einem Verhalten, das durch die Art der Struktur ebenso determiniert ist, wie das Verhalten einer Geschirrspülmaschine durch ihren Zweck determiniert ist.

Das Verhalten der speziellen Erinnerungsoberfläche ist ziemlich wirkungsvoll. Sie kann auswählen, und sie kann ignorieren. Sie kann in

Einheiten zerlegen oder neue Einheiten aus Fragmenten schaffen. Sie kann Muster aus verworrenem Material gewinnen und Standardmuster aus Material abstrahieren, das Variationen aufweist. Sie kann vollständige Muster durch ein Symbol darstellen, und sie kann ein Symbol zu einem vollständigen Muster ausbilden. All das sind Kennzeichen eines bemerkenswerten informationsverarbeitenden Systems. Doch hat das System auch seine Grenzen. Diese Beschränkungen sind untrennbar mit den Vorteilen verbunden, denn von einem anderen Gesichtspunkt aus sind auch sie Vorteile. Zum Beispiel bringt die Fähigkeit, feste Muster zu etablieren, mit sich, daß es sehr schwierig werden kann, ein Muster zu ändern. Die Fähigkeit, tatsächlich neue Muster zu schaffen, kann zur Folge haben, daß diese neuen Muster so betrachtet werden, als existierten sie wirklich in der Umgebung, während sie tatsächlich nicht existieren.

Was auf der speziellen Erinnerungsoberfläche geschieht, geschieht in einem Universum, dessen Verhaltensregeln sehr verschieden sind von denen des alltäglichen Universums. Wie verschieden diese Regeln sind, kann gezeigt werden, wenn man annimmt, daß die spezielle Erinnerungsoberfläche eine Tischplatte sei und die der Oberfläche dargebotenen Muster Gegenstände, die auf den Tisch gelegt werden. Wenn ein großer Gegenstand wie eine große Getreideflockenpackung auf den Tisch gelegt würde, würde er verschwinden und nur ein Fragment zurücklassen, zum Beispiel den Teil der Packung, der das Etikett trägt. Dann würde dieser Teil unsichtbar, und ein anderer würde erscheinen. Das würde sich wiederholen, bis alle Teile der Reihe nach erschienen sind, dann würde die Packung plötzlich kleiner werden, ihre Einzelmerkmale verlieren, aber als *ein* Gegenstand erscheinen.

Wenn zwei ungleiche Gegenstände wie ein Ei und eine Scheibe Toast auf den Tisch gelegt würden, dann würde der eine oder andere verschwinden. Wenn einer dieser Gegenstände schon auf dem Tisch läge, dann würde die Hinzufügung des anderen den ersten veranlassen, zu verschwinden, oder der zweite würde verschwinden. Eine andere Möglichkeit ist, daß ein Teil des Eies und ein Teil der Scheibe Toast nicht verschwinden, sondern sich zusammentun und ein halbes Ei auf einer halben Scheibe Toast ergeben. Wenn Toast *und* Ei auf dem Tisch blieben, dann könnten sie abwechselnd erscheinen und verschwinden, bis schließlich eine kombinierte Form entstünde. Wenn der Toast die ganze Zeit sichtbar wäre, dann würde man wissen, daß er sich, wenn man ihn ansieht, in das Ei verwandelt und umgekehrt.

Das eigentümliche Verhalten des speziellen Universums auf dieser Tischplatte unterscheidet sich ganz offensichtlich von dem gewöhnlichen physischen Universum. Im gewöhnlichen Universum legt man einfach ein pochiertes Ei auf eine Scheibe Toast, und da bleibt es, ohne irgendein seltsames Verhalten an den Tag zu legen. Gewöhnliche Addition bedeutet, daß das Ergebnis der Hinzufügung eines Dings zu einem anderen die Summe der beiden Dinge ist. Auf der Tischplatte sind die Additionsregeln indes anders. Hier ist eine Summe immer genauso groß wie jeder der beiden Teile, die ihrerseits immer gleich groß sind. Tatsächlich würde die Summe immer gleich groß sein, gleichgültig, wie viele Teile addiert würden. Außer dieser Addition im Raum gäbe es auch eine Addition in der Zeit. Das würde bedeuten, daß von zwei addierten Dingen immer eins dem anderen der Reihe nach folgt.

Es ist nicht sehr nützlich anzunehmen, daß das, was auf der speziellen Erinnerungsoberfläche geschieht, einfach eine Miniaturausgabe von dem ist, was, in andere Einheiten übersetzt, in dem gewöhnlichen Universum geschieht, etwa so wie das gewöhnliche Universum in Muster auf Zelluloidfilmen oder in mathematische Symbole übersetzt wird. Das spezielle Universum der Oberfläche führt zu einem völlig anderen Verhalten, das nur im Sinne der Regeln dieses Universums verstanden werden kann.

20.

d-Linien

Lichtmuster, die über die Oberfläche des Tausend-Glühbirnen-Modells gleiten, einige Löffelvoll Wasser, die über die Oberfläche des Geleemodells fließen, sind visuelle Vergegenwärtigungen der Art und Weise, wie ein aktivierter Bereich sich über eine Erinnerungsoberfläche bewegen kann, wie er erst das eine Muster, dann ein anderes auswählt, auf die Umgebung reagiert oder sich an seine eigene Bewegungsfolge hält. Sobald einmal erkannt ist, wie der aktivierte Bereich entsteht und was er tut, ist es ziemlich lästig, sich mit den einzelnen Modellen abzugeben. Viel bequemer ist es, irgendein Bezeichnungssystem zu benutzen, um sich direkt mit dem Verhalten der aktivierten Bereiche zu befassen.

Ein spezifisches der speziellen Erinnerungsoberfläche angebotenes Muster wird einen spezifischen Bereich auf dieser Oberfläche aktivieren. Dieser spezifische Bereich besteht aus einer spezifischen Gruppe aktivierter Einheiten, die als Punkte auf der Oberfläche dargestellt werden können. Auf Seite 113 wird ein Bereich gezeigt, von dem angenommen werden kann, daß er aus getrennten Punkten besteht. Jeder dieser Punkte ist insofern spezifisch, als kein anderer Punkt dieselbe Position auf der Seite und genau dieselben Nachbarn hat. Diese Gruppe von spezifischen Punkten stellt den aktivierten Bereich auf der Erinnerungsoberfläche zu irgendeinem Zeitpunkt dar. Die spezifische Gruppe von Punkten ergibt ein spezifisches Muster.

Doch man braucht eine solche Gruppe von Punkten auf einer Buchseite nicht als kompakten Bereich darzustellen. Sie könnte als schmaler Streifen oder nur als einzelne Linie von Punkten wiedergegeben werden und würde dadurch nicht weniger spezifisch als eine Sammlung von Punkten in Form eines Bereichs. Wenn man einige Linien auf einem Stück Papier zieht, dann ist jede Linie unterscheidbar von jeder anderen Linie, weil sie eine spezifische Gruppe von Punkten bedeckt. Die einzelnen Linien brauchen keine verschiedenen Formen zu haben, denn die räumliche Position macht sie spezifisch. Eine gerade Linie oben auf der Seite ist etwas ganz anderes als eine gerade Linie ein wenig tiefer auf der Seite, weil jede von ihnen verschiedene Gruppen von Punkten auf der Seite bedeckt. Die ganze Seite wird als Erinnerungsoberfläche aufgefaßt, und jeder imaginäre Punkt auf ihr ist eine Einheit. Eine Linie wird gezogen, um Einheiten zu verbinden, die niedrige Schwellen haben und so angeordnet sind, daß ein Aktivierungsbereich sie alle einschließen würde. Eine Linie, bei der das der Fall ist, könnte man eine d-Linie nennen. So kann die d-Linie einen tatsächlichen Aktivierungsbereich darstellen, aber meist stellt sie einen potentiellen Aktivierungsbereich dar, eine Anordnung von Einheiten mit niedrigen Schwellen, die dazu tendieren, als Ganzes aktiviert zu werden. Dies würde etablierten Erhebungen und Vertiefungen entsprechen, so daß die d-Linien tatsächliche Muster repräsentieren, die auf der Erinnerungsoberfläche registriert sind.

Je öfter eine Einheit aktiviert wird, um so niedriger wird ihre Schwelle. Das könnte mit d-Linien dargestellt werden, indem man immer wieder dieselbe Linie zieht. Das wäre nicht sehr praktisch, denn es ließe sich nicht feststellen, wie oft die Linie wiederholt wurde. Statt dessen werden die Wiederholungslinien leicht seitlich verschoben, so daß sie sichtbar werden als Linien, die dicht neben der ursprünglichen Linie parallel zu ihr verlaufen. Das geschieht lediglich aus Gründen der Bequemlichkeit, denn in Wirklichkeit würde eine seitlich verlaufende Linie andere Punkte bedecken. Es ist nicht nötig, jedesmal eine neue Linie zu ziehen, wenn ein bestimmtes Muster aktiviert wird. Es reicht, genügend Linien zu verwenden, um den relativen Grad von Etabliertheit unter den Mustern zu zeigen. Solange die Rangordnung unter den Mustern klar ist, genügen ein, zwei oder drei Linien. Auf Seite 115 werden zwei d-Linien-Muster gezeigt, das vertrautere Muster wird durch eine zusätzliche Hervorhebungslinie gekennzeichnet.

Zwei getrennte Muster können Übereinstimmungen aufweisen. Wenn solche Muster auf Bereiche einer Erinnerungsoberfläche treffen, überschneiden sich die beiden Bereiche. Das bedeutet, daß einige Punkte der Oberfläche von beiden Bereichen, von beiden Mustern benutzt werden. Dieses Phänomen kann mit d-Linien dargestellt werden. Wenn zwei beliebige Punkte von zwei Mustern benutzt worden sind, dann decken sich die d-Linien, da diese Punkte zu beiden Mustern gehören. Weil sich nicht feststellen läßt, ob eine Linie eine andere deckt, wird die zweite Linie verschoben, so daß sie parallel zur ersten Linie verläuft, aber in geringem Abstand von ihr. Das ist genau dasselbe Verfahren wie bei der Hervorhebung einer d-Linie.

Wie auf Seite 117 gezeigt, wird beides, Hervorhebung einer d-Linie oder Deckung zweier d-Linien, durch eine doppelte Linie dargestellt. Das ist kaum überraschend, denn eine solche Überschneidung ist ja an sich

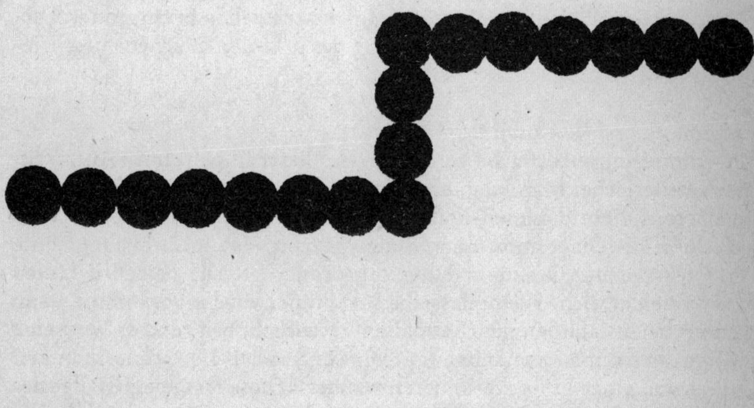

eine Hervorhebung. Wenn also bestimmte Punkte von zwei Mustern benutzt worden sind, dann werden sie doppelt stark hervorgehoben. So werden die Überschneidungsgebiete ganz von selbst immer auffälliger, denn sie werden jedesmal wiederholt, wenn eines der beiden Muster wiederholt wird.

Die Aufmerksamkeitsspanne, die den aktivierten Bereich auf der Erinnerungsoberfläche darstellt, ist begrenzt, und ebenso begrenzt ist die Länge der d-Linien-Strecke, die in irgendeinem Augenblick aktiviert wird. Jedes d-Linien-Fragment stellt gewöhnlich eine Aufmerksamkeitsspanne, ein Aufmerksamkeitsfragment dar. Wo das nicht der Fall ist, umschließt eine Kreislinie das Segment, das die Aufmerksamkeitsspanne bildet.

Die Aufmerksamkeit bewegt sich entlang der d-Linien entsprechend den Regeln der Erinnerungsoberfläche. Zu diesen Regeln, die die Bewegung des aktivierten Bereichs auf der Oberfläche bestimmen, gehören Dinge wie der Ermüdungsfaktor, der das Fließen erforderlich macht, und die etablierten Erhebungen und Vertiefungen, die die Richtung des Flusses bestimmen. Erhebungen und Vertiefungen, Hervorhebungsgrad, Etablierungsgrad, niedrige Schwelle, hohe Erregbarkeit, all das sind verschiedene Bezeichnungen für den Umstand, daß einige Bereiche anderen vorgezogen werden und daß der Fluß immer zu den bevorzugten Bereichen führt.

Wenn gezeigt werden soll, daß die Aufmerksamkeit an einem bestimmten d-Linien-Fragment beginnt, weil ein angebotenes Muster dieses Fragment erregt, dann kann das durch eine gestrichelte Linie entlang dieses Fragments dargestellt werden. Das erklärt zum Beispiel die in dem d-Linien-Diagramm auf Seite 118 gezeigte Aufmerksamkeitsfolge.

d-Linien und Verhalten auf der speziellen Erinnerungsoberfläche

Einige der grundlegenden Vorgänge auf der speziellen Erinnerungsoberfläche können jetzt unter Verwendung des d-Linien-Zeichens beschrieben werden.

Fragmente und Kontinuität

Die Erinnerungsoberfläche zerlegt große Bilder in getrennte Aufmerksamkeitsbereiche. Man kann annehmen, daß jeder dieser Aufmerksamkeitsbereiche ein d-Linien-Fragment hervorbringt. Auf Seite 120 wird ein einfaches Diagramm eines Bildes gezeigt, das in zwei Fragmente zerlegt ist, denen je eine d-Linie zugeordnet ist. Die beiden d-Linien überschneiden sich. Wenn dasselbe Bild immer wieder vorkommt, dann werden beide d-Linien gleichermaßen hervorgehoben, und es wird eine bestimmte Aufmerksamkeitsfolge festgelegt, so daß die Aufmerksamkeit immer von einer Linie zur anderen wandert. Diese festgelegte Folge des Aufmerksamkeitsflusses verwandelt die beiden getrennten d-Linien scheinbar in eine einzige Linie, zumal die Bewegung der Aufmerksam-

keit sehr rasch sein kann. Je öfter die Figur als Ganzes vorkommt und je stärker die d-Linien als Folge hervorgehoben werden, um so mehr heben sie sich von anderen Mustern ab, und so wird es immer unwahrscheinlicher, daß die Aufmerksamkeit in andere Bereiche fließt. Obwohl das ursprüngliche Bild in zwei Fragmente aufgeteilt worden ist, wird es immer noch als ein vollständiges Bild behandelt, weil die Folge des Aufmerksamkeitsflusses festgelegt wird.

Würde jedoch dasselbe Bild nicht nur wiederholt, sondern mit anderen Bildern durchsetzt, wie auf Seite 121 dargestellt, dann würde ein Teil des Musters viel stärker hervorgehoben als der andere, und er würde sich zu einer eigenen Einheit entwickeln. Der Aufmerksamkeitsfluß wäre nicht so festgelegt wie in dem ersten Beispiel, und es könnte eher sein, daß das ursprüngliche Bild als eine Verbindung von zwei getrennten Teilen und nicht als ein Ganzes angesehen wird. Die in (a), (b) und (c) gezeigten d-Linien lassen erkennen, wie die Hervorhebung eines Teils des Musters dazu führt, diesen Teil als eine eigene Einheit abzusondern.

Ob also ein großes Bild als Ganzes oder als Verbindung von getrennten Einheiten angesehen wird, hängt von der Wiederholung des Bildes als Ganzem ab und vom Auftreten anderer ablenkender Muster, die nur einige Einheiten hervorheben. Es liegt eine Gefahr darin, ein vollständiges Bild als Verbindung von beliebigen Aufmerksamkeitseinheiten aufzufassen, denn das kann verhindern, daß das Bild auf andere Weise gesehen wird. Umgekehrt besteht die Gefahr, daß eine Verbindung von Einheiten, wenn sie sehr oft als Ganzes auftritt, als ein natürliches Ganzes betrachtet wird, das nicht in seine Bestandteile zerlegt werden kann. Die Erinnerungsoberfläche unterscheidet nicht zwischen echten Teilen und Teilen, die von dem Aufmerksamkeitssystem geschaffen wurden. Und sie unterscheidet auch nicht zwischen einem echten Ganzen und einem Ganzen, das von der kombinierenden Tätigkeit fixierter Aufmerksamkeitsfolgen geschaffen wurde.

Ablenkung

Wenn eine fixierte Folge von Aufmerksamkeitseinheiten sich zu einem Muster entwickelt, dann kann diese fixierte Folge den Aufmerksamkeitsfluß jedes kleineren Musters ablenken. Auf Seite 123 wird ein Muster gezeigt, das sich auf der Erinnerungsoberfläche entwickelt haben könnte. Wenn jedoch schon ein stärkeres Muster auf der Oberfläche vorhanden ist, dann wird der Aufmerksamkeitsfluß durch das stärkere Muster abgelenkt, und das schwächere kann sich überhaupt nicht etablieren. Ein Beispiel für derlei Vorgänge ist die Tatsache, daß mir die eigentümlichen Spitzen der Verkehrsampeln in Marylebone nicht aufgefallen sind. Als Metallgegenstand haben diese Verkehrsampeln eine interessante Spitze; in der Nähe der Spitze ist zufällig eine Lampe. Das ist ein Muster, das jemand etabliert haben könnte, der nichts von Verkehrsampeln versteht. Die tatsächlich vorhandene Lampe ist der Überschneidungsbereich. Be-

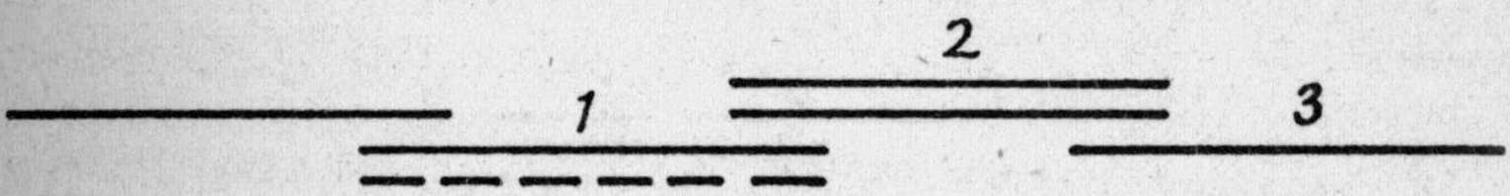
2
1
3

dauerlicherweise ist diese Lampe Teil eines stärkeren Musters, das etwas mit Autofahren zu tun hat. Die Bedeutung der Lampe für diesen Zweck ist dominierend im Vergleich zu dem rein ästhetischen Interesse an Straßenarchitektur. Die Aufmerksamkeit wird durch das stärker ausgeprägte Muster abgelenkt, und so werden die eigentümlichen Spitzen der Ampeln kaum bemerkt.

Zentrierung

Dieser Vorgang ist dem der Ablenkung sehr ähnlich, er ist aber komplizierter. Wenn ein neues Muster schräg auf ein etabliertes Muster fällt, kann es geschehen, daß das neue Muster nie selbständig etabliert wird. Die Situation, die das neue Muster hervorbringt, wird dazu tendieren, im Sinne des alten Musters betrachtet zu werden. Auf Seite 124 wird gezeigt, wie ein neues Muster sich möglicherweise etabliert hätte, wenn nicht schon ein anderes Muster da gewesen wäre. Aber es ist ein etabliertes Muster da, und statt selbständig etabliert zu werden, dient das neue Muster dazu, das alte stärker hervorzuheben. Das ist der Grund, warum manche Dinge zuerst gut verstanden werden, man sich später aber nicht mehr an sie erinnern kann.

Der große Nutzen der Zentrierung liegt darin, daß ein definitives Muster aus einer Reihe von Mustern etabliert werden kann, die ihm nur annähernd ähneln. Dieses definitive Muster ist indes kein echter Mittelwert der Varianten, denn es wird durch die erste Variante entscheidend geprägt.

Polarisierung

Derselbe Vorgang, der Anlaß zu Zentrierung und Ablenkung gibt, veranlaßt auch die Polarisierung. Polarisierung findet statt, wenn das dargebotene Bild nicht in seine natürlichen Aufmerksamkeitsbereiche, sondern in bereits etablierte Einheiten zerlegt wird. Der Effekt wird durch d-Linien auf Seite 125 veranschaulicht. Die natürliche Zerlegung eines dargebotenen Bildes in Aufmerksamkeitseinheiten wird unter (a) gezeigt. Wenn fertige Einheiten vorhanden sind wie unter (b), dann werden sie bei der Zerlegung benutzt, und es muß ein neuer Aufmerksamkeitsbereich als Bindeglied zwischen ihnen geschaffen werden. Da dieses Bindeglied viel schwächer ist als die fertigen Einheiten, wird das ursprüngliche Bild als eine zufällige Kombination der beiden fertigen Einheiten angesehen.

Die Gefahr besteht nicht nur darin, daß die fertigen Einheiten vielleicht nicht die geeignetsten für die jeweilige Situation sind, sondern auch darin, daß die Einheiten selbst zu anderen Mustern hinführen, was nur dazu führen kann, die künstliche Spaltung zu vergrößern. Kurz und gut, dieser Polarisierungsprozeß ist ein Vorteil und zugleich ein Nachteil. Ohne die vorgeformten, fertigen Einheiten wäre es schwierig, neue Situationen zu erkennen und auf sie zu reagieren. Besonders nützlich sind fertige Einheiten für rasches Handeln.

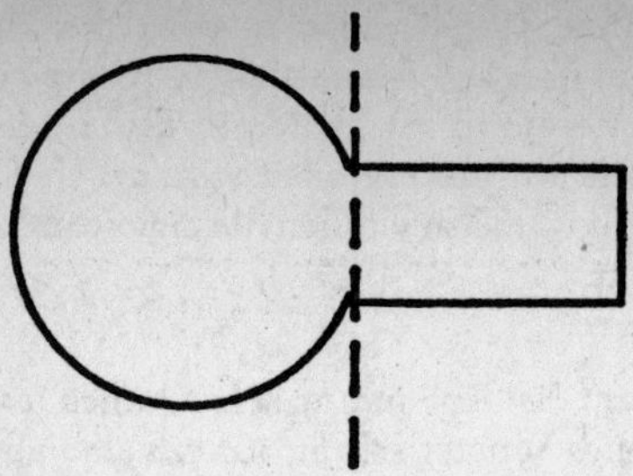

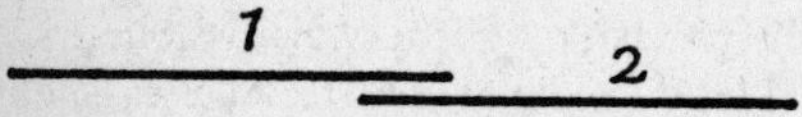
1
2

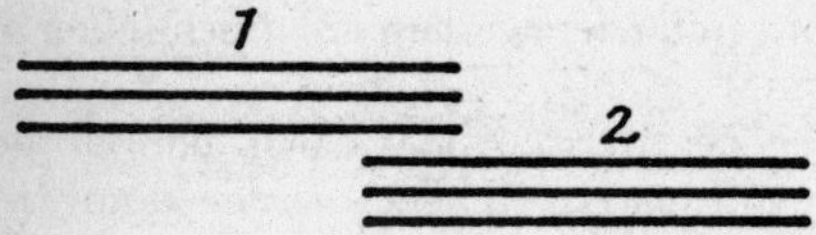
1
2

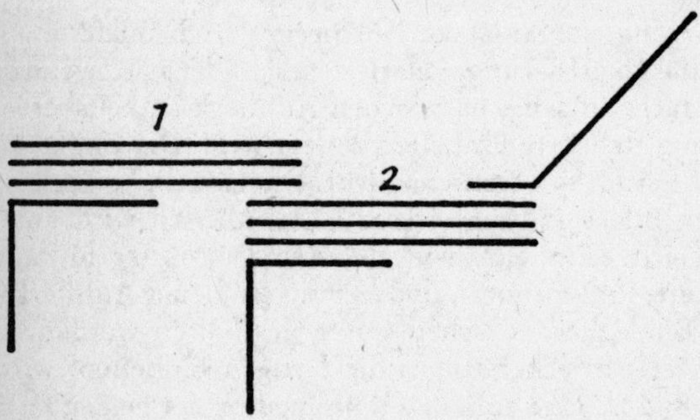
1
2

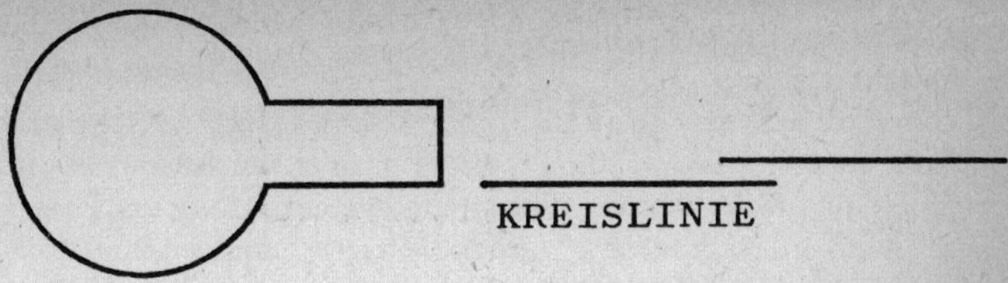

(*a*)

(*b*)

(*c*)

Größe der Einheiten

Mit der Zeit werden die auf der Erinnerungsoberfläche etablierten fertigen Einheiten immer größer. Da der Umfang des beschränkten Aktivierungsbereichs auf der Erinnerungsoberfläche festgelegt ist durch die Mechanik der Oberfläche, können weder er noch der Aufmerksamkeitsbereich jemals größer werden. Durch die Wiederholung der Folgen von Aufmerksamkeitsfragmenten werden Muster etabliert, die groß und festgelegt sind. Diese festgelegten Folgen fungieren als Einheiten, obwohl sie mehrere Aufmerksamkeitsbereiche einbeziehen, und obwohl sie in andere Muster eingebettet sein können (wie auf Seite 126 gezeigt). Die Erinnerungsoberfläche verhält sich normalerweise so, daß sie solche Muster immer mehr vergrößert. Nichts im Verhalten der Oberfläche tendiert dazu, sie zu zerlegen. Das große Muster mag durch ein Symbol dargestellt werden, dennoch bleibt es immer noch ein großes Muster. Wenn es einmal zu symbolischer Darstellung gekommen ist, ist die Aussicht noch geringer, daß das Muster zerlegt wird.

Große Muster sind sehr viel nützlicher als kleine für die rasche Interpretation der Umgebung und die Reaktion auf sie, aber sie sind nicht sehr flexibel. Sie ermöglichen es einem, rasch, aber nicht immer zweckmäßig auf eine neue Situation zu reagieren.

Angenommen Sie hätten Perlen wie zu einer Halskette oder einem Rosenkranz aufgereiht und würden versuchen, diese Perlenschnur so hinzulegen, daß sie auf ein vorgezeichnetes Muster paßt (Seite 127). Sind die Perlen klein, dann werden sie besser passen, als wenn sie groß sind. Eine Verbindung kleiner Einheiten wird immer besser funktionieren als eine Verbindung großer Einheiten.

Abstraktion

Abstraktion scheint die bewußte Auswahl irgendeines Charakteristikums zu sein, das in mehreren verschiedenen Mustern gleichzeitig auftritt. Tatsächlich aber ist Abstraktion das natürliche, völlig passive Verhalten der speziellen Erinnerungsoberfläche. Da Charakteristika, die identisch sind, dieselbe Position auf der Erinnerungsoberfläche einnehmen, wird jedes Charakteristikum, das in verschiedenen Bildern erscheint, jedesmal hervorgehoben, wenn eines der Bilder vorkommt. So wird ein Charakteristikum, das in vier verschiedenen Bildern erscheint, viermal so oft hervorgehoben wie der Rest des Bilds. Auf diese Weise extrahieren sich gemeinsame Charakteristika selbst. Vom Standpunkt der Informationsverarbeitung ist das sehr nützlich.

Ausgangspunkt und Aufmerksamkeitsfolge

In dem d-Linien-Zeichensystem bewegt sich die Aufmerksamkeit immer zu dem am stärksten hervorgehobenen d-Linien-Fragment (genauso wie der Aktivierungsbereich auf der Erinnerungsoberfläche zum Bereich der Einheiten mit den niedrigsten Schwellen wandert). Das bedeutet, daß

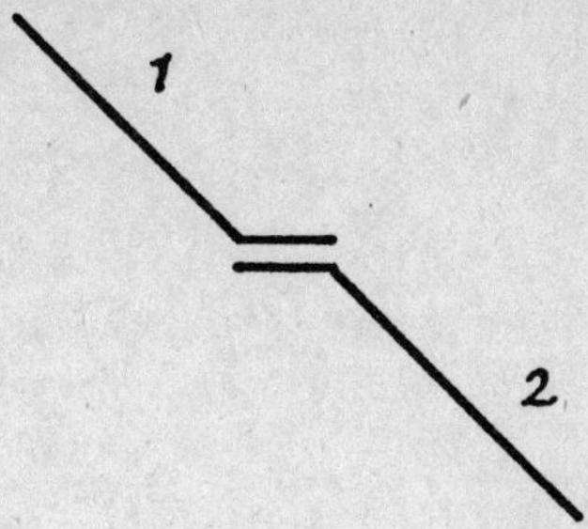
1
2

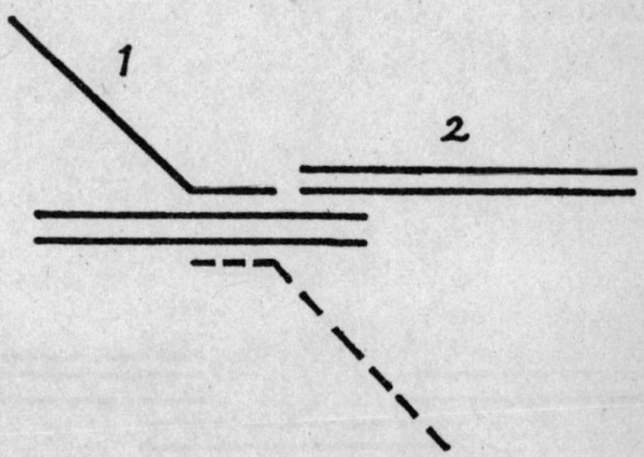
1
2

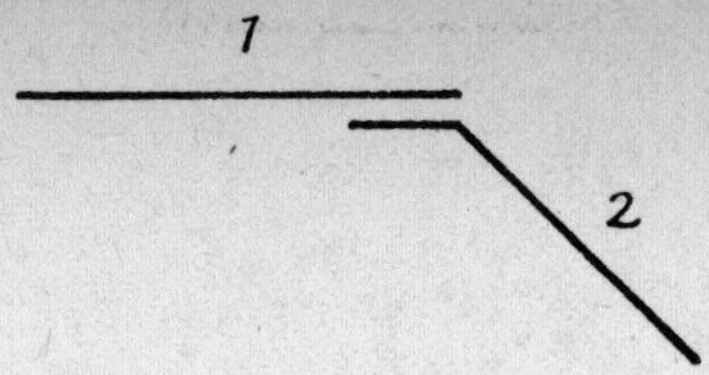
1
2

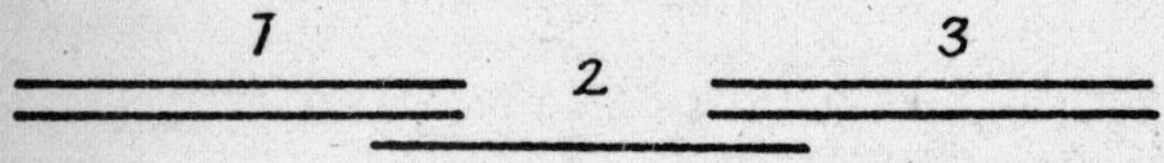
1
2
3

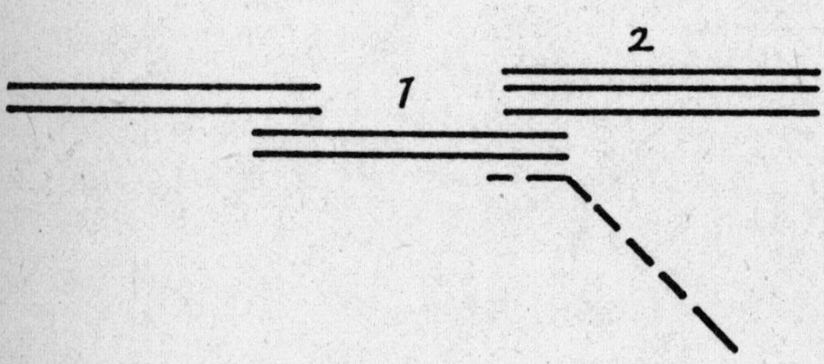
2
1

(*a*)

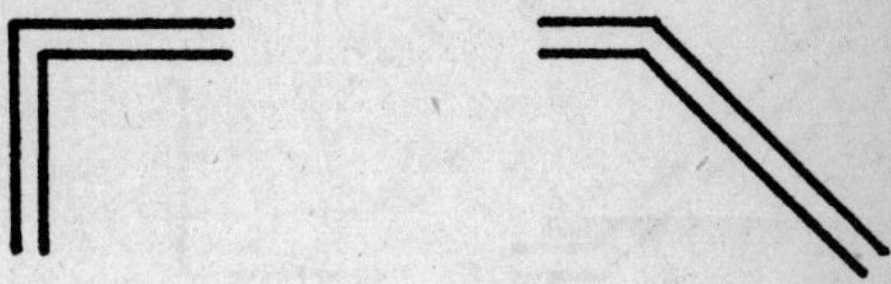

(*b*)

(*c*)

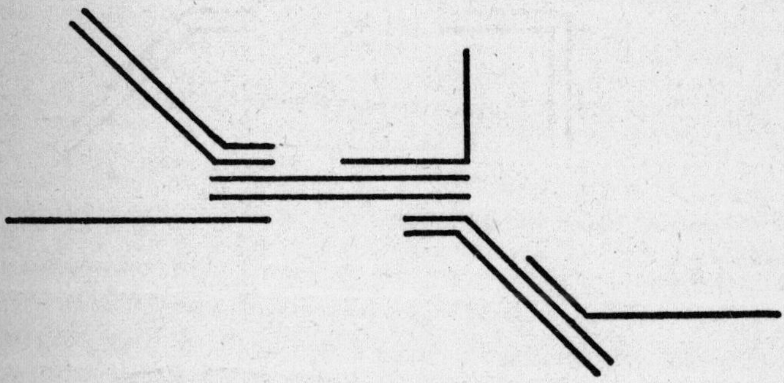

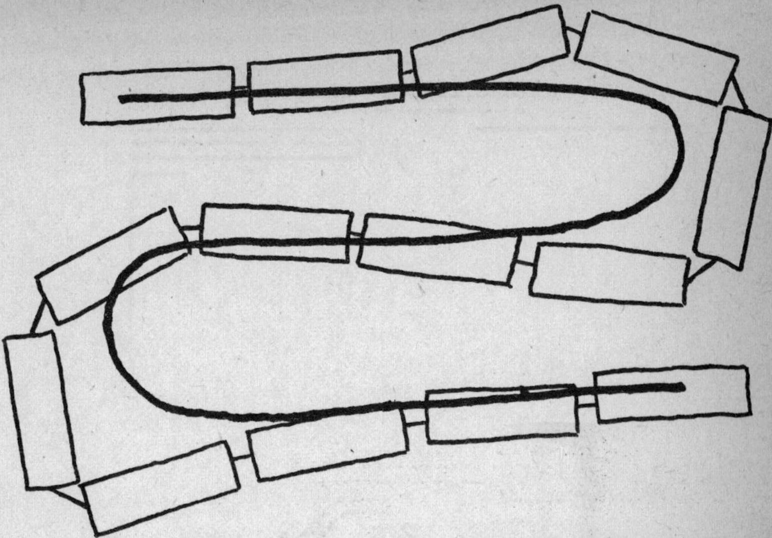

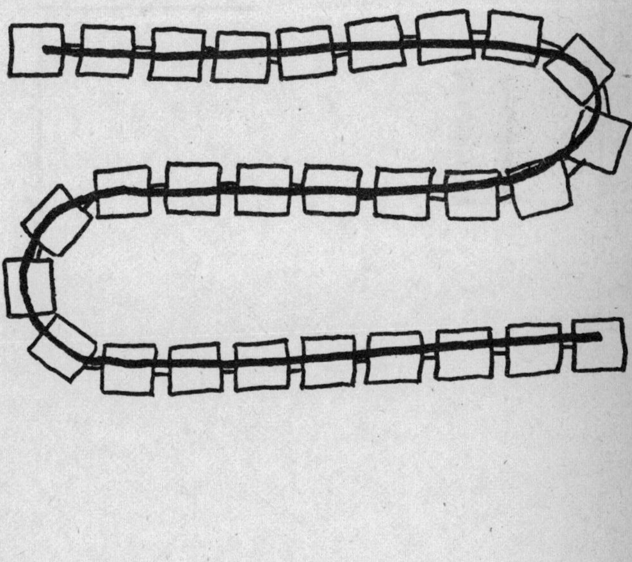

1
2
3
A
B

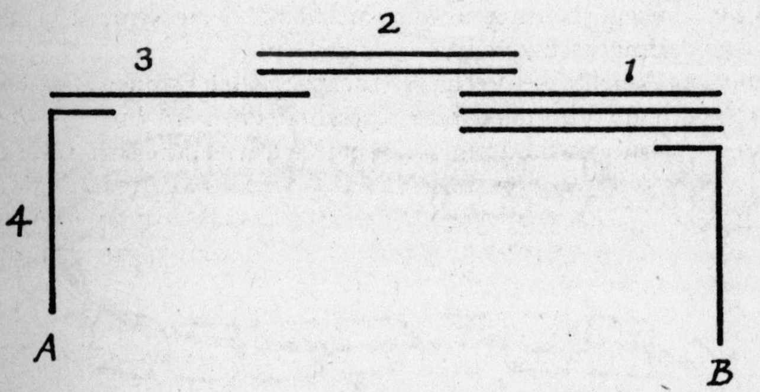
2
3
1
4
A
B

ohne irgendeine Änderung im tatsächlichen d-Linien-Diagramm der Aufmerksamkeitsfluß ganz verschiedene Wege nehmen kann, je nachdem, an welcher Stelle er einsetzt. Ein neuer Ausgangspunkt könnte verursacht werden durch ein angebotenes Muster oder einen anderen Eintritt in das d-Linien-Muster aus einem vorangegangenen Muster. Auf Seite 128 wird ein d-Linien-Diagramm gezeigt, in dem sich der Aufmerksamkeitsfluß tatsächlich entsprechend dem Ausgangspunkt ändert. Die verschiedenen Aufmerksamkeitsfolgen enden an verschiedenen Stellen. Das bedeutet, daß, selbst wenn die Charakteristika einer Situation nicht geändert werden, die Reihenfolge, in der diesen Charakteristika Aufmerksamkeit geschenkt wird, großen Einfluß auf das Ergebnis haben kann. Dieses Phänomen liegt den meisten Auseinandersetzungen zwischen Leuten zugrunde.

Zusammenfassung

Die d-Linien bieten ein bequemes Zeichen zur Beschreibung der Vorgänge auf der speziellen Erinnerungsoberfläche. Die d-Linien zeigen Hervorhebungen und Verbindungen an, aus denen sich der Aufmerksamkeitsfluß herleitet. Der Aufmerksamkeitsfluß ist ein sehr wichtiger Teil der Informationsverarbeitung und wahrscheinlich die Grundlage des Lernens. Der Aufmerksamkeitsfluß ist auch Denken.

Verschiedene Aspekte des Verhaltens der speziellen Erinnerungsoberfläche lassen sich mit Hilfe der d-Linien beschreiben. Die d-Linien beweisen nichts, sondern bieten nur eine bequemere Darstellungsmethode als Wörter. Aber es kommt gelegentlich vor, daß das Verhalten der d-Linien selbst auf einen Verhaltenstyp schließen läßt, von dem man erwarten könnte, daß es ihn auf der speziellen Erinnerungsoberfläche gibt. Das kann dann gesondert weiter untersucht werden.

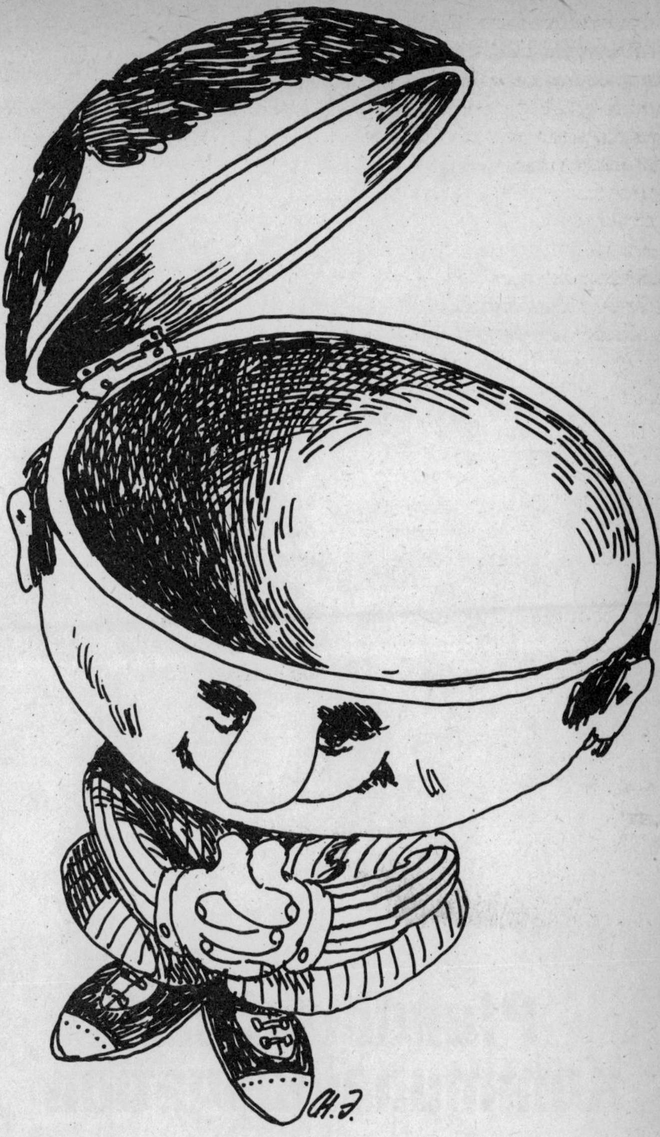

Der Mensch . . .

... ist mit nichts in der Welt zufrieden, ausgenommen mit seinem Verstande; je weniger er hat, desto zufriedener – schrieb Kotzebue.

Darin, wenn der Dichter recht haben sollte, unterschiede der Verstand sich doch erheblich vom Vermögen. Allerdings: Verstand schließt Unvermögen nicht aus, und Vermögen nicht Unverstand. Aber mit etwas Vermögen vermag Verstand viel mehr.

Zweiter Teil

21.

Auf Seite 132 wird eine Auswahl ungewöhnlicher und ganz unwahrscheinlicher Formen von Fahrrad-Vorderrädern gezeigt. Wenn man die Charakteristika dieser Formen sorgfältig überprüft, kann man voraussagen, wie die Fahrt auf einem Fahrrad verlaufen würde, das mit einem dieser Räder ausgestattet ist. Die Leistung des Systems wird bestimmt durch das Wesen des Systems. Es wäre sehr überraschend, wenn Sie auf einem Fahrrad mit quadratischen Rädern unbehindert fahren könnten, ebenso überraschend wäre es, wenn Sie sich auf einem Fahrrad mit runden Rädern ruckweise fortbewegen würden.

In den vorangegangenen Abschnitten des Buches wurde das System charakterisiert, das wir die spezielle Erinnerungsoberfläche nannten. Das entspricht der Überprüfung des Fahrrad-Rades und der Erlangung einer allgemeinen Vorstellung von seiner Form. Der nächste Schritt ist, diese Form zu benutzen, um herauszufinden, wie das System funktioniert. Man sollte imstande sein, die auftretenden Verhaltensweisen vorauszusagen. Vielleicht kann man dies Verhalten auch erklären. Schließlich könnte es möglich sein, Mittel und Wege zu ersinnen, um das Verhalten zu ändern. Von besonderem Nutzen ist die Erkenntnis, daß das System inhärente Nachteile hat.

Gewöhnliche Mauersteine haben eine rechteckige Form, doch lassen sich mit ihnen Gewölbebogen und runde Fabrikschornsteine bauen. Straßenlümmel sind, wenn man sie einzeln trifft, oft schüchtern, aber wenn sie als Gruppe auftreten, können sie sehr aggressiv sein. Es ist nicht immer einfach, aus einer eingehenden Prüfung der Teile eines Systems auf sein Gesamtverhalten zu schließen, besonders dann nicht, wenn nur die Teile und nicht auch ihre Beziehungen zueinander untersucht werden. Das Wesen der einzelnen Teile, aus denen die Erinnerungsoberfläche besteht, ist untersucht worden, aber mehr Aufmerksamkeit wurde der Zusammenführung dieser Teile zu einem funktionierenden Ganzen gewidmet. Die spezielle Erinnerungsoberfläche ist ein System, das zu gewissen Verhaltensweisen fähig ist, die von der Organisation des Systems und nicht einfach von der Beschaffenheit der Teile abhängen.

Es gibt gewisse allgemeine Verhaltenstypen, die auf Grund der Beschaffenheit der speziellen Erinnerungsoberfläche unvermeidlich sind. In einem solchen System wäre es zum Beispiel sehr unwahrscheinlich, daß Muster allmählich ihre Stabilität verlieren. Das ganze System ist darauf ausgerichtet, Muster stets fest zu etablieren, Mustereinheiten immer größer und Bahnen immer ausgeprägter zu machen. Die spezielle Erinnerungsoberfläche ist weiter nichts als eine Gelegenheit, die sich der

Information bietet, sich selbst zu organisieren. Es wäre recht überraschend, wenn bei einem derartigen sich selbst organisierenden System die Information immer weniger organisiert würde.

Ich sah einmal in einem Zirkus ein hübsches Mädchen auf einem vergoldeten Fahrrad in die Manege fahren. Sie begann, das Rad in einzelne Teile zu zerlegen, während sie noch ihre Runden drehte. Schließlich fuhr sie nur noch auf dem Hinterrad. Während dieser eleganten Darbietung fuhr das Mädchen die meiste Zeit mit hochgehobenem Vorderrad. Es gibt viele erfahrene Radfahrer, die das können. Wenn Sie auf dem Hinterrad eines Fahrrads fahren müßten, dann würde die Form des Vorderrads nicht mehr die Art der Fahrt bestimmen. Die oben erwähnten mißgestalteten Vorderräder hätten also keinen Einfluß mehr.

Mauersteine mögen rechteckig sein, aber wenn Sie einen runden Fabrikschornstein damit bauen wollen, läßt sich das durchaus machen. Vielleicht ist es gar nicht das System, das bestimmt was geschieht, sondern nur die Art und Weise, wie das System angewandt wird. Wenn Sie ein Fahrrad mit quadratischem Vorderrad haben, aber beschließen, nur auf dem Hinterrad zu fahren, dann wird die tatsächliche Form des Vorderrads das Ergebnis nicht beeinflussen. Also bestimmt die Beschaffenheit der Erinnerungsoberfläche vielleicht gar nicht die Vorgänge auf der Oberfläche.

Sie können in einer Pfanne Spiegeleier, Rühreier oder ein Omelett zubereiten. Sie können entscheiden, was Sie mit dem System Ei-Pfanne-Feuer machen wollen. Aber es muß davon getrennt ein «Sie» außerhalb des Systems geben, das bestimmt, was getan werden soll. Wird das System sich selbst überlassen, dann wird es sich seiner Beschaffenheit entsprechend auf eine charakteristische Weise verhalten. Der springende Punkt bei der speziellen Erinnerungsoberfläche ist, daß sie nicht von außen manipuliert zu werden braucht, sondern völlig aus sich selbst heraus funktioniert. Wenn sie die falsche Vorstellung erweckt, sie werde durch ein außenstehendes Wesen organisiert, dann deshalb, weil sie sich selbst organisiert und Auswahl und Aufmerksamkeitslenkung uns als etwas Aktives und nicht als etwas Passives erscheinen.

Wenn man lieber die Ansicht vertritt, die Erinnerungsoberfläche werde nur durch irgendeine andere informationsverarbeitende Tätigkeit manipuliert, dann bleibt die Frage offen, wie diese andere Tätigkeit funktioniert. Dieses Buch befaßt sich nur mit dem Verhalten der speziellen Erinnerungsoberfläche, die es der Information ermöglicht, sich selbst zu organisieren. Eine manipulierende Tätigkeit von außen ist für dieses System nicht erforderlich, sie ist aber deshalb nicht ausgeschlossen. In diesem Buch liegt der Nachdruck auf der Informationsverarbeitung. Zuerst befaßt sich die Erinnerungsoberfläche damit, definitive Muster aus einer verworrenen Umgebung zu gewinnen und diese Muster zu etablieren. Sobald das geschehen ist, braucht die Erinnerungsoberfläche nur einen Anstoß aus der Umgebung, um die schon etablierten Muster

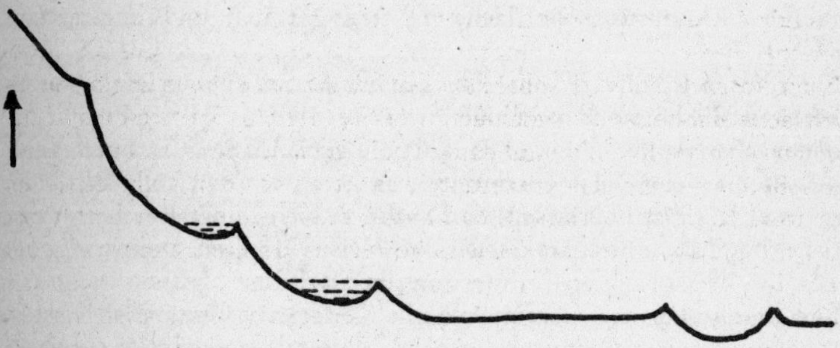

wieder hervorzurufen. Das sind keine verschiedenartigen, voneinander unabhängigen Vorgänge. Zwischen ihnen findet ständig ein Ausgleich nach der einen oder nach der anderen Seite statt.

Denkverhalten auf der speziellen Erinnerungsoberfläche

Welche Art Denken ist das, das sich aus der Art und Weise ergibt, wie die spezielle Erinnerungsoberfläche organisiert ist? Welches spezielle Verhalten entspringt der besonderen Beschaffenheit dieses speziellen System-Typs? Das System zeigt ein charakteristisches Verhalten, das Vor- und Nachteile hat. Die Nachteile sind untrennbar mit den Vorteilen verquickt, denn sie sind auf ein und denselben Vorgang zurückzuführen. Das leuchtende Gefieder eines Vogels macht ihn attraktiver und leichter auffindbar für das Weibchen, aber es macht ihn auch auffälliger für ein Raubtier.

Das natürliche Verhalten des Systems wird zuerst erörtert, und dann werden die impliziten Grenzen dieses natürlichen Verhaltens explizit gemacht.

Die Reaktion der Erinnerungsoberfläche auf ein Bild, das ihr angeboten wird, ist bisher der Hauptgegenstand der Überlegungen gewesen. Muster sind als direkte Reaktionen auf das angebotene Bild behandelt worden, ebenso wie eine Fotografie eine direkte Reaktion auf die Szene vor der Kamera ist. Aber sobald die Muster einmal auf der Erinnerungsoberfläche etabliert sind, geschieht vieles auf der Erinnerungsoberfläche, das keine direkte Reaktion auf das angebotene Bild mehr ist. Ein angebotenes Bild kann einen Aktivierungsfluß über die Oberfläche auslösen, und dieser Fluß kann zu anderen Dingen führen, die kaum noch etwas mit dem Bild zu tun haben. Er kann von einer Stelle zur anderen führen und wieder zurück, ohne daß weitere Bilder der Oberfläche angeboten werden müßten, um die Dinge in Gang zu halten. Diesen Fluß über die Erinnerungsoberfläche könnte man Denken nennen. Dabei darf man auf keinen Fall außer acht lassen, daß die spezielle Erinnerungsoberfläche ein passives, mechanisches System ist. Sie tut tatsächlich nie etwas. Information bringt die Erhebungen und Vertiefungen hervor, und die Aufmerksamkeit bewegt sich entlang diesen Konturen, wie Wasser in unebenem Gelände, einmal in dieser Richtung, einmal in jener, einmal innehaltend und dann wieder weiterfließend. Das Wasser hinterläßt seine Spur auf dem Boden, aber der Boden setzt sich nicht selbst in Bewegung, um das Wasser zu leiten.

Eine Zeitlang war es modern, den Versuch zu machen, die Bausteine von Denkprozessen zu beschreiben. Es wurde angenommen, daß der Verstand Bilder oder Begriffe aneinanderführt, um zu denken. Die Aufmerksamkeit, so wurde angenommen, werde von einem Bild zum anderen geleitet, um dem Denken einen Weg zu bahnen. Auf der speziellen Erinnerungsoberfläche sind Bilder nicht die Bausteine für das Denken, noch beeinflussen sie in irgendeiner Weise den Gedankenfluß. Die Bilder sind lediglich Hinweise dafür, daß der Aktivierungsfluß lange genug innegehalten hat, um ein Bild zu erzeugen. Das Bild lenkt den Aktivierungsfluß ebenso wenig, wie der Anblick eines Zuges am Bahnhof die Strecke dieses Zuges bestimmt.

Auf Seite 134 wird eine teppichähnliche Oberfläche gezeigt, die eine Reihe von Vertiefungen aufweist. In die erste Vertiefung wird Wasser gegossen und der Rand des Teppichs, wie dargestellt, langsam angehoben. Das Wasser ist gezwungen, sich über die Oberfläche des Teppichs zu bewegen. In einer Vertiefung wird es sich sammeln, dann zu einer angrenzenden Vertiefung fließen und anschließend ohne Pause zu einer weiter entfernten Vertiefung. Das ist die Art und Weise, wie sich der Aktivierungsbereich über die spezielle Erinnerungsoberfläche bewegt. Manchmal sind die Pausen miteinander verbunden, und an solchen Stellen scheint eine Folge von Bildern zu entstehen. Manchmal gibt es eine Lücke, wenn sich der Fluß ohne Pause zu einem fernen Bild bewegt. Manchmal hört die Aktivierung in einem Bereich allmählich auf und beginnt in einem ganz anderen Bereich wieder neu, statt über diesen Bereich hinwegzuziehen. Diese Verhaltensweise hängt direkt mit der Art zusammen, wie die Oberfläche organisiert ist.

Der Einfachheit halber wird der in diesem Buch beschriebene Weg des Gedankenflusses im allgemeinen als Folge miteinander verknüpfter Bilder angesehen, wie sie von den miteinander verbundenen d-Linien angedeutet werden. Das schließt keineswegs aus, daß es Bilder gibt, die einander nicht folgen oder sogar bildloses Denken.

22.

Denken

Statt immer wieder darauf hinzuweisen, daß ein aktivierter Bereich von einem Teil der Erinnerungsoberfläche zum anderen fließt, wird von jetzt an das Denkverhalten allein an Hand der d-Linien-Diagramme erörtert. Denken ist der Aufmerksamkeitsfluß entlang den d-Linien-Bahnen.

Diese schlichte Feststellung impliziert zweierlei. Erstens, daß es bereits etablierte d-Linien-Bahnen gibt, und zweitens, daß es Regeln gibt, die den Fluß steuern. Nach dieser Vorstellung kann das Denken selbst keine neuen Bahnen etablieren, sondern nur denen folgen, die schon da sind. Die Abfolge und sogar die Richtung des Flusses können sich ändern, aber die grundlegenden Bahnen bleiben unverändert. Wie Bahnen geändert werden können, wird in einem späteren Abschnitt behandelt. Dieser Abschnitt befaßt sich mit dem Fluß entlang den etablierten Bahnen.

Viele schmale Straßen in England erweitern sich plötzlich zu breiten, doppelspurigen Fahrbahnen. Auf ihnen fließt der Verkehr schnell und mühelos. Dann, nach ein paar hundert Metern oder vielleicht auch nach einigen Kilometern hört die doppelspurige Fahrbahn auf, und die schmale Straße beginnt wieder. Ähnlich wie bei den d-Linien-Bahnen gibt es Teile, die stark hervorgehoben werden und als getrennte Einheiten ins Auge fallen. Sobald man eine solche Einheit erreicht, wird der Fluß rasch und sicher und bleibt so bis ans Ende der Einheit. Das ganze d-Linien-Muster kann als eine Reihe solcher Einheiten betrachtet werden, die durch weniger gut etablierte Bahnen miteinander verbunden sind. Mit der Zeit tendieren die Einheiten dazu, immer größer zu werden, wenn die Verbindungsbahnen besser etabliert sind und getrennte Einheiten sich zu größeren Einheiten zusammenschließen. Dennoch verlieren die Einheiten bei diesem Prozeß nicht ihre Identität, denn jede Hervorhebung, die die Verbindungsbahn etabliert, etabliert auch die ursprünglichen Einheiten fester. Dieser Prozeß wird auf Seite 138 gezeigt, wo zwei getrennte Einheiten aufeinandertreffen und eine größere Hintergrundeinheit bilden, wobei sie selbst jedoch getrennt bleiben. Wie schon früher erwähnt, hat diese Vergrößerungstendenz der Einheiten zur Folge, daß das Muster des Denkflusses weniger flexibel wird.

Selektion, Auswahlvermögen und Präferenz sind charakteristisch für den aktivierten Bereich auf der Erinnerungsoberfläche und daher auch für die Aufmerksamkeitsspanne und den Denkfluß entlang den d-Linien. Tatsächlich wählt sich die Bahn selbst aus. Aber es ist bequem (so egozentrisch sind wir), davon zu sprechen, daß sich der Fluß eine Bahn auswählt.

Selbst entlang dem grundlegenden d-Linien-Muster kann der Fluß verschiedene Richtungen einschlagen. Einmal indem er, wann immer er die Wahl hat, eine bestimmte Bahn einschlägt, und zum andern indem er die verschiedenen d-Linien-Fragmente in einer bestimmten Reihenfolge erfaßt. Von welchen Faktoren hängt die Wahl der Bahn ab?

Der erste Faktor ist Vertrautheit, das heißt der Hervorhebungsgrad der d-Linie. Das ist der Langzeitgedächtnis-Effekt, die permanent gesenkte Schwelle. Der zweite Faktor ist die Bahn, die bis zu dem fraglichen Punkt verfolgt wurde. Aus dieser Bahn ergibt sich die Folge der Aufmerksamkeitsbereiche, der Kontext. Damit eine bestimmte Bahn eingeschlagen wird, sollte sie nach Möglichkeit in der Flußlinie liegen. Auch das Kurzzeitgedächtnis und der Ermüdungsfaktor können Einfluß darauf ausüben, ob eine bestimmte Bahn eingeschlagen wird oder nicht. Schließlich wird immer ein internes Bedürfnis ein Faktor von ausschlaggebender Bedeutung sein, wann immer ein internes Muster wirksam wird.

Im großen und ganzen sind die beiden Faktoren, die die Wahl der Bahn beeinflussen, der Grad der Etabliertheit dieser Bahn durch Wiederholung und der Bewegungsablauf. Das wird auf Seite 139 gezeigt. Unter (a) hält sich die Aufmerksamkeitsfolge an die von zwei möglichen Bahnen besser hervorgehobene Bahn. Unter (b) und (c) hält sich die Aufmerksamkeitsfolge zuerst an eine Bahn und dann an die andere, je nach dem Ausgangspunkt des Bewegungsablaufs. In beiden Fällen endet sie an derselben Stelle, aber würde das mit Y bezeichnete Bindeglied fehlen, dann würde

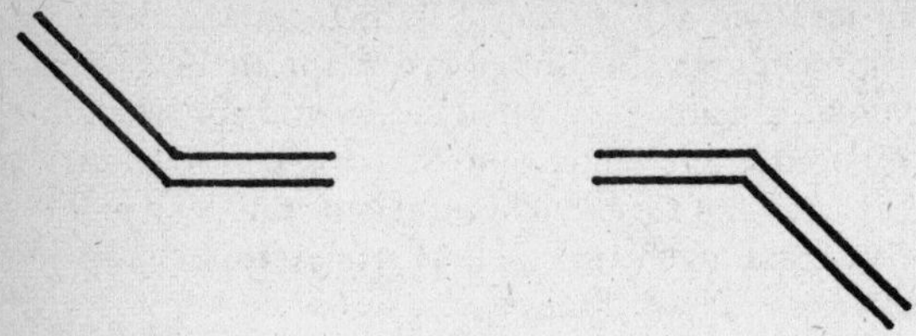

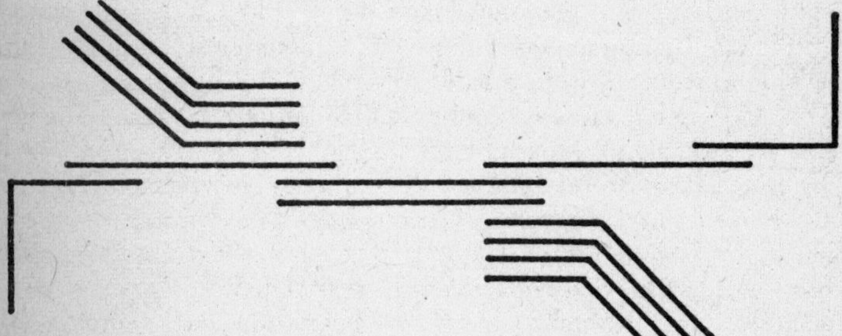

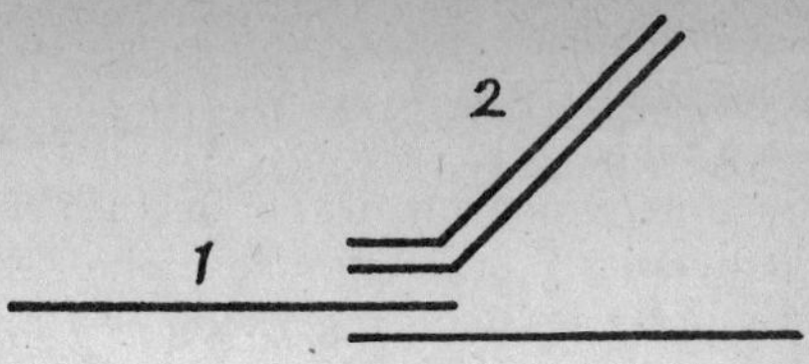

(a)

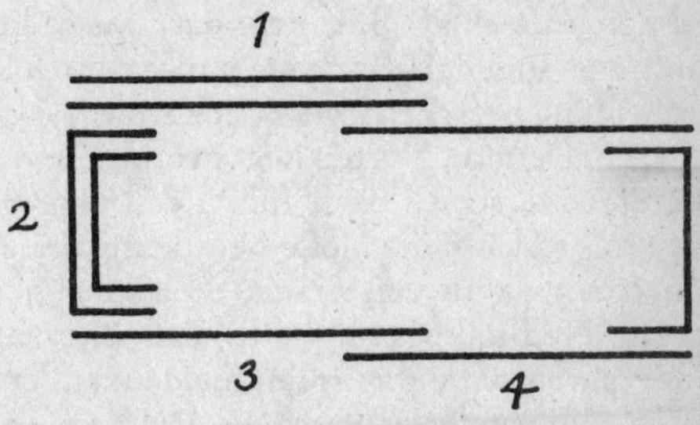

(b)

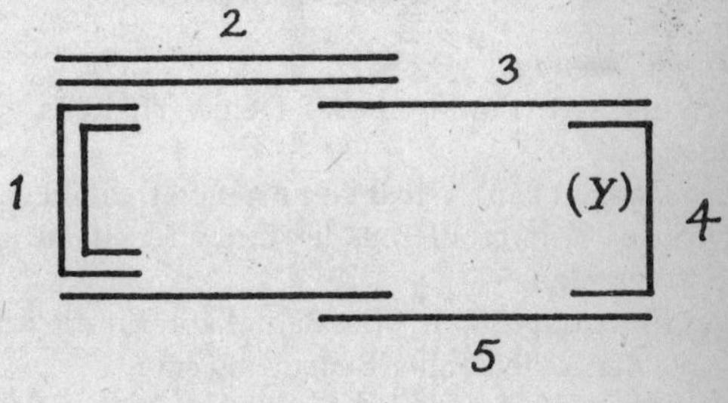

(c)

sie an einer anderen Stelle enden.

Wie groß muß der Unterschied zwischen zwei Alternativbahnen sein, damit eine von ihnen gewählt wird? Wie schon früher erwähnt, reicht der geringste Unterschied aus. Das ergibt sich aus dem selbstmaximierenden Verhalten der Erinnerungsoberfläche. Ob der Attraktivitätsunterschied zwischen zwei Bahnen gewaltig oder minimal ist, spielt keine Rolle. Die Bahn, die einen Vorteil bietet, wird gewählt. Wichtig ist die Größe des Unterschieds allein insofern, als ein großer Unterschied wahrscheinlich dauerhafter ist als ein geringer Unterschied, der schon durch eine Veränderung weniger Umstände ins Gegenteil verkehrt werden könnte.

Der offensichtliche Vorteil dieses Systems, bei dem ein minimaler Unterschied den Ausschlag gibt, liegt darin, daß die Wahl einer Bahn immer definitiv ist und daß das System nicht durch Unentschlossenheit bei der Entscheidung zwischen zwei Bahnen, die fast gleich sind, blockiert werden kann. Ein weiterer Vorteil liegt in folgendem Sachverhalt. Wenn ein temporärer Unterschied dazu führt, daß eine Bahn einer anderen vorgezogen wird, so kann die bloße Benutzung dieser Bahn den Unterschied betonen und damit verstärken. So werden geringe Unterschiede vergrößert. Der Nachteil besteht darin, daß Alternativbahnen, die sich kaum von der gewählten Bahn unterscheiden, außer acht gelassen werden, als ob sie völlig andersartig wären. Es ist so, als ob man bei einem Hundertmeterlauf mit nur 0,1 Sekunde Unterschied als Zweiter ankommt oder bei einem Tausendmeterlauf mit einem halben Meter Rückstand. Aber man ist eben Zweiter, und nur der Sieger wird anerkannt. Bei dem auf Seite 141 gezeigten d-Linien-Diagramm wird der geringste Unterschied in der Etabliertheit von A und B den Fluß veranlassen, B zu folgen, und die Bahn A völlig zu ignorieren.

Zusammenfassung

Die interessanten Punkte dieses Denkverhaltens des Systems sind die folgenden:

1. Das Denken kann selbst keine neuen Bahnen etablieren.
2. Mit der Zeit tendieren die Einheiten dazu, größer und weniger flexibel zu werden.
3. Der Eintrittspunkt in eine Bahn kann für die Richtung, die der Fluß nimmt, von entscheidender Bedeutung sein.
4. Der kleinste Unterschied reicht aus für die Selektion einer Bahn.

Diese Punkte erfassen das Verhalten des Systems nicht völlig, aber sie greifen verschiedene interessante Dinge heraus, die sich direkt aus dem Wesen des Systems ergeben.

Änderungen in etablierten Mustern

Der Fluß des Denkens in einer bestimmten Bahn verändert diese Bahn nicht grundlegend, sondern tendiert eher dazu, sie zu verstärken. Wie

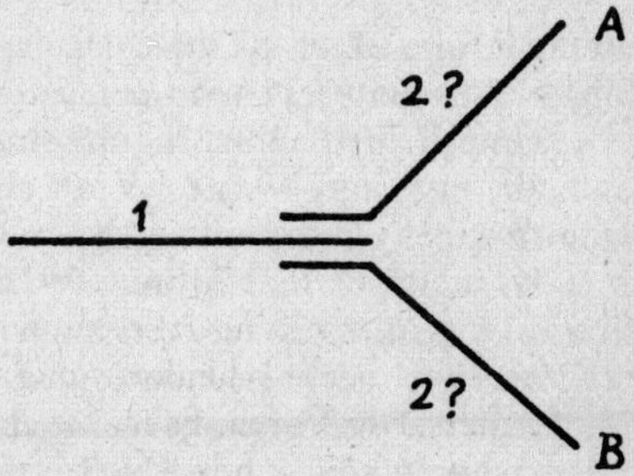
A
2?
1
2?
B

ändern sich dann jemals die etablierten Muster, die etablierten Bahnen, die d-Linien-Diagramme?

Die etablierten Muster repräsentieren die natürliche Entwicklung eines Musters. Sie kommen zustande durch die Selbstorganisation der ankommenden Information. Das zufällige Zusammentreffen mit gewissen Situationstypen, die zufällige Reihenfolge, in der die einzelnen Informationen gesammelt werden, all das wirkt sich auf die Entwicklung des etablierten Musters aus. Aus diesem Grunde ist das natürliche Muster vielleicht nicht gerade das beste. Da kommen Lernen und Erziehung gelegen – als Versuche, das natürliche Muster zu verbessern. Durch welche Prozesse werden die natürlichen Muster geändert?

Erweiterung

Die einfachste Veränderung eines d-Linien-Diagramms könnte durch Erweiterung erfolgen. Auf Seite 143 wird ein Teil eines d-Linien-Diagramms gezeigt, das einfach durch Hinzufügung eines zusätzlichen Aufmerksamkeitsfragments erweitert wurde. Wenn ein neues Muster (E) gleich neben das im d-Linien-Diagramm (A) gezeigte Muster gestellt würde, dann würde das praktisch dazu führen, daß die beiden durch den Kurzzeitgedächtnis-Faktor miteinander verknüpft würden. Die Verknüpfung könnte sofort stattfinden, sie könnte aber auch eine Reihe von Wiederholungen erfordern. Der Vorgang ist eine einfache Erweiterung, ein einfaches Addieren-Lernen. Es ist ungefähr so, als ob Sie wüßten, daß hinten im Garten ein Busch steht, der leuchtend rote Beeren trägt. Eines Tages pflücken Sie eine Beere und stellen fest, daß sie gut schmeckt. Das Muster Garten, Busch und Beeren ist jetzt erweitert und enthält auch den Geschmack der Beeren. Oder es ist, als ob Sie in einem großen Büro arbeiteten und wiederholt bei den Mahlzeiten ein hübsches blondes Mädchen in der Kantine bemerkten. Eines Tages erfahren Sie ihren Namen. Und dann erfahren Sie, wo sie arbeitet. Und so weiter. Das Muster erweitert sich allmählich.

Ablenkung

Wenn alles Lernen eine Frage der einfachen Erweiterung wäre, dann würde es sich bei der Erziehung lediglich darum handeln, Gelegenheiten für einfache Erweiterungen zu schaffen, um sehr nützliche Muster aufzubauen. Die Verwendbarkeit bestimmter Muster müßte sorgfältig ausgeklügelt werden, aber das wäre auch schon alles. Leider kann aber auch der Fall eintreten, daß das natürliche Muster, das sich entwickelt hat, geändert werden muß. Und das ist nicht bloß eine Frage der Erweiterung, sondern eine Frage der Ablenkung. In gewisser Beziehung ist Ablenkung nichts anderes als Erweiterung unter Konkurrenzbedingungen. In dem d-Linien-Diagramm auf Seite 145 würde sich ein natürlicher Fluß an die gezeigte Abfolge halten. Lernen würde eine Änderung dieses Musters zur Folge haben, so daß der Fluß statt dessen der gestrichelten Linie folgt.

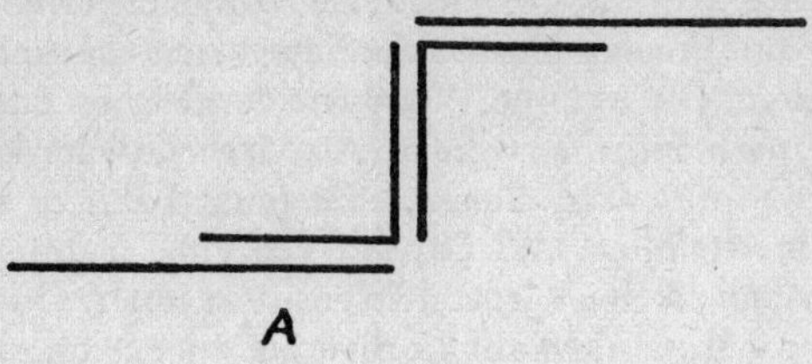
A

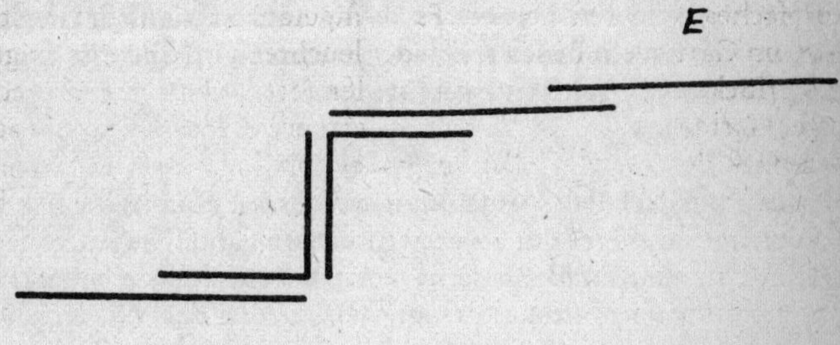
E
A

Es ist nicht einfach, diese Ablenkung herbeizuführen, denn man kann das ursprüngliche Muster nicht einfach wiederholen und ein Stückchen anhängen wie bei einer gewöhnlichen Erweiterung. Jede Wiederholung des ursprünglichen Musters würde die falsche Bahn verstärken und so die Ablenkung noch schwieriger machen.

Man kann sich die Dominanz innerer Muster auf der Erinnerungsoberfläche zunutze machen, um die natürliche Bahn zu sperren, wie in Skizze (c) auf Seite 146 gezeigt. Das würde Kategorien wie Angst oder Bestrafung einbeziehen. Die Art und Weise wie dergleichen tatsächlich funktioniert, soll später besprochen werden. Als Methode wäre das ziemlich wirkungslos. Es könnte dazu dienen, eine ganze Bahn zu sperren, aber es wäre unwahrscheinlich, daß nur ein Teil einer Bahn gesperrt würde. Die andere Möglichkeit ist, irgendein positives inneres Muster zu benutzen, um die Aufmerksamkeit auf die divergierende Bahn zu lenken in der Hoffnung, daß diese sich dann mit der Hauptbahn verbindet. Das führt weiter zu einem interessanten Punkt, der durch die d-Linien-Zeichen angedeutet wird.

Wie in Skizze (e) auf Seite 147 gezeigt, müßte es leichter sein, die neue Bahn anzuschließen, wenn man tatsächlich mit dieser Bahn beginnt und sich rückwärts bewegt, als wenn man vorne anfängt und sich von da aus vorwärts bewegt.

Die positive Hervorhebung der divergierenden Bahn ist gewissermaßen eine Methode zurückzugehen, da die Aufmerksamkeit zuerst auf das neue und hervorgehobene Fragment gerichtet wird und erst dann auf die Bahn, über die es erreicht werden kann.

Präferenz

Das ist ein Sonderfall des Ablenkungsprozesses. Hier ist die Bahn bereits etabliert, aber weniger gut als eine Alternativbahn. Die Aufgabe besteht darin, die unbenutzte Bahn so hervorzuheben, daß sie benutzt werden kann. Es muß noch einmal gesagt werden: bei der Wiederholung des ganzen Musters würde die Tendenz bestehen, die falsche Bahn hervorzuheben. Hier gilt dasselbe, was zu dem Ablenkungsprozeß bemerkt wurde. In einem Punkt weichen Präferenz und Ablenkungsprozeß allerdings voneinander ab. Die Ablenkungsbahn könnte getrennt ausgebaut werden, und dann könnte man versuchen, sie an die Hauptbahn anzuschließen. Die unbenutzte Bahn kann nicht getrennt ausgebaut werden, da sie schon ein Teil des Musters ist.

All diese Methoden, das etablierte Grundmuster zu ändern, gehen schrittweise vor. Gewöhnlich erfordern sie häufige Wiederholungen, ehe die Verbindung hergestellt ist. Aber was geschieht in Fällen, in denen man plötzlich etwas lernt, sozusagen blitzartig? Wie kommt diese gleichsam intuitive Änderung des etablierten Musters zustande?

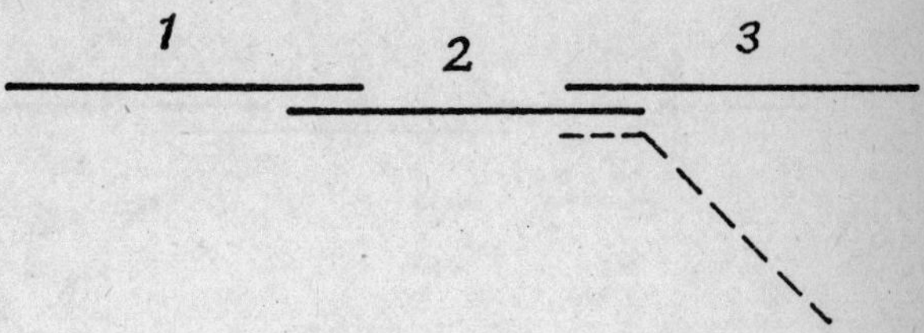

(a)

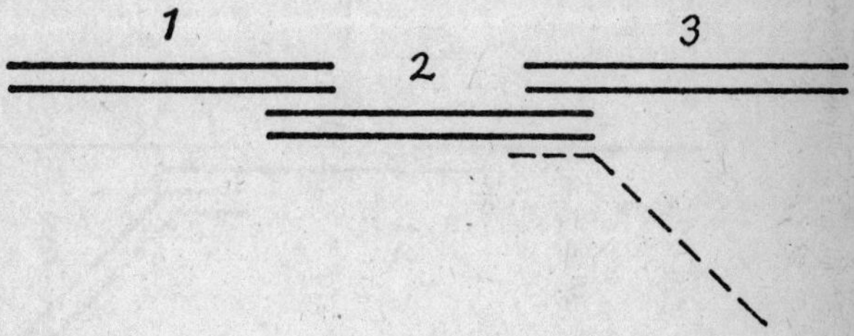

(b)

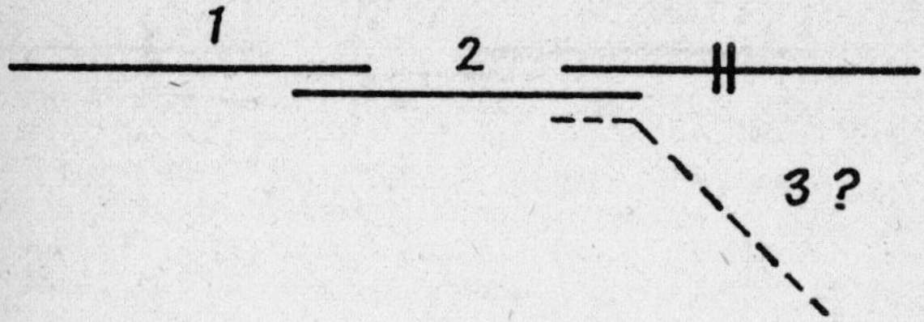

(c)

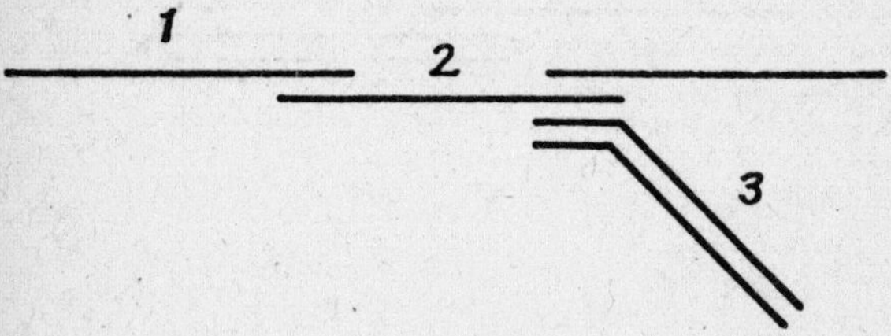

(d)

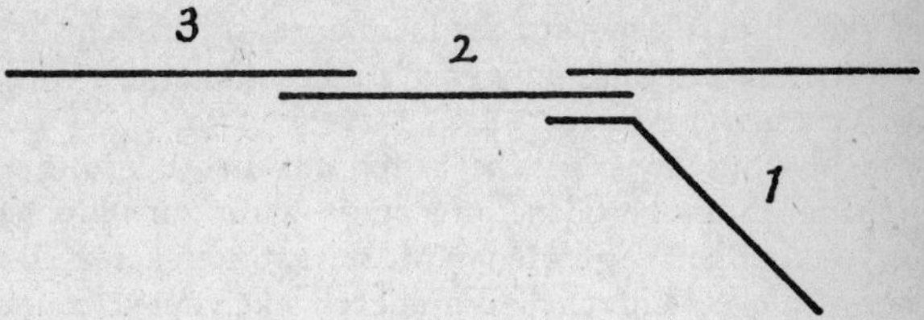

(*e*)

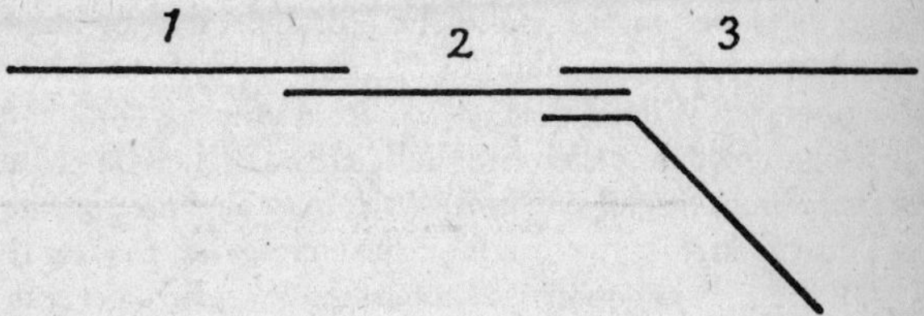

(*f*)

Plötzliche Veränderungen des etablierten Musters

Wenn man Auto fährt, kann es geschehen, daß man in einiger Entfernung vor sich auf der Straße undeutlich einen Gegenstand sieht. Wenn man näher kommt, scheint der Gegenstand ein Wagen zu sein, der bei einem Unfall in den Straßengraben gefahren ist. Dann plötzlich verwandelt sich das Bild in einen Bagger, der neben der Straße einen Graben aushebt. Interessant ist der plötzliche Wechsel von einer Interpretation zu einer anderen. Das Bild des Gegenstandes auf der Straße läßt ein weiterentwickeltes Muster auf der Erinnerungsoberfläche hervortreten. Dann ändert sich das Bild ein wenig, und es gibt eine Verschiebung zu einem völlig anderen Muster.

Es ist nicht sehr schwierig zu begreifen, daß die Änderung eines Bildes, das der Erinnerungsoberfläche angeboten wird, zur plötzlichen Änderung des von ihm hervorgerufenen Musters führen kann. Das plötzliche Umschalten spiegelt einfach die Veränderlichkeit der selbstmaximierenden Organisation der Erinnerungsoberfläche wider. Ein Muster, das nur etwas wahrscheinlicher wird, wird plötzlich sehr wahrscheinlich.

Schwieriger zu verstehen ist, wie sich die Interpretation plötzlich und grundlegend ändern kann ohne die geringste Änderung des Bildes. Auf den Seiten 149, 150, 151 und 152 wird ein Linienmuster sternförmig in ein Sechseck eingezeichnet. Aber wenn Sie dieses Muster ganz scharf betrachten, dann sehen Sie vielleicht plötzlich, daß es auch für einen Stapel von drei Würfeln gehalten werden könnte, wobei die oberste Fläche des obersten Würfel dort ist, wo ein A eingezeichnet ist. Wenn Sie weiter hinschauen, bemerken Sie vielleicht, daß sich das Muster weiter verändert zu einem Stapel von drei Würfeln, wobei die oberste Fläche des obersten Würfel dort ist, wo ein B eingezeichnet ist. Es könnte behauptet werden, daß die hier gegebenen Hinweise in Wirklichkeit verantwortlich sind für das Umschalten, aber das Umschalten kann tatsächlich auch ohne solche Anweisungen geschehen. Wie kommt es dann, daß ein und dasselbe angebotene Bild zu so verschieden weiterentwickelten Mustern führen kann?

Die Lösung einer schwierigen Aufgabe kann sich durch einen intuitiven Einfall in einem Augenblick des Heureka einstellen. Dazu ist keine neue Information nötig, sondern die ganze Sache kann sich mit einemmal neu strukturieren und so ein völlig andersartiges Muster ergeben. Kann sich dergleichen auf der speziellen Erinnerungsoberfläche ereignen? Wenn der Gedankenfluß das d-Linien-Muster tatsächlich gar nicht verändert, wie kann dann ein neues Muster einfach als Ergebnis des Denkflusses auftauchen?

Interessant ist nicht nur, daß ein neues Muster ganz plötzlich auftaucht ohne eine sichtbare Änderung der äußeren Situation, sondern auch, daß es sofort permanent wird. Das ist merkwürdig angesichts der Tatsache, daß die anderen Methoden, das grundlegende Muster zu ändern, zu stufenweisen Änderungen führen.

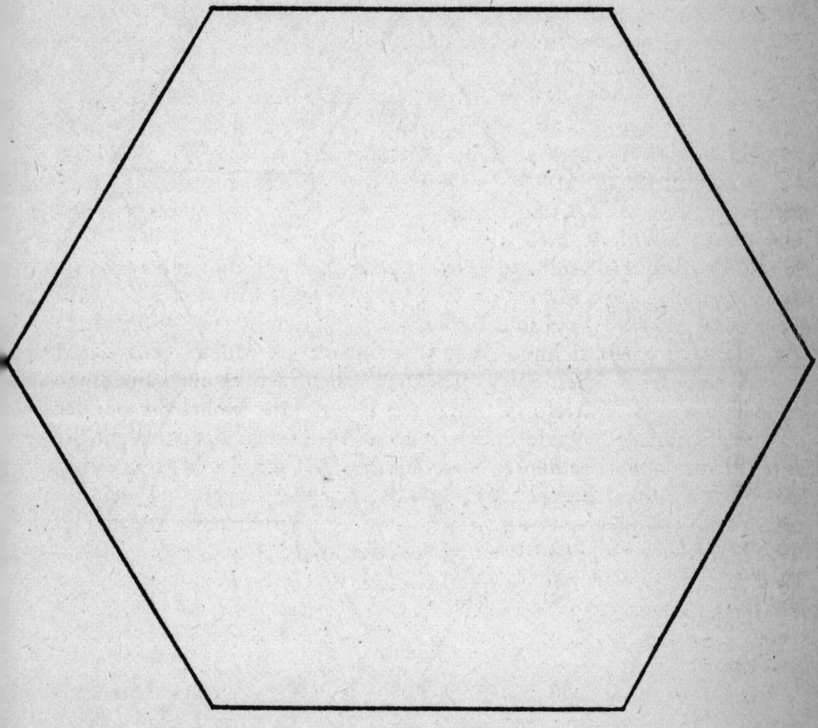

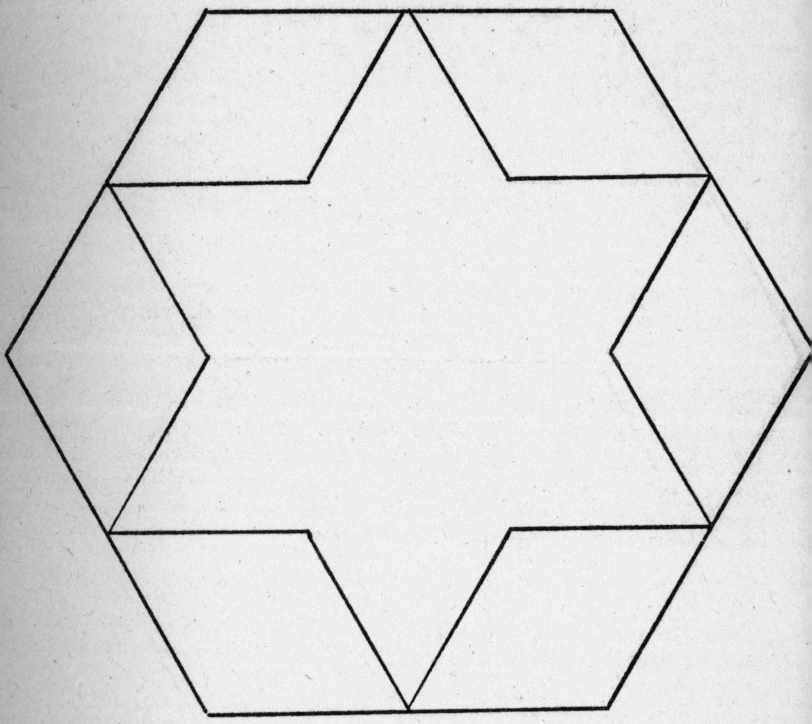

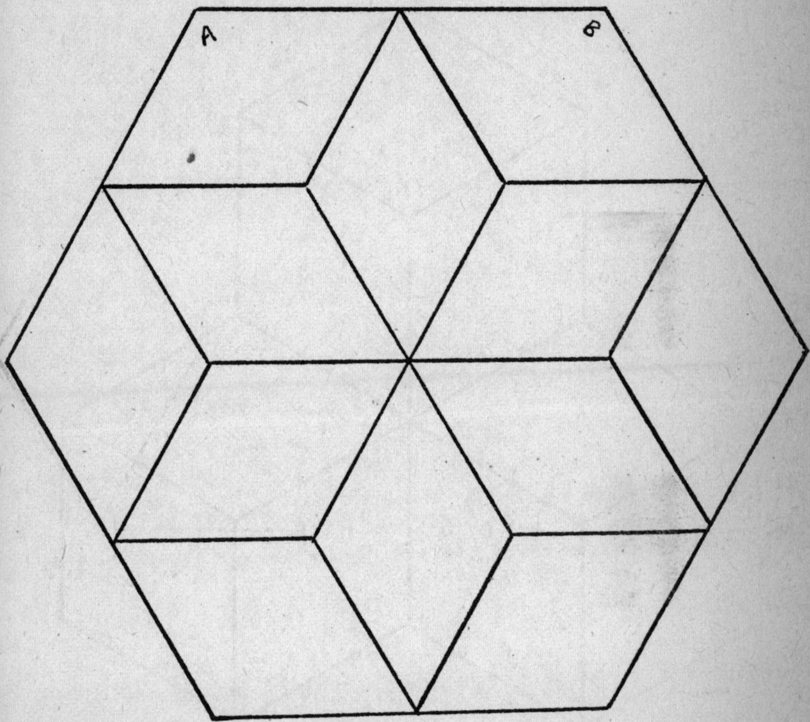
A
B

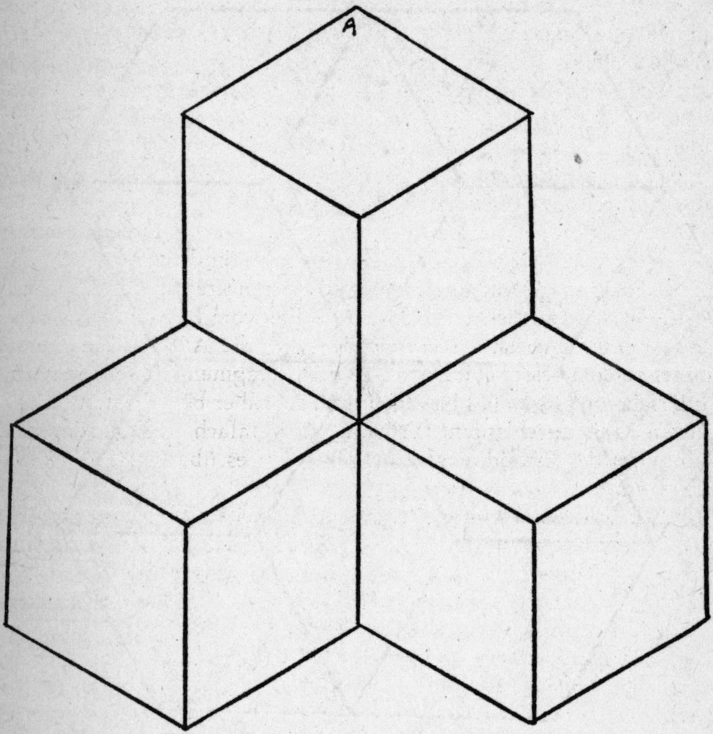
A

23.

Intuition

Es gibt zwei geeignete Modelle der Intuitions-Situation. Zu dem ersten Modell gehört das, was man Kurzschließen nennen könnte. Etwas, das langwierig und umständlich auszuführen ist, wird plötzlich auf rasche und geschickte Weise erledigt. Sobald es einmal so gemacht worden ist, ist es derart einleuchtend, daß sich jeder sagt: «Natürlich, warum habe ich nicht schon früher daran gedacht?» Man muß sich das ungefähr so vorstellen, als ob man seit langem auf einem umständlichen Weg zu seinem Lieblingsrestaurant fährt und plötzlich entdeckt, daß das Restaurant durch eine Seitenstraße bequem zu Fuß zu erreichen ist. Das zweite Modell ist die Heureka-Situation. Man steht vor einer unlösbaren Aufgabe, und plötzlich wird die Lösung durch einen intuitiven Einfall und ohne weitere Information klar. Beide Situationen könnten durchaus auch auf der speziellen Erinnerungsoberfläche eintreten.

Die Situation des Kurzschließens wird in einem d-Linien-Diagramm auf Seite 154 gezeigt. Die Folge der Aufmerksamkeitsbereiche beginnt hier in Position (A) und durchläuft den ganzen Kreis, bis die Aufgabe bei Position (B) erfüllt ist. Es sind neun Stufen vom Beginn bis zum Ende. Diese Reihenfolge ist unvermeidbar, denn die Aufmerksamkeit muß immer zu dem besser etablierten d-Linien-Fragment fließen. So muß der Fluß sich von (A) zu (C) bewegen, und sobald er bei (C) ist, muß er den ganzen Kreis durchlaufen. (Er kann nicht einfach zurückströmen. Das verhindert der Ermüdungsfaktor, ohne den es überhaupt keinen Fluß geben würde.)

In dem zweiten d-Linien-Diagramm auf Seite 154 ist die Anordnung genau dieselbe, nur umfaßt die Folge diesmal lediglich drei Stufen statt neun. Ein Kurzschluß hat stattgefunden. Genau dieselben d-Linien-Fragmente sind da, genau derselbe Grad der Hervorhebung. Wie ist dieses Kurzschließen oder dieser intuitive Einfall zustande gekommen? Die Erklärung ist überraschend einfach. Wenn der erste Aufmerksamkeitsbereich (C) ist, dann muß der Fluß auf (A) gerichtet sein, denn (A) ist besser etabliert; und sobald (A) erreicht ist, setzt sich der Fluß unmittelbar in Richtung auf (B) in Bewegung. Es hängt alles davon ab, wo die Aufmerksamkeit einsetzt.

In dem Beispiel oben hat sich ein intuitiver Einfall einfach dadurch eingestellt, daß ein Teil der Aufgabe vor einem anderen betrachtet wurde. Eine ganz geringe Verschiebung der Aufmerksamkeit kann diesen gewaltigen Unterschied bewirken. Die Betonung liegt auf gering. Wie kommt also diese geringe Aufmerksamkeitsverschiebung zustande?

Das auf Seite 154 gezeigte d-Linien-Diagramm dürfte niemals isoliert auftreten, es dürfte dem Fluß irgendeines anderen d-Linien-Musters folgen, und dieser Fluß dürfte dann in das gezeigte Muster hineinführen. Je nachdem, wie die früheren Muster beschaffen waren, könnte der Fluß

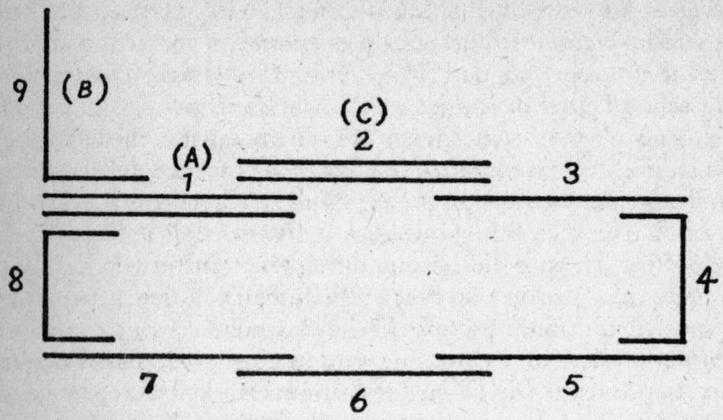
9
(B)
(C)
2
(A)
1
3
8
4
7
6
5

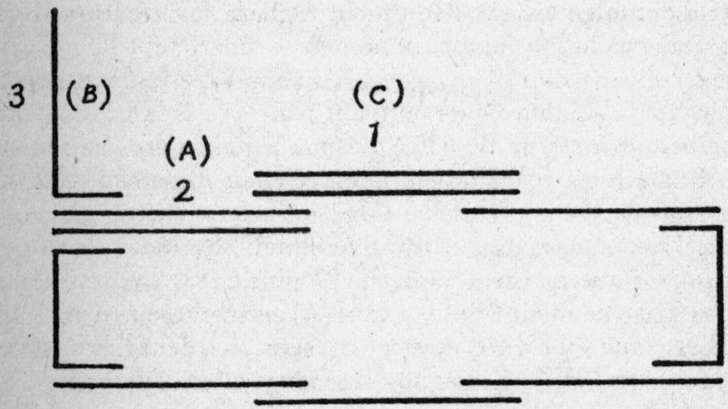
3
(B)
(C)
1
(A)
2

entweder bei (A) oder bei (C) in das gezeigte Muster hineinführen. Der übliche Eintrittspunkt wäre (A), aber wenn der Eintrittspunkt eines Tages, weil man an etwas ganz anderes gedacht hat, (C) wäre, dann würde es zu einem intuitiven Einfall kommen. Es ist unvorstellbar, daß die ganze Gedankenfolge, die durchlaufen werden muß, ehe das Problem erreicht wird, bei jeder Gelegenheit absolut identisch sein sollte. Andererseits kommt es deshalb so selten zu intuitiven Einfällen, weil ein dominierender Eintrittspunkt selbst dann beibehalten werden kann, wenn die vorangegangenen Muster sich geändert haben.

Die Änderung des Eintrittspunkts in das d-Linien-Diagramm des Problems könnte auch zustande kommen durch eine Änderung der inneren Muster. Irgendeine Änderung der Stimmung oder Motivation könnte irgendeinen Teil eines vorangegangenen Musters stärker als gewöhnlich hervorheben, und das würde zu einem ungewöhnlichen Eintrittspunkt führen. Auch ein damals oder früher anwesender äußerer Gegenstand könnte den Eintrittspunkt beeinflussen. Für Archimedes änderte sich der Eintrittspunkt, als er in die Badewanne tauchte, durch die Vorstellung des Wassers. Für Newton änderte sich der Eintrittspunkt, als er in seinem Garten spazierenging und ihm ein Apfel auf den Kopf fiel. Das sind an sich banale Dinge, aber wenn sie dazu dienen, den Eintrittspunkt in eine Problemfolge zu ändern, können sie einen intuitiven Einfall hervorrufen.

Die drei wichtigen Punkte bei dem Phänomen der Intuition sind die folgenden:

1. Die Problemfolge selbst (d.h. die verfügbare Information) bleibt völlig unverändert.

2. Ein neuer Eintrittspunkt in diese Folge kann das Ergebnis deutlich verändern.

3. Die Änderung des Eintrittspunktes kann aus banalen äußeren Gründen zustande kommen, die nicht das Problem selbst, sondern das, was vorangegangen ist, beeinflussen.

Wenn die Lösung bei einer Gelegenheit einmal gefunden worden ist, warum sollte sie dann permanent erhalten bleiben? Hier könnte man das merkwürdige Vergnügen in Betracht ziehen, das eine «blitzartige» oder intuitive Lösung hervorbringt. Sobald das Resultat bekannt ist, verlagert sich die Aufmerksamkeit vom Ausgangspunkt der Aufgabe zum Endpunkt. Am Endpunkt beginnend, bewegt man rückwärts, und da gibt es keinerlei Schwierigkeit bezüglich der Reihenfolge. Man könnte auch sagen, daß die geringen Unterschiede am Anfang, die den unterschiedlichen Eintrittspunkt mit sich brachten, geringfügig verstärkt werden könnten durch die Freude über die Lösung, und so würden sie zum gewöhnlichen Eintrittspunkt. Mit der Zeit würde die Bahn als die dominierende etabliert werden. Es ist wichtig, sich daran zu erinnern, daß intuitive Lösungen genau wie Witze vergessen werden können. Man hat ein unbestimmtes Gefühl, daß es möglich ist, aber man erinnert sich nicht, wie.

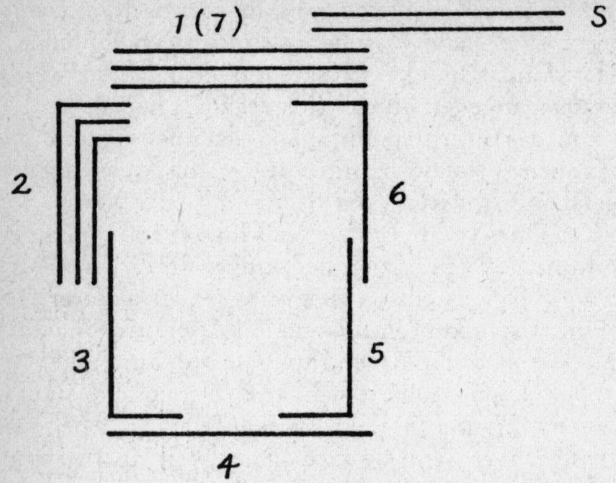
1(7)
S
2
6
3
5
4

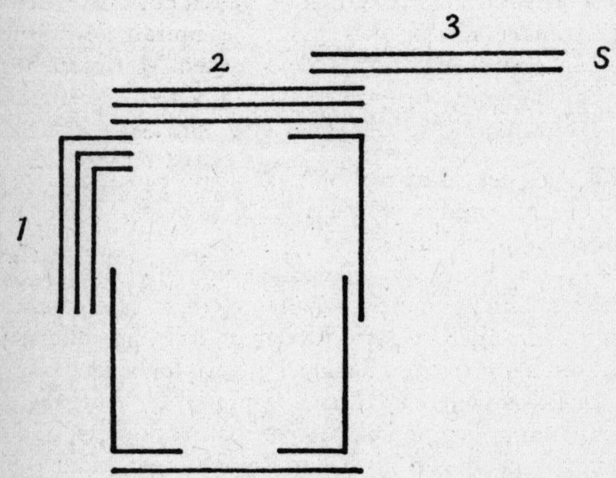
3
2
S
1

Eine weitere Intuitionssituation wird als d-Linien-Diagramm auf Seite 156 gezeigt. In dem oberen Diagramm bewegt sich der Gedankenfluß immer im Kreis herum. Sobald er zum Ausgangspunkt zurückkommt, hat der Ermüdungsfaktor abgenommen, so daß die alte Bahn wieder eingeschlagen werden kann. Ohne jede Veränderung des d-Linien-Musters, nur durch die Änderung des Eintrittspunkts in die Folge entkommt der Fluß dem tückischen Kreislauf und erreicht rasch S, und das ist der Lösungspunkt. Das ist kein Beispiel für Kurzschließen, sondern für ein ungelöstes Problem. Eine leichte Veränderung des Eintrittspunkts in die Folge bringt plötzlich eine Lösung hervor.

Wenn Sie jemandem eine Postkarte und eine Schere geben und ihn auffordern, ein Loch in die Postkarte zu schneiden, das groß genug ist, um den Kopf hindurchzustecken, dann geschieht oft etwas Komisches. Sie erklären ihm, daß das Loch von Postkartenkarton umgeben sein muß, der keine Unterbrechungen oder Nahtstellen aufweisen darf. (Wer es selbst ausprobieren will, sollte hier die Lektüre unterbrechen.)

Die meisten Leute fangen damit an, daß sie in die Postkarte hineinschneiden und versuchen, um den Einschnitt herum, eine Spirale auszuschneiden, wie auf Seite 159 gezeigt. Entweder schneiden sie die Spirale ganz aus, oder sie hören auf, sobald sie sich darüber klar werden, daß sie etwas zustande bringen, das zwei Enden hat. Dann legen sie die Spirale beiseite und setzen den Versuch mit einer neuen Postkarte fort.

Das Faszinierende dabei ist, daß sie mit der Spirale der Lösung schon sehr nahe waren, aber sie nicht erreichen konnten. Man braucht nichts zu tun, als die Spirale nicht als Spirale, sondern als einen langen Streifen anzusehen. Wenn man aufgefordert würde, ein Loch in einen langen Streifen zu schneiden, dann würde man sofort die richtige Methode anwenden. Das wird für die Postkarten-Spirale auf Seite 160 gezeigt. Das entstehende Loch ist groß genug, um den Kopf durchzustecken.

Die Postkartensituation wird auf Seite 161 in d-Linien-Form gezeigt. Man beginnt mit der Postkarte und hat dann irgendeine vage Vorstellung von einem dünnen Postkartenrand. Das führt zu dem Versuch mit der Spirale. Sobald die Spirale fertig ist, kommt es unweigerlich zu der Zwei-Enden-Erkenntnis, und der Weg ist versperrt. Wenn darauf hingewiesen wird, daß die Spirale auch ein Streifen ist, kommt es zur Lösung. Angesichts der Lösung kehrt man dann von dem Schlitz im Streifen zurück zur Spirale und erkennt sie als eine Methode, Streifen zu erzeugen.

Wenn man die zur Spirale zerschnittene Postkarte weglegen müßte und sie dann später wieder zur Hand nähme, wäre man vielleicht besser imstande, sie als Streifen und nicht als Spirale zu sehen. Interessant ist, daß Zuschauer, die beim Ausschneiden der Spirale nicht beteiligt waren, leichter den Streifen sehen und die Lösung finden.

Es könnte darauf hingewiesen werden, daß es an dem mit «Spirale» bezeichneten d-Linien-Fragment einen Schaltpunkt gab, wo die Wahl

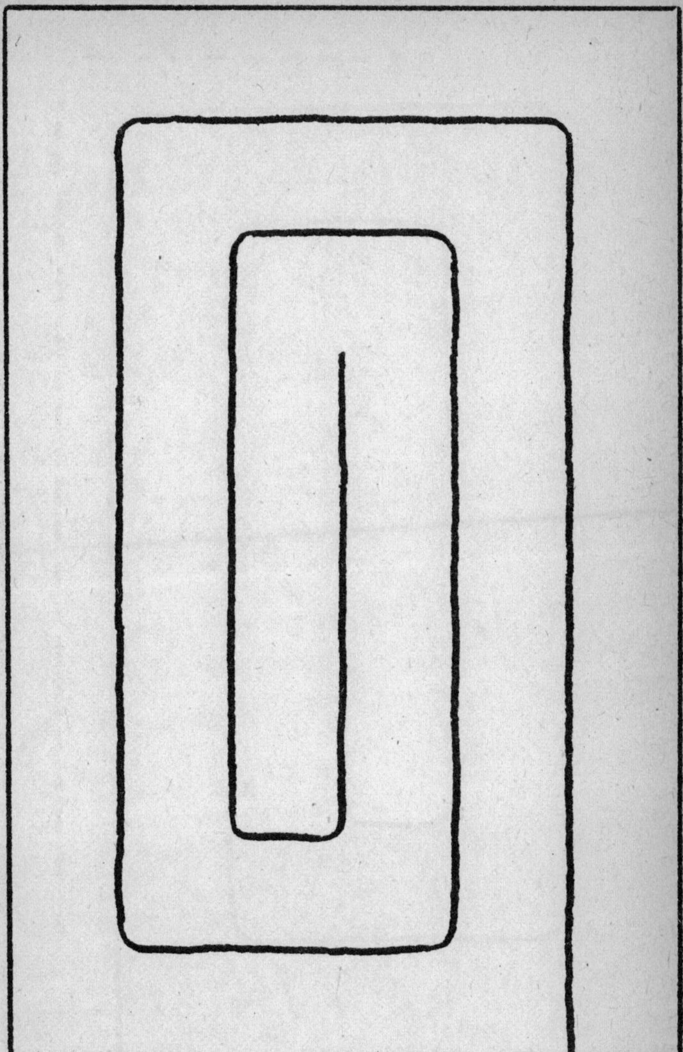

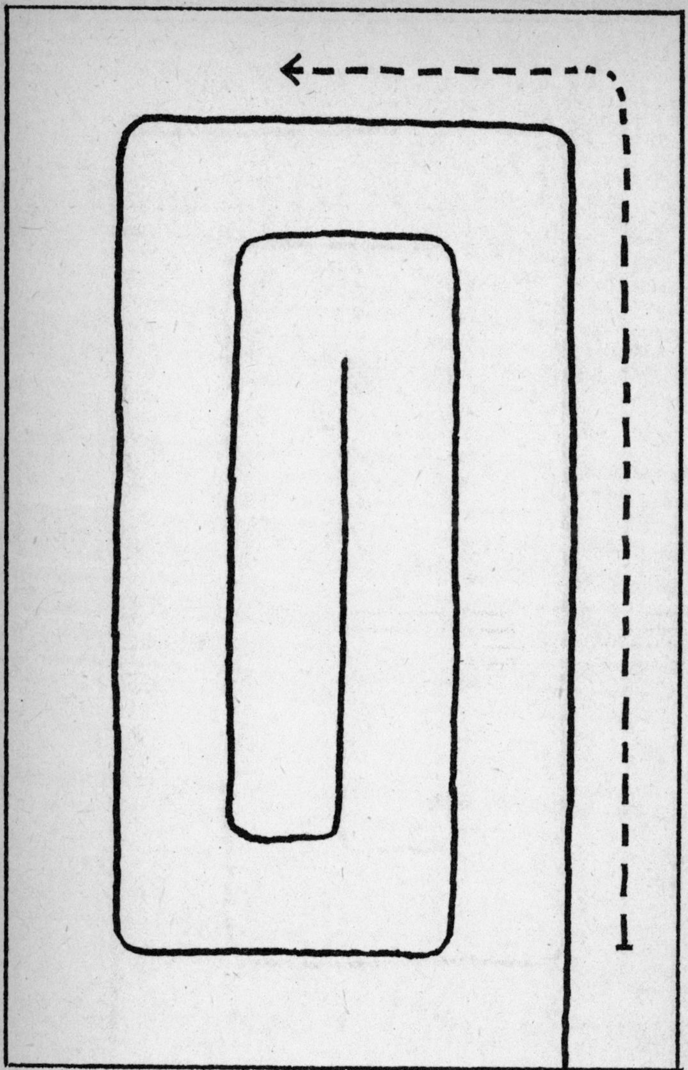

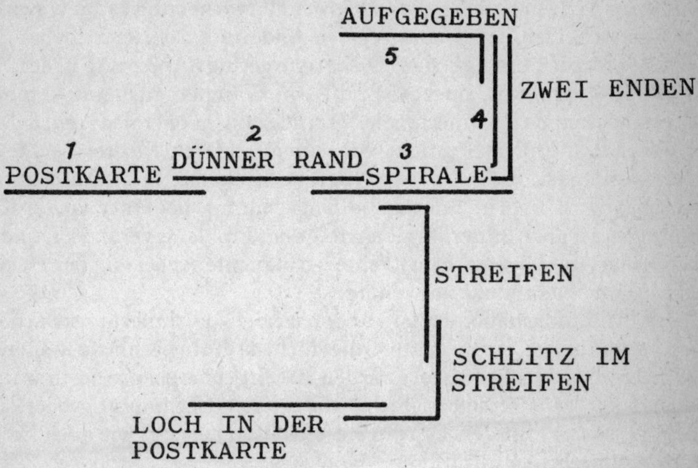
AUFGEGEBEN
5
ZWEI ENDEN
4
2
1
DÜNNER RAND
3
POSTKARTE
SPIRALE
STREIFEN
SCHLITZ IM STREIFEN
LOCH IN DER POSTKARTE

zwischen zwei Bahnen bestand, von denen die eine zu der «Zwei-Enden»-Schwierigkeit und die andere zu dem «Streifen» führte. Eine geringe Hervorhebung an diesem Punkt hätte ausgereicht, um zu bewirken, daß die «Streifen»-Bahn gewählt und die Aufgabe gelöst worden wäre. Zweifellos kommt diese Art der Aufgabenlösung auch auf der speziellen Erinnerungsoberfläche vor. An jedem Punkt, an dem die Wahl zwischen zwei Alternativen besteht, die sich in der Hervorhebung kaum voneinander unterscheiden, kann eine geringe Änderung der Hervorhebung die Lösung plötzlich ermöglichen. Diese sehr geringe Änderung in der Hervorhebung kann aus einer Vielzahl von Gründen zustande kommen, unter anderem durch emotionale Veränderungen oder dadurch, daß das betreffende d-Linien-Segment von einem anderen Muster gerade benutzt worden ist, so daß der erleichternde Effekt des Kurzzeitgedächtnisses noch wirksam ist. Sobald die Umschaltung bei einer Gelegenheit erfolgt ist, ist die Aufmerksamkeitsfolge des Problems verändert, und das konserviert die Lösung. Es ist keine permanente Änderung der Hervorhebung am Schaltpunkt notwendig.

Das Intuitionsphänomen ist auf der speziellen Erinnerungsoberfläche nicht nur möglich, sondern unvermeidlich, da die tatsächliche Reihenfolge, in der die Muster aktiviert werden, das Ergebnis ebenso bestimmt wie die Art der Muster selbst. So ist die spezielle Erinnerungsoberfläche geeignet sowohl für den Typ des stufenweisen Lernens wie auch für den Typ der plötzlichen Intuition.

Der intuitive Typ des Lernens ist außerordentlich wertvoll, weil eine bestimmte Folge von Mustern, die auf diese Weise aufgebaut wurde, durch das zufällige Eintreffen von Information plötzlich neu strukturiert werden kann, um diese Information maximal auszunützen. Dazu kommt noch ein weiterer wichtiger Aspekt: wenn Intuition auf eine Änderung des Eintrittspunktes in eine Folge zurückzuführen ist, dann kann man die Möglichkeit von intuitiven Lösungen bewußt erhöhen. Das könnte erreicht werden, indem die Aufmerksamkeit nicht auf das Problem selbst, sondern auf Begleitumstände des Problems oder auf vorangegangene Ereignisse gelenkt wird, so daß es zu einem anderen Eintrittspunkt kommt. Es könnte aber auch dadurch erreicht werden, daß man die Aufmerksamkeit bewußt an verschiedenen Punkten einsetzen läßt, oder auch dadurch, daß man sie durch zufällige äußere Reize unterbricht. Mit alledem werden wir uns später bei der Behandlung des lateralen Denkens befassen.

Humor und Intuition

Beim Humor findet ein plötzliches Umschalten von einer Art, die Dinge zu betrachten, auf eine andere statt. Das entspricht genau dem intuitiven Prozeß. Beide Prozesse weisen auf einen bestimmten Systemtyp hin, der hier wirksam sein muß. Weder Intuition noch Humor wäre in einem System möglich, das linear arbeitet, wie zum Beispiel der Computer. In einem linearen System wäre der bestmögliche Zustand immer der gerade erreichte, und eine blitzartige oder plötzliche intuitive Lösung wäre ausgeschlossen.

Es ist ein interessanter Gedanke, daß die Freude über Humor verwandt ist mit der plötzlichen Freude über intuitive Lösungen. Wenn man Leuten die intuitive Lösung einer Aufgabe zeigt, dann brechen sie tatsächlich oft in Gelächter aus. Diese Freude kann sehr wohl ein wesentlicher Bestandteil des Intuitionsmechanismus sein, denn die Freude über die Lösung ermöglicht es, daß der Punkt, an dem die Lösung gefunden wurde, zum Ausgangspunkt der Problemfolge wird, und auf diese Weise kann man eine Lösung behalten.

Im großen und ganzen ist der Intuitionsmechanismus überaus wertvoll für die Informationsverarbeitung, denn er bewirkt, daß ein maximaler Nutzen aus der Information gezogen wird, die sich selbst organisieren mußte je nach dem Zeitpunkt ihrer Ankunft auf der Erinnerungsoberfläche. Der Intuitionsmechanismus macht bis zu einem gewissen Grad diesen Mangel wett. So effektiv Intuition sein mag, so ist sie doch ein vom Zufall bestimmtes und unzuverlässiges Verfahren.

Wie die Intuition tatsächlich von einer Art, eine Situation zu betrachten, auf eine andere umschaltet, wird auf Seite 164 mit einer Anordnung von zehn Münzen in Form eines Dreiecks gezeigt. Die Spitze des Dreiecks auf dieser Seite ist nach oben gerichtet, und die Aufgabe besteht darin, die Spitze des Dreiecks nach unten zeigen zu lassen, wobei aber nur drei Münzen verschoben werden dürfen.

Es gibt mehrere Möglichkeiten, aber viele Leute finden die Aufgabe ziemlich schwierig, wahrscheinlich deshalb, weil die Anzahl der verschiedenen Verfahren, die angewandt werden können, sie verwirrt. Auf Seite 165 wird die wahrscheinlich eleganteste Lösung gezeigt. Statt als ein Dreieck, wird das Muster als eine Rosette mit drei zusätzlichen Spitzen angesehen. Wenn jede Spitze in die nächste Position gerückt wird, dann ist das Dreieck umgedreht. Interessant ist hier, daß die Lösung, sobald sie einmal erkannt und als effektiv angesehen wird, sich sofort festsetzt.

Bei all diesen Situationen des Aufgabenlösens sollte man wahrscheinlich die Tatsache nicht außer acht lassen, daß es eine definitive Ausgangssituation und eine erwünschte Endsituation gibt und daß die Lösung die beiden verbindet und damit aus zwei getrennten Mustern ein zusammenhängendes Muster schafft. An sich könnte diese physische Veränderung auf der Erinnerungsoberfläche erklären, wie es dazu kommt, daß in einer Problemsituation ein einzelnes Ereignis zu einer Dauerregistrierung gelangt, während bei anderen Gelegenheiten das Grundmuster nur durch Wiederholung verändert werden kann. Es mag daran liegen, daß konkurrierende Bahnen fehlen. Probleme, deren Lösung erfordert, daß irgendeine letzte Informationseinheit hinzukommt, damit der Kreis sich schließt, erwecken oft den Eindruck einer intuitiven Lösung.

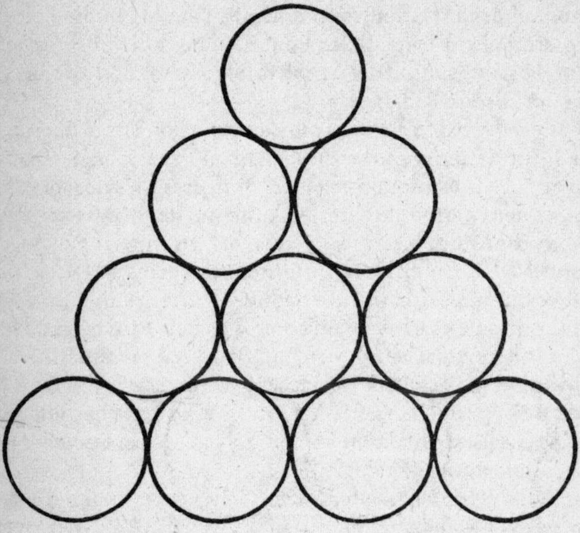

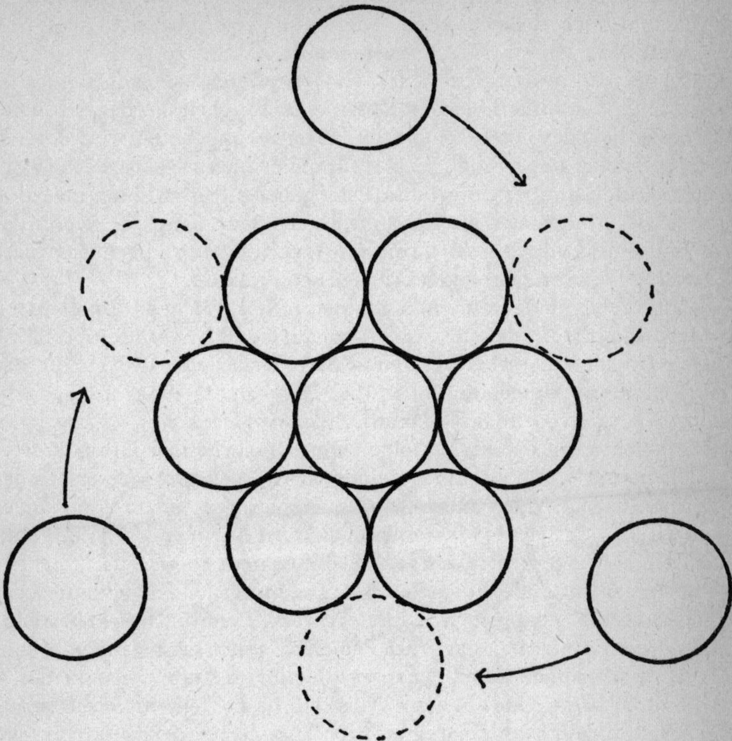

Weitere Möglichkeiten, das Grundmuster zu ändern
Wenn ein bestimmtes Muster des Denkflusses zu irgendeiner Tätigkeit führt, dann kann das Ergebnis dieser Tätigkeit zu weiterer Aktivität auf der speziellen Erinnerungsoberfläche führen. Wenn Sie hungrig sind, pflücken Sie sich vielleicht einen Apfel, und der Anblick des Apfels regt Sie dann dazu an, ein Messer zu nehmen, um ihn zu schälen, und so weiter. Es könnte natürlich alles von vornherein geplant sein, aber offenbar gibt es Situationen, in denen eine Tätigkeit ein neues Muster zur Folge hat, das der Erinnerungsoberfläche angeboten wird. Das ist nicht besonders ungewöhnlich, und für die Erinnerungsoberfläche ist es nur eine Änderung der Umgebung. Es ist gleichgültig, ob diese Änderung von selbst erfolgt oder als Ergebnis irgendeiner Tätigkeit. Wenn das Ergebnis eine Änderung des Grundmusters ist, dann vollzieht sich diese Änderung in einem der oben beschriebenen Prozesse.

Es könnte sich indes lohnen, hier einen recht speziellen Verhaltenstyp zu berücksichtigen, der die Änderung auf der Erinnerungsoberfläche erleichtern kann. Dieses Verhalten ist nur ein spezielles Beispiel für jede Tätigkeit, die die Umgebung ändert. Die Tätigkeit, um die es sich handelt, ist das Schreiben oder das Notizenmachen beim Denken.

Die Wichtigkeit der Reihenfolge beim natürlichen Denkfluß ist wiederholt betont worden. Beim Notieren wird irgendein Muster aus der Folge herausgenommen und rechtzeitig eingefroren, indem es auf Papier übertragen wird. Dieses Muster kann dann zu einem anderen Zeitpunkt wieder in die Folge zurückkehren. So können neue Folgen zusammengestellt werden, und die Vorteile einer Änderung der Folge können beträchtlich sein. Es hat jedoch nicht viel Zweck, diesen wichtigen Bestandteil in Notizform auf einem Stück Papier zu lassen, denn dann wird ihm nur Aufmerksamkeit zuteil, wenn er ohnehin im Aufmerksamkeitsfluß an die Reihe käme. Und auf diese Weise würde die Reihenfolge beibehalten. Es muß ein wohlüberlegter oder künstlicher Zeitpunkt für den Wiedereintritt des charakteristischen Bestandteils festgesetzt werden. Das kann ganz einfach geschehen, indem man die Notizen in einer räumlichen Reihenfolge anordnet, die mit der natürlichen Flußfolge nichts zu tun hat, und sie dann einfach in dieser räumlichen Reihenfolge durchgeht. Bei einer gewöhnlichen Diskussion kann es oft geschehen, daß ein neuer Gedanke von einem anderen Gesprächspartner vorgebracht wird, der einen Ihrer Gedanken zurück- und damit aus seiner natürlichen Reihenfolge herausdrängt. Genau das versucht man bei einem Streitgespräch, um den Standpunkt des anderen zu ändern.

Kumulativer Effekt
Alle bisher beschriebenen Methoden dienten dazu, die natürliche Entwicklung eines Musters zu vervollkommnen. Jede spezielle Erinnerungsoberfläche hat ihre eigene, spezifische Erfahrung, und daraus entwickelt sie ihre eigenen etablierten Muster. Diese spezifische Erfahrung kann

durch Erziehung so strukturiert werden, daß die etablierten Muster zuletzt einander ziemlich ähnlich sind.

Man kann die spezifische Erfahrung einer einzelnen Erinnerungsoberfläche verbessern, indem man die Erfahrung von mehreren durch Kommunikation koordiniert. Das müßte eine effektivere Organisation der verfügbaren Information ergeben, weil Erfahrungs-Idiosynkrasien beseitigt würden. In der Praxis funktioniert dieses System nicht so gut, wie es funktionieren könnte. Sehr oft ist der Gedanke, der schließlich dabei herauskommt, nicht aus gemeinsamer Erfahrung entstanden, sondern aus der spezifischen Erfahrung eines einzelnen und ist dann von den anderen akzeptiert worden. Auch kann das Koordinieren von Information ebensogut ein falsches Muster fest etablieren, wenn es aus gemeinsamer Erfahrung stammt; zum Beispiel die Vorstellung, daß die Sonne um die Erde kreist. Im großen und ganzen verbessert Kommunikation wahrscheinlich die etablierten Muster, weil sie die zur Selbstorganisation verfügbare Information von der Zufälligkeit der individuellen Erfahrung befreit. Aus demselben Grunde könnte sie jene neuen Gedanken erschweren, die eben aus dieser Zufälligkeit der individuellen Erfahrung hervorgehen.

Anstrengung und Veränderung

Wenn man sich überlegt, wie die etablierten Muster auf der speziellen Erinnerungsoberfläche geändert werden können, so stößt man auf einen verblüffenden Sachverhalt, der sich direkt aus der Art und Weise, wie die Oberfläche organisiert ist, ergibt. Bei manchen Gelegenheiten kann die kleinste Veränderung an einem empfindlichen Punkt zu einer umfassenden Veränderung des Ganzen führen. Bei anderen Gelegenheiten wird an einem unempfindlichen Punkt auch die größte Anstrengung nicht einmal Ansätze einer Gesamtveränderung herbeiführen.

24.

Grenzen der speziellen Erinnerungsoberfläche

Die spezielle Erinnerungsoberfläche ist eine sehr wirksame Einrichtung zur Informationsverarbeitung, aber wie alle anderen wirksamen Einrichtungen hat auch sie ihre Grenzen. Diese Grenzen sind untrennbar mit den Vorteilen des Systems verbunden, denn beide entspringen denselben Prozessen. Wenn man sich rasch auf einen Punkt zubewegt, dann gibt es einen entgegengesetzten Punkt, von dem man sich ebenso rasch entfernt. Gerade weil die spezielle Erinnerungsoberfläche einige Funktionen ausgezeichnet erfüllt, erfüllt sie die entgegengesetzten Funktionen nicht besonders gut.

Die Grenzen der speziellen Erinnerungsoberfläche können eine von drei Formen annehmen:

1. Unfähigkeit, gewisse Funktionen zu erfüllen.
2. Tatsächliche Fehler.
3. Ineffiziente Verwendung der ihr zur Verfügung stehenden Information.

Impuls

Dieser Mangel ist keineswegs eine Eigentümlichkeit der speziellen Erinnerungsoberfläche. Er tritt in jedem System auf, das «Auslöser»-Kommunikation verwendet. Mit der Zeit werden fixierte Muster auf der Erinnerungsoberfläche etabliert. Wenn ein Fragment oder mehrere Fragmente solcher Muster in der Umgebung angetroffen werden, dann wird der Rest des Musters von der Erinnerungsoberfläche ergänzt. Das angetroffene Fragment dient nur dazu, das Muster zu identifizieren, so wie eine Bibliotheksnummer ein Buch identifiziert. Die Erinnerungsoberfläche reagiert dann nicht auf das, was tatsächlich vorhanden ist, sondern auf ihr eigenes Muster von dem, was vorhanden sein sollte. Manchmal ist diese Art Reaktion unumgänglich, weil nur ein Muster-Fragment vorhanden ist. In anderen Fällen ist das ganze Muster vorhanden, aber es ist für die Erinnerungsoberfläche praktischer, ihr etabliertes Muster zu verwenden, weil das schneller geht. Dieses System ist enorm nützlich, denn es bedeutet, daß die Reaktion vollständig und angemessen sein kann, selbst wenn das, was der Erinnerungsoberfläche angeboten wird, dürftig und unvollständig ist. Es bedeutet auch, daß definitive Muster etabliert werden können statt einer Vielzahl leicht voneinander abweichender Muster. Das System ist auch deshalb nützlich, weil es die Reaktion ermöglicht, ehe das Ereignis selbst eintritt. So wird ein Arzt die Anfangssymptome einer Krankheit behandeln, nachdem er die ersten unbedeutenden Symptome zu einer umfassenden Diagnose verarbeitet hat. Durch eine solche antizipierende Behandlung verhindert er in Wirklichkeit das, worauf reagiert wird.

Meistens reagiert man nicht auf das, was in der Umgebung vorhanden ist, sondern nur auf etablierte Muster, die durch das ausgelöst werden, was vorhanden ist. Man folgt dem etablierten Muster, behält aber wahrscheinlich dabei auch das Bild der Umgebung im Auge für den Fall, daß sich die beiden Muster sehr weit voneinander entfernen. Das Erinnerungssystem mutmaßt sozusagen auf Grund der Erfahrungen, die es gesammelt hat.

Jedes System dieser Art ist in Gefahr, falsch zu mutmaßen, wenn etwas wie gewöhnlich beginnt, sich dann aber in etwas anderes verwandelt. Der Impuls, der das etablierte Muster zuerst auslöst, kann zu einer Reaktion führen, die dem tatsächlichen Geschehen unangemessen ist.

Die meisten Leute spielen schlecht Tennis, weil sie zu sehr darauf versessen sind, den Ball zu schlagen. Sie beobachten, wie der Ball am Anfang fliegt, und malen sich das Übrige aus. Sie würden viel besser spielen, wenn sie den Ball tatsächlich bis zum letzten Augenblick beob-

achten würden, statt dort zuzuschlagen, wo sie sich vorstellen, daß der Ball sein könnte. Der tatsächliche Flug des Balles muß immer genauer sein als der, den man sich vorstellt.

Orthographische Fehler werden in der zweiten Hälfte eines Wortes seltener bemerkt als in der ersten. Wenn die ersten paar Buchstaben ausreichen, um ein Wort zu identifizieren, dann stellt man sich den Rest eher vor, als daß man ihn liest.

Der Impuls-Fehler tritt nicht nur bei der Vervollständigung eines Musters auf, sondern auch bei der Interpretation eines Musters, und er tritt selbst dann auf, wenn alle Teile sorgfältig untersucht werden. Hier geht es darum, Entwicklungen einzukalkulieren, die bei der Interpretation vielleicht immer einkalkuliert werden müssen. Auf Seite 169 wird ein unmöglicher Gegenstand gezeigt. Er ist unmöglich, weil die Art und Weise, wie die Linien gezogen sind, zu einer dreidimensionalen Weiterentwicklung führt, die durch die Erfahrung etabliert ist; und in diesem besonderen Fall ist die Weiterentwicklung so angelegt, daß sie sich selbst widerspricht.

Der berühmte Verzerrungsraum von Ames sieht wie ein absolut normaler und rechteckiger Raum aus, wenn man durch ein Loch in der Seitenwand hineinschaut. Das Merkwürdige ist, daß eine Person, die an einem Ende des Raums steht, viel größer zu sein scheint als eine Person, die am anderen Ende steht. Tatsächlich ist der Raum keineswegs rechteckig, sondern verjüngt sich. Das Auge nimmt an, er sei rechteckig, weil das das etablierte Muster für Räume ist. Als Folge dieser Annahme glaubt man, daß ein Mann, der in Wirklichkeit ganz in der Nähe steht, weit weg sei, und deshalb sieht man ihn als einen großen Mann in der Ferne statt als normalen Mann in nächster Nähe.

Genau derselben Art von Täuschung erlag ich eines Tages, als ich ein Schild «Zu verkaufen» an einem Haus hängen sah, von dem ich annahm, es liege weit unten an der Straße. Plötzlich wurde deutlich, daß das Schild in Wirklichkeit an einem Haus hing, das ganz in der Nähe war. Sofort verlor das Schild sichtbar an Umfang. Die verblüffende Wirkung von optischen Täuschungen infolge unrichtiger Weiterentwicklung mag auf die Tatsache zurückzuführen sein, daß kein wahres Bild vorhanden ist, mit dem die Dinge verglichen werden können, während in anderen Fällen von falscher Weiterentwicklung gewöhnlich so ein Bild vorhanden ist.

Auch eine Geschehensfolge kann den Impuls-Irrtum hervorrufen. Es gibt einen alten Schuljungen-Trick, bei dem jemand aufgefordert wird, ein buchstabiertes Wort, wie B-e-i-n-k-l-e-i-d, richtig auszusprechen. Man läßt dann Beinschiene, Beinstrumpf, Beinleiden und schließlich beinhalten folgen und freut sich, wenn bein-halten statt be-inhalten gesprochen wird. Ein ähnlicher Spaß ist die Frage, was schwerer sei, ein Kilo Daunen oder ein Kilo Eisen. Oft genug lautet die Antwort: Eisen.

Zauberkunststücke im Varieté beruhen fast immer auf dem Impuls-Irrtum. Die Zuschauer werden zu Annahmen oder Weiterentwicklungen veranlaßt, die durchaus vernünftig sind, aber in Wirklichkeit nicht mit dem übereinstimmen, was auf der Bühne vor sich geht.

Der Impuls-Fehler ist unvermeidbar, wenn das System durch Verwendung fixierter Muster oder durch den «Auslöser»-Typ der Kommunikation mit der Umgebung seine Reaktionsgeschwindigkeit behalten soll. Die Irrtümer treten tatsächlich nicht sehr häufig auf, weil die spezielle Erinnerungsoberfläche in der Lage ist, korrekte Muster gut zu etablieren. Man geht selten fehl, wenn man Dinge für selbstverständlich hält. Aber wenn es doch einmal passiert, dann kann es verhängnisvoll sein.

Als vor einiger Zeit eine Reihe neuer Häuser gebaut wurden, schienen alle Decken, Türen und Fenster ziemlich niedrig zu sein. Sie waren auch tatsächlich zu niedrig. Die Erklärung dafür war, daß irgendein Saboteur ein paar Zentimeter von einem Zollstock abgeschnitten hatte, von dem jeder als selbstverständlich annahm, daß er maßgerecht sei.

Der Impuls-Irrtum kann gefährlich sein, denn im betreffenden Augenblick gibt es keine Mittel und Wege, ihn als Irrtum zu erkennen. Ziemlich häufig merkt man nicht einmal, daß man sich eines etablierten Musters bedient, statt auf die Umgebung zu reagieren. Wenn auf die Diskrepanz hingewiesen wird oder wenn sie selbst offenkundig wird, dann kann man die Umgebung überprüfen. Wird aber nicht darauf hingewiesen oder ist die Umgebung nicht mehr da, so daß man sie nicht mehr überprüfen kann, dann wird die Möglichkeit des Irrtums nicht einmal erkannt.

Wenn man auf Dinge so reagiert, wie sie sein sollten, anstatt so zu reagieren, wie sie sind, dann ist das schlimm genug. Wenn man aber auf Dinge so reagiert, als ob sie sich in einer bestimmten Weise entwickeln würden, während sie es in Wirklichkeit nicht tun, dann ist das wahrscheinlich noch schlimmer. Aber beides ist ein geringer Preis, den man für die allgemeine Effizienz des Systems bezahlen muß. Schließlich ist Weiterentwicklung die Basis der Erkenntnis, und ohne sie würde das System überhaupt nicht funktionieren.

25.

Mythen

Der Charakter der speziellen Erinnerungsoberfläche kann Anlaß zur Mythenbildung sein, das heißt, er kann Anlaß zu Mustern sein, die auf der speziellen Erinnerungsoberfläche existieren, aber nicht unbedingt auch anderswo. Das ist sowohl ein Vorteil als auch ein Nachteil der Oberfläche.

Die begrenzte Aufmerksamkeitsspanne der speziellen Erinnerungsoberfläche zerlegt die Bilder, die der Oberfläche angeboten werden. Das vollständige Bild wird in einzelne Aufmerksamkeitsbereiche aufgeteilt. Durch den Kurzzeitgedächtnis-Effekt werden diese einzelnen Bereiche gewöhnlich auf der Erinnerungsoberfläche als Folge neu kombiniert, so daß sie wieder ein kohärentes Muster ergeben. Die Zerlegung ist also lediglich eine Stufe der Übermittlung des vollständigen Bildes an die Oberfläche, eine Methode, Raum in Zeit und dann wieder zurück in Raum zu verwandeln.

Die Aufteilung der Umgebung in Aufmerksamkeitsbereiche ist willkürlich. Manchmal können die so entstehenden Teile eine natürliche Entsprechung haben, die an der Umgebung überprüft werden kann; öfter werden sie durch die Erinnerungsoberfläche geschaffen. Das ist von geringer Bedeutung, wenn die Einteilung nur vorübergehend zur Bequemlichkeit der Erinnerungsoberfläche vorgenommen wird.

Auf Seite 173 wird das d-Linien-Diagramm eines vollständigen Bildes gezeigt, das in vier Aufmerksamkeitsfragmente unterteilt ist. Diese werden dann auf der Erinnerungsoberfläche wieder vereint und, wie dargestellt, durch wiederholte Hervorhebung als eine kohärente Einheit etabliert. Es kann jedoch geschehen, daß eine der geschaffenen Einheiten, vielleicht durch Verbindungen mit anderen Dingen, stärker hervorgehoben wird als die anderen Einheiten. Durch Hervorhebung wird sie zu einer eigenen, selbständigen Entität: sie ist ein willkürliches Geschöpf der Erinnerungsoberfläche geworden. Es ist ziemlich einfach, irgendeinen Gegenstand zu betrachten und ihn in eine obere und eine untere Hälfte aufzuteilen. Diese Aufteilung wäre nicht besonders wichtig, wenn die beiden Hälften wieder zu dem vollständigen Muster zusammengefügt würden. Sie könnte sogar eine praktische Beschreibungsmethode sein für Gegenstände wie Kleider oder Fußballiga-Tabellen. Aber wenn aus irgendeinem Grunde der oberen Hälfte aller Dinge eine besondere Bedeutung beigemessen würde, «weil es die Hälfte ist, die dem Himmel näher ist», während der unteren Hälfte ganz andere Eigenschaften zugeschrieben würden, «weil sie irdisch und fundamental ist», dann würden die beiden Hälften nicht als zusammengehörig, weil Teile desselben Gegenstands, angesehen, sondern sie würden auseinandergerissen und als getrennte Entitäten existieren. Dieser Prozeß wird in d-Linien-Form auf Seite 174 gezeigt. Das obere Diagramm zeigt die beiden Hälften wiedervereint als ganze Einheit. Das untere Diagramm zeigt die beiden auseinandergerissenen Einheiten, die mit einigen anderen d-Linien-Komplexen getrennte Einheiten bilden. Das ist eine echte kreative Teilung, denn sie existiert nur auf der speziellen Erinnerungsoberfläche und nicht bei den betreffenden Gegenständen. Wenn beide Hälften gleich stark hervorgehoben würden, dann könnten sie noch weiterbestehen als eine Einheit aus zwei Hälften mit sehr unterschiedlichen Eigenschaften. Wenn indes nur eine Hälfte hervorgehoben würde, dann würde diese dazu tendieren, sich als getrennte Einheit selbständig zu machen.

Die von der speziellen Erinnerungsoberfläche erzeugten Teile werden mit erläuternden Etiketts versehen. Es ist schwierig, sich die eine Seite des Körpers optisch als eine von der anderen Seite getrennte Einheit

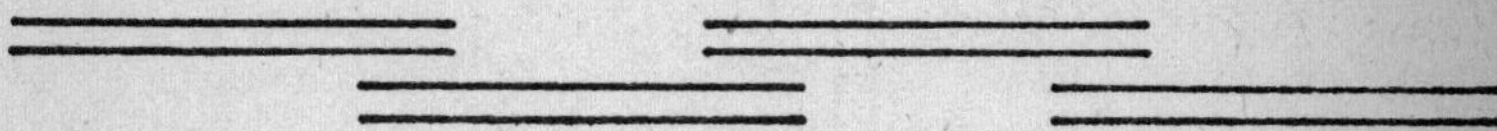

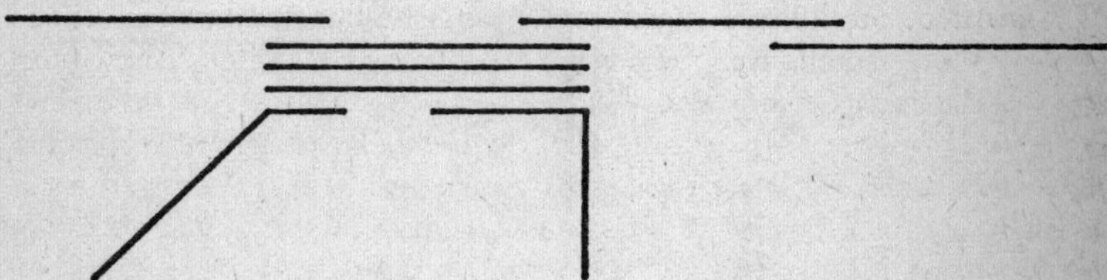

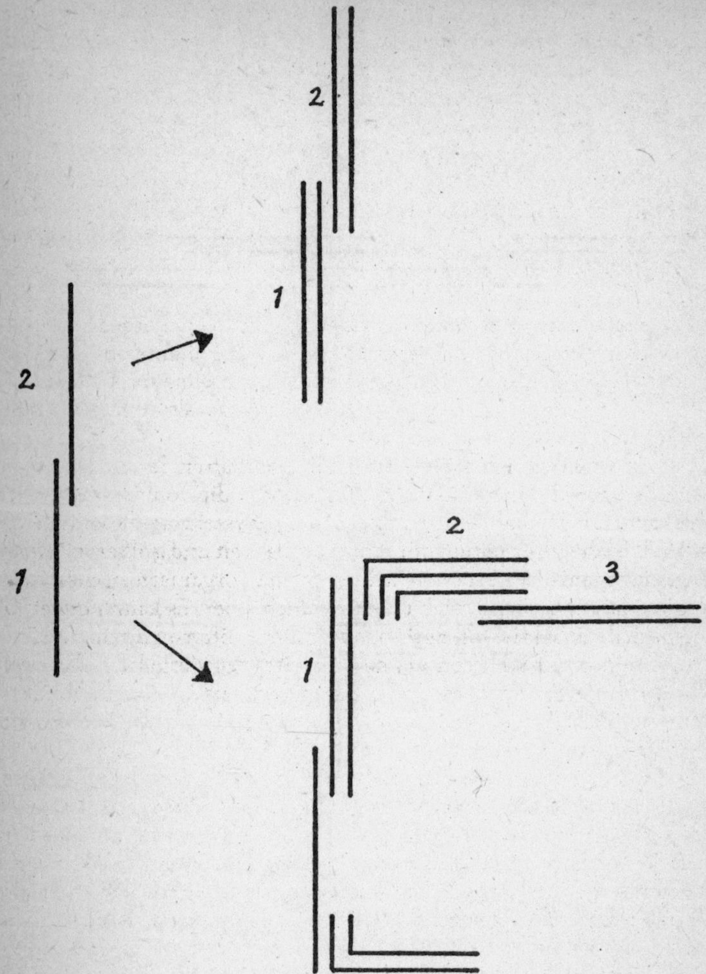
2
1
2
1
2
3
1

vorzustellen. Aber sobald man die Etiketts «rechts» und «links» anbringt, teilen sie den Körper in einer Weise auf, wie es der physische Körper selbst nicht kann. Jedes Etikett wird der Mittelpunkt eines kleinen Bedeutungskomplexes. Etiketts erhalten nicht nur die aus Zweckmäßigkeitsgründen von der Erinnerungsoberfläche vorgenommene Teilung aufrecht, sondern werden selbst kleine Gegenstände. Der Grund, warum sie so besonders nützlich sind, ist eine Mobilität, die das ursprüngliche Fragment niemals haben könnte. Die Wörter können Gruppen oder Komplexe umfassen, die ohne die Verwendung von Wörtern sehr schwerfällig zu handhaben wären. Und dann bekommen auch die Gruppen Etiketts. Inzwischen sind vielleicht die tatsächlichen Gegenstände, die der Rangordnung zugrunde liegen, völlig außer acht gelassen worden.

Das bedeutende Kombinationsvermögen des Kurzzeitgedächtnisses auf der speziellen Erinnerungsoberfläche kann Fragmente von ganz getrennten Gegenständen verbinden, so daß sie einen neuen Gegenstand ergeben, der nur auf der Erinnerungsoberfläche existiert: einen Kentaur, einen zaubernden oder feuerspeienden Drachen.

Diese kreativen und kombinierenden Eigenschaften der Erinnerungsoberfläche bringen eine künstliche Welt hervor, die von der wirklichen Welt abgeleitet ist, aber keine Parallele zu ihr darstellt. In dieser künstlichen Welt ist die Information mit größerer Klarheit und größerer Zweckmäßigkeit organisiert. Wenn es keinen solchen organisatorischen Rahmen gibt, dann entwickelt sich unvermeidlich einer. Es kann notwendig sein, spezielle Systeme von anthropomorphen Göttern zu schaffen, um die Information der Jahreszeiten, des Wetters, des Verhaltens der Feldfrüchte zu organisieren. Diese organisierenden Muster, die auf der Erinnerungsoberfläche existieren, sind Mythen. Mythen sind eher Bedürfnisse als Annehmlichkeiten.

Der Mythos entsteht als ein Mittel, das die getrennten Informationsteile, die aus der Umgebung stammen, zu einem bequemen kohärenten Muster verbindet. Doch sobald der Mythos etabliert ist, wird er ein Mittel der Auseinandersetzung mit der Welt. Die Welt wird durch den Mythos gesehen und dient deshalb dazu, ihn zu verstärken. Wenn Sie der Meinung wären, die Fahrer von Kleinstwagen seien gefährlich und rücksichtslos, dann würden Sie auf die Fahrer von Kleinstwagen ganz besonders achten und rasch jeden kleinen Fehler ihrer Fahrweise als gefährlich einstufen. So würde der Mythos verstärkt. Vom Standpunkt der Informationsverarbeitung ist dieses System sehr wirkungsvoll, denn es vergrößert kleine Unterschiede und etabliert feste Muster.

Mythen haben die Tendenz, sich selbst zu perpetuieren, denn die Information, die sich auf der Erinnerungsoberfläche angesammelt hat, liefert die Vorbedingungen für die Verarbeitung ankommender Information. Wo ändern sich Mythen dann?

In der älteren philosophischen Diskussion wurde die Welt aufgeteilt in

Grundbestandteile, und dann sah man sich diese Bestandteile daraufhin an, wie sie zusammengefügt werden könnten, um eine vernünftige Struktur zu ergeben. Es ist nicht überraschend, daß man bei einer Struktur endete, die in der ursprünglichen Wahl der Gattungseinheiten schon enthalten war. Wenn Sie Dinge durch eine besondere Brille betrachten, dann sehen Sie nicht die Dinge selbst, sondern die Dinge, wie man sie durch eine besondere Brille sieht. Wenn Sie die Welt durch eine durchsichtige grüne Folie betrachten, dann wird alles grün erscheinen. Und wenn Sie die Dinge durch diese Folie noch so scharf ins Auge fassen, Sie werden sie nur noch grüner sehen. Auch hat es keinen Zweck, daß Sie sich selbst anschauen, um zu sehen, ob Sie durch eine besondere gefärbte Folie blicken. Wenn Sie sich im Spiegel ansehen, wären Sie absolut außerstande, die Farbe der Folie anzugeben, durch die Sie schauen. Die Folie würde in einer Art grau erscheinen, ob sie nun rot, grün oder von irgendeiner anderen Farbe wäre.

Sie würden durchs Leben gehen, durch diese grün gefärbte Folie blicken und glauben, Ihre Ansicht von der Welt sei richtig, selbst wenn andere Leute Ihnen sagten, Ihre Ansicht sei falsch. Dann würden Sie eines Tages ins Auto steigen und losfahren. Bei der ersten Verkehrsampel würden Sie durch die grüne Folie das rote Licht nicht sehen, und es gäbe einen Zusammenstoß mit einem anderen Wagen. Sie würden den Unfall bedauern und sich wieder erholen. Dann würde noch ein Unfall passieren. An diesem Punkt wären Sie vielleicht bereit, denjenigen zu glauben, die Ihnen sagten, daß Sie die Welt falsch sehen und daß sie sich von der grünen Folie trennen sollten.

Den bequemen, von der Erinnerungsoberfläche organisierten Mythen entkommt man, wenn diese Mythen mit der tatsächlichen Erfahrung in Konflikt geraten. Die Wissenschaft ist ein Weg, die Erfahrung auf spezielle Art zu organisieren, so daß sie mit den Mythen in Konflikt geraten und diese entlarven kann. Bei dem Prozeß werden neue Mythen erzeugt. Ein Mythos oder eine Hypothese überdauert fast immer die Zeit, in der sie nützlich sind, und verzögert eine bessere Interpretation der vorhandenen Information, aber das ist ein unbedeutender Nachteil, ein kleiner Preis, den man für die Nützlichkeit des Mythensystems bezahlen muß.

Aber es gibt Mythen, die durch die Erfahrung nicht zerstört werden können. Das kann dann der Fall sein, wenn der Inhalt des Mythos durch gemeinsame Erfahrung nicht nachprüfbar ist, oder wenn der Mythos so konstruiert ist, daß er das, was ihn zerstören sollte, in eine Bestätigung umwandelt.

Ein Paranoiker, der unter dem Mythos der Verfolgung leidet, wird den Beweis für Verfolgung gerade in den Ereignissen sehen, auf die hingewiesen wird, um ihn zu überzeugen, daß keine Verfolgung stattfindet. Wenn ein bestimmter Mythos eher Leiden als Glück mit sich bringt, dann sollte man meinen, dieser Mythos werde zerstört. Wenn der Mythos aber erklärt, Leiden sei in Wirklichkeit die beste Form des Glücks unter dem Hinweis auf Reue, Sühne oder sogar die orientalische Vorstellung von der Befreiung von Eigennutz, dann ist der Mythos geschützt. Geht der Mythos noch weiter und sieht das Leiden als eine Investition in zukünftiges Glück an, dann wird er unter allen Umständen selbstperpetuierend.

Wenn etwas wahr zu sein scheint, akzeptieren es die Menschen; wenn es unwahr zu sein scheint, lehnen es die Menschen ab. Aber Ablehung und Wahrheit können sich auf ein und dieselbe Sache beziehen, wenn man sagt, daß das, was wahr ist, unerfreulich sein werde und daher abzulehnen sei. Das macht jede Erklärung unanfechtbar und den betreffenden Mythos selbsttragend. Wenn der Mythos Liebe anbietet als Erklärung für irgendein Phänomen, die Liebe sich aber als Haß herausstellt, dann tut das dem Mythos keinen Abbruch, der erklärt, daß Liebe und Haß in Wirklichkeit ohnehin ein und dasselbe seien. Argumente dieser Art werden gewöhnlich gegen die Psychoanalyse angeführt.

Außersinnliche Wahrnehmung zu untersuchen hat sich als ein schwieriges Unterfangen erwiesen. Die Experimentatoren erbringen immer Beweise für dieses Phänomen, aber mißtrauische Leute, die es unternehmen, die Ergebnisse nachzuprüfen, scheinen niemals imstande zu sein, die Ergebnisse derjenigen, die der Sache positiv gegenüberstehen, nachzuvollziehen. Die naheliegende Erklärung ist, daß mißtrauische Leute nicht in der richtigen Geistesverfassung sind, um Resultate zu erzielen, daß man vielmehr überzeugt und entspannt sein muß, damit die außersinnliche Wahrnehmung sich einstellt. Das macht das Phänomen für eine kritische Untersuchung ungeeignet. Es ist ungefähr so wie mit Gespenstern. Nur sensible Menschen sehen Gespenster, deshalb kann man nicht beweisen, daß es keine Gespenster gibt, sondern nur, daß man nicht sensibel genug ist, sie zu sehen.

Es ist ganz einfach, Situationen zu finden, die sich selbst gegen äußere Einflüsse schützen. In meinem Buch *Das spielerische Denken* (Scherz-Verlag) wies ich auf die Starrheit des vertikalen Denkens hin und versuchte deutlich zu machen, wie notwendig die Flexibilität des lateralen Denkens sei. Aber manche vertikalen Denker waren so starr, daß sie nicht einmal die Notwendigkeit erkannten, weniger starr zu sein. In diesem Buch hier werden viele Gesichtspunkte in zwangloser Form erörtert. Dabei soll der Leser angeregt werden, die tiefere Bedeutung selbst zu erkennen. Damit ist die Gefahr verbunden, daß ein oberflächlicher Leser, der nicht imstande ist, selbst etwas zu erarbeiten, finden könnte, die Dinge seien zu einfach dargestellt. Wenn einige Mythen in der oben erwähnten Weise gegen Zerstörung geschützt sind, dann bedeutet das nicht, daß sie falsch sind. Wenn ein Mann Sie in einer fremden Sprache anschreit, die Sie nicht verstehen, dann heißt das noch nicht, daß er Unsinn redet. Ein Mythos kann wie eine in sich konsequente Sprache sein. Sobald man die Sprache einmal akzeptiert und versteht, erhält sie einen Sinn, während sie für einen Außenstehenden unverständlich bleibt. Der springende Punkt ist nicht die Frage, ob die Sache konsequent ist, sondern ob sie nützlich ist.

Da Mythen von Natur aus nicht nachprüfbar sind, ist Nützlichkeit ein besseres Kriterium für sie als Wahrheit. Die Nützlichkeit eines Mythos ergibt sich aus seiner Funktion als organisierendes System, das Information zusammenhält, um die Bedingungen für die leichtere Aufnahme weiterer Information zu schaffen. Die Gefahr des Mythos ist seine Fähigkeit, weiter Information oder eine bessere Anordnung bereits vorhandener Information auszuschließen.

Eine Frau ging zu einem Psychoanalytiker, der sie im Laufe der Beratung fragte, ob sie als Kind je Angst gehabt habe, sie könnte mit dem Badewasser zusammen durch das Abflußrohr gespült werden. Sie dachte eine Weile nach und gab dann zu, daß sie solche Ängste gehabt habe. Es wurde ihr erklärt, das Grundleiden bei ihr sei Unsicherheit und eine Furcht vor einem drohenden Schicksal. Einige Wochen lang fühlte sich die Frau viel besser. Dann traf sie eines Tages ihre Mutter und erzählte ihr, was geschehen war. Die Mutter lachte schallend und wies darauf hin, daß gar kein Badewannenabfluß dagewesen sei, weil sie sich damals nur eine Zinkwanne leisten konnten. Das zerstörte sofort die Geschichte und die nützliche Wirkung, die sie auf die Frau ausgeübt hatte. Die Stichhaltigkeit der Geschichte als organisierende Struktur bestand ganz unabhängig von ihrem Wahrheitsgehalt. Man könnte auch sagen, daß eine Frau, die glaubt, solche Ängste gehabt zu haben, durchaus fähig gewesen wäre, sie zu haben, und folglich war die Diagnose auch dann noch richtig.

Mythen können durch direkte Aufmerksamkeit nicht zerstört werden, denn sie sind die organisierenden Muster auf der Erinnerungsoberfläche, und die Aufmerksamkeit, die einem Muster gewidmet wird, kann das Muster nur verstärken. Ein Mythos kann nur zerstört werden durch Unaufmerksamkeit, die ihn verkümmern läßt, so daß ein neues Organisationsmuster entstehen kann. Unaufmerksamkeit oder Geringschätzung stellen sich gewöhnlich ein, wenn ein Mythos die Zeit, in der er nützlich war, überdauert hat.

Ein gefährlicher Mythos kann überleben, weil er ausdrücklich die Umstände verbietet, die ihm widersprechen. In Vietnam herrscht ein Mythos, wonach Kinder, wenn sie krank sind, keine Milch trinken dürfen, weil Milch angeblich Durchfall hervorruft. Also gibt man den Kindern nur Reiswasser zu trinken, das keine Vitamine enthält, und infolgedessen leiden sie an schwerem Vitaminmangel, der zu Blindheit und sogar zum Tode führt. Dieser Mythos ist selbstperpetuierend, denn wenn Kinder, denen eine Zeitlang die Milch vorenthalten wurde, wieder Milch trinken, bekommen sie vorübergehend Durchfall. Dieser Durchfall wäre nach ein paar Tagen vorbei, aber er reicht aus, um den Mythos zu verstärken. Diese Art Mythos zeigt auch, daß es sinnlos ist anzunehmen, die natürlichen Phänomene könnten sich zu nützlichen Mythen organisieren, und nutzlose Mythen könnten aussterben.

Mythen stellen den inneren organisatorischen Rahmen für die Informationsverarbeitung dar. Solche Einrichtungen können die Nützlichkeit der vorhandenen Information erhöhen, indem sie ihr eine kohärente Struktur geben, die sie sonst nicht hätte. Aber die in einem Mythos enthaltene Anordnung der Information kann auch beträchtlich schlechter sein als die beste Anordnung der zu Gebote stehenden Information.

26.

Polarisation

Jeder Medizinstudent glaubt zu Beginn seiner Ausbildung fast alle Krankheiten selbst zu haben, die er in seinen Lehrbüchern kennenlernt. Krebs, angeborener Herzfehler, Diabetes, Schizophrenie, Syphilis und Tuberkulose werden alle der Reihe nach im Geist durchlitten. Jeder hat irgendwelche vagen Symptome, die sich bemerkbar machen, wenn man auf sie achtet. Sobald die medizinischen Lehrbücher den Symptomen definitive Namen geben und sie als Krankheiten systematisieren, werden die vagen Symptome polarisiert und in regelrechte Krankheiten verwandelt.

Wörter sind Abzugsgräben, die die Bedeutung jeder Situation, auf die sie angewandt werden, in fixierte Muster ableiten. Die aktuelle Situation löst sich in fertig vorhandene Einheiten oder Wörter auf. Nichts bleibt von ihr übrig als der Fluß durch die abgenutzten Wort-Kanäle.

Wörter sind Mini-Mythen. Sie erleichtern der Erinnerungsoberfläche die Organisation der äußeren Welt in einer Weise, die vernünftiger ist als sie zu sein scheint. Die mechanischen Eigenschaften der speziellen Erinnerungsoberfläche unterteilen dargebotene Bilder in Aufmerksamkeitsbereiche. Der auf Seite 181 gezeigte Spazierstock ist unterteilt in eine gebogene Krücke, eine eisenbeschlagene Spitze und einen mittleren Schaft, der die beiden anderen verbindet. Das sind deskriptive Teile, die manchmal, wie oben beschrieben, zu eigenständigen Einheiten werden. Als Produkte der Bequemlichkeit liefern Wörter diese Mini-Mythen, die sich jedesmal, wenn sie gebraucht werden, selbst verstärken. Sobald einmal eine bestimmte Aufteilungsmethode oder auch eine Einheit oder eine Aufmerksamkeitszone etabliert ist, zieht sie alles aus der Nachbarschaft ab, ebenso wie eine Vertiefung auf der Oberfläche des Geleemodells oder des Folien-und-Stecknadel-Modells das Wasser aus den nahen Bereichen abzieht. Dieser Ableitungseffekt und die Tendenz der etablierten Einheiten, Dinge zu trennen, könnte Polarisation genannt werden. Der Nordpol zieht das eine Ende der Kompaßnadel an, das andere aber weist er ab. Ein Wort zieht eine bestimmte Information an und weist andere ab. Etablierte Einheiten bündeln die der Erinnerungsoberfläche zur Verfügung stehende Information. Die Zweckmäßigkeit dieses Verfahrens ist offenkundig, denn es hat eine selektierende, unterscheidende und standardisierende Funktion.

Wörter sind nicht nur nützlich, weil sie Aufmerksamkeitsfragmente verselbständigen, sondern auch, weil sie aus vagen Zusammenstellungen anderer Muster etwas hervorbringen. Eine Gruppe von Malern beginnt in einem Stil zu malen, der sich von den herkömmlichen Stilarten unterscheidet. Eine Weile herrscht Verwirrung, und es wird herumgerätselt, denn der neue Stil unterscheidet sich zwar deutlich von den alten Stilarten, ist aber ziemlich schwer zu beschreiben. Dann nennt irgendein Kunstkritiker einen Namen wie Dadaismus oder Kubismus oder Primitivismus. Sofort paßt alles zusammen, und die verschiedenen Maler werden als Exponenten dieses bestimmten Stils angesehen. Der Name bietet ein einigendes Motiv oder einen Polarisationspunkt, was sich als sehr dienlich erweist, wenn man über das sprechen will, was vor sich geht. Im Hinblick auf die Individualität der Maler kann es sich jedoch schädigend auswirken, denn die Betonung muß eher auf dem Teil ihrer Arbeit liegen, der mit dem bezeichneten Stil verwandt ist, als auf dem Teil, der sich davon unterscheidet.

Statische Teilungen

Das sind einfach zweckmäßige Teilungen, die es ermöglichen, daß die Aufmerksamkeit jeweils auf einen Teil eines Dinges gerichtet ist. Die Teile werden wie getrennte Dinge behandelt, auf die einzeln eingewirkt werden kann. In der Physik werden dauernd neue Teilchen entdeckt. Kaum ist man sich darüber einig, daß Masse und Energie durch eine bestimmte Anzahl Teilchen erklärt werden können, da entdeckt irgend jemand ein neues Teilchen. Viele dieser Teilchen scheinen nur verschiedene Zustände ein und desselben Teilchens zu sein. Man gibt jedem Zustand einen anderen Namen, weil das die Beschreibung erleichtert. Es ist so, als ob man einen Kieselstein auf den Boden wirft und ihn jedesmal anders nennt, je nachdem, ob man ihn in der Hand hält, ob er gerade durch die Luft fliegt und ob er auf dem Boden liegt. Es muß praktisch sein, das zu tun, denn sonst täte man es nicht. Dennoch kann diese bequeme Teilung sich als zu starr erweisen, weil sie Dinge getrennt halten kann, die in Wirklichkeit identisch sind.

Jahrhundertelang war es praktisch, zwischen Masse und Energie zu unterscheiden. Dann kam Einstein und bewies, daß die beiden in Wirklichkeit austauschbar sind: Masse wurde eine bestimmte Form von Energie und umgekehrt. Diesen Gedanken zu akzeptieren ist einfach für jemanden, der mit diesen Dingen aufgewachsen ist, aber anderen Leuten würde es schwerfallen, die alte und starre Trennung von Masse und Energie aufzugeben.

Da ich in einem Land aufgewachsen bin, in dem es nicht viele Bäume gibt, habe ich niemals die Namen von Bäumen gelernt. Auch heute noch betrachte ich Bäume als interessante und individuelle Muster und bin nicht imstande, sie zu klassifizieren. Wenn ich einen Baum ansehe,

brauche ich nicht an seine Bezeichnung oder sein normales Gruppen-Image zu denken. Das mag einige ästhetische Vorteile haben, würde aber praktische Schwierigkeiten mit sich bringen, wenn ich Gärtner wäre oder auch nur irgend jemandem eine bestimmte Landschaft beschreiben wollte.

Das schlagendste Beispiel für Polarisation ist vielleicht die Trennung des Subjekts von seiner Umgebung. Die Bequemlichkeit dieser Polarisation ist groß. Die Polarisation drängt sich auch auf durch die Eigenständigkeit des Körpers und seine Mobilität. Die orientalische Philosophie betrachtet diese Polarisation als unnötig und schädlich: sie nimmt an, daß die Schwierigkeiten der Menschen aus der Förderung dieser natürlichen Polarisation entstehen. Große Anstrengungen werden unternommen, um die Polarisation zunichte zu machen. Die Belohnung ist schließlich das Zurückkehren aus dieser individuellen Polarisation in eine Harmonie mit der Natur. Die westliche Philosophie vertritt genau den entgegengesetzten Standpunkt und bemüht sich sehr, das Subjekt durch Betonung seiner Individualität und Verantwortlichkeit in den Vordergrund zu rücken. Leiden und Belohnung, Strafe und Erfüllung, alles zielt darauf ab, das Individuum als eine starke Polarisation zu etablieren und es noch deutlicher von seinem Hintergrund abzuheben.

Mobile Teilungen

Bei den statischen Teilungen werden die Dinge einfach in einzelne zweckdienliche Einheiten zerlegt. Bei den mobilen Teilungen entfernen sich die Einheiten, sobald die Teilung einmal stattgefunden hat, tatsächlich immer weiter voneinander. Die statische Teilung gleicht dem Zerschneiden einer Schnur. Die Fragmente sind getrennt, behalten aber ihre Länge und Position. Die mobile Teilung gleicht dem Zerschneiden eines straff gespannten Gummibandes. Die beiden Enden springen auseinander. Die statische Teilung gleicht dem Zerbrechen eines Kekses. Die Fragmente behalten ihre Form und Position. Die mobile Teilung gleicht dem Zerkleinern eines Quecksilberkügelchens. Die Fragmente teilen sich und bilden selbst kleine Kügelchen. Beide Prozesse finden häufig auf der speziellen Erinnerungsoberfläche statt. Wenn die Einheit selbständig bleibt, kann die Teilung statisch sein. Wird die Einheit in einen anderen Komplex hineingezogen, ist die Teilung mobil. Die beiden sind nicht immer verschieden. Auf Seite 183 wird ein Muster gezeigt, das auf beide Weisen geteilt ist. Im ersten Fall bleiben die Einheiten, wo sie sind, im zweiten entfernen sie sich voneinander.

Ein kontinuierlicher Änderungsprozeß wird an irgendeiner passenden Stelle unterbrochen. Was vor der Teilung liegt, wird Ursache genannt, und was darauf folgt, wird Wirkung genannt. Dann entfernen sich Ursache und Wirkung voneinander und werden selbständige, definitive und verschiedene Dinge. Sie scheinen nicht mehr an beiden Seiten eines willkürlichen Einschnitts zu liegen.

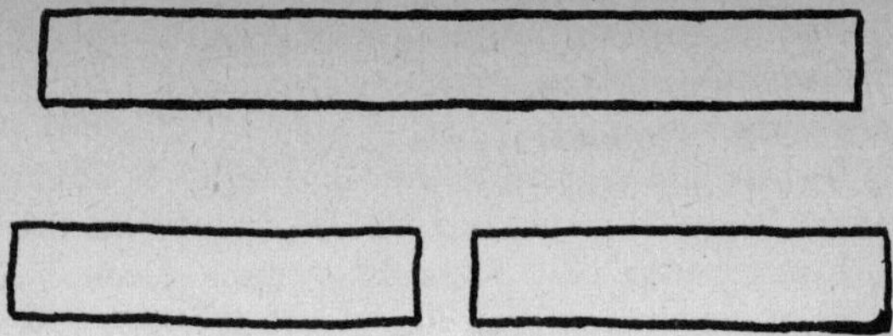

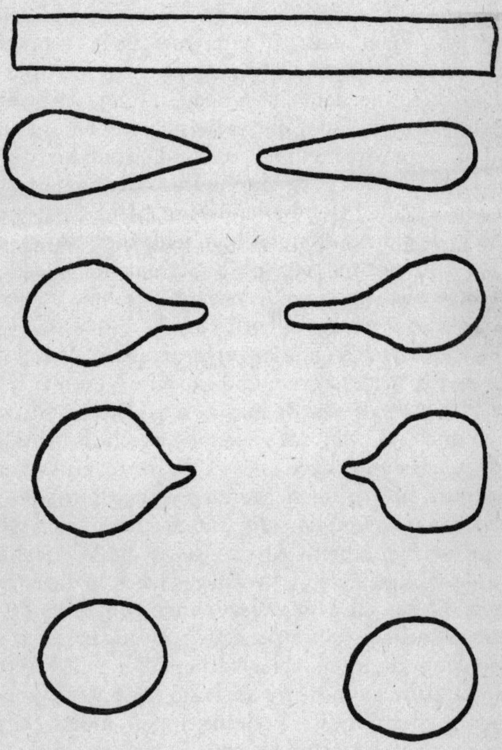

Leute, die leicht differierende Ansichten über irgendeine Frage haben, entfernen sich immer mehr voneinander. Schließlich sind sie so daran gewöhnt, in politischen Fragen verschiedener Meinung zu sein, daß sie sich über gar nichts mehr einigen können und aus ihrer Uneinigkeit sogar eine Tugend machen. Zu guter Letzt läuft das auf Etikettierungen wie Labour und Konservative oder Republikaner und Demokraten hinaus. Die Unterschiede mögen zunächst unbedeutend gewesen sein, aber die Polarisation hat die Kluft vergrößert. Ein Politiker wird stets nach rechts oder nach links gedrängt. Was immer er sagt, muß auf die eine oder andere Weise polarisiert werden. Wegen des Extremismus dieser Anschauung wurde der Begriff Mitte geprägt für diejenigen, die mit reinem Gewissen weder hierhin noch dorthin gedrängt werden konnten. Aber dann entstanden die Begriffe rechts von der Mitte und links von der Mitte, und man war wieder bei der alten Polarisation angelangt.

Ein anderer Typ von mobiler Teilung tritt auf, wenn es eine feste Wasserscheide gibt. Wie der Regen an der einen oder anderen Seite eines steilen Bergrückens hinabfließt, so kann zuerst ein Trennpunkt entstehen, und dann erst entwickeln sich Kategorien diesseits und jenseits des Punktes. Das geschieht bei dem Geleemodell, wenn sich zwei Vertiefungen nebeneinander bilden. Ein weiteres Beispiel stellt die gefurchte Oberfläche dar, auf die man Murmeln fallen läßt. Die Furchen der Oberfläche zwangen die Murmeln, sich entweder hierhin oder dorthin zu bewegen.

Sobald bei dem ersten Typ mobiler Teilung der Schnitt gemacht war, zogen sich die Teile ganz automatisch voneinander zurück und wurden selbständig. Bei dem zweiten Typ gibt es irgendeine Wasserscheide, die die Einheiten tatsächlich auseinanderzwingt. Derselbe Effekt wird erzielt mit starren Kästen oder Ablagefächern.

Vor einiger Zeit beschloß die avantgardistische Zeitschrift *Oz*, mit ihrem Format zu experimentieren, und gab eine Nummer in Form eines einzigen, zusammengefalteten Bogens heraus. Darauf stürzten sich die Finanzbeamten und erklärten, das sei keine Zeitschrift mehr, sondern ein Plakat, und als solches unterliege es der Umsatzsteuer. Dennoch war das jetzige Format nur eines von mehreren Versuchsformaten, an die der Verleger gedacht hatte, und so sehr unterschied es sich gar nicht von einer gewöhnlichen Zeitschrift. Aber es hatte die Wasserscheide überquert und wurde infolgedessen vorwärtsgetrieben in die entfernte Kategorie mit Namen Plakat, die ganz andere Dinge umfaßt als Zeitschriften.

Gesetzgebung, Rechtsprechung und Verwaltung basieren alle auf diesem Verfahren der getrennten Ablagefächer. Wenn die Reaktion erst auf ein Ereignis folgt, dann kann sie flexibel und angemessen sein. Wenn die Reaktion schon feststeht, ehe das Ereignis eintritt, muß sie sich auf scharf unterteilte Kategorien stützen, die strikt eingehalten werden.

Etikettierung schafft scharf abgegrenzte Kategorien. Alles, was unter ein Etikett fällt, gehört unmittelbar in die betreffende Kategorie. Alles andere wird ausgeschlossen. Etiketts brauchen nicht Wörter zu sein;

Symbole oder Signale erfüllen denselben Zweck.

Eines Tages aß ich am Flußufer zu Mittag, als eine Entenfamilie angewatschelt kam und um Futter bettelte. Die Familie bestand aus einem großspurigen Enterich, einer zerzausten Entenmutter und fünf ernüchterten Entenjungen. Plötzlich tauchte ein anderes Entenpärchen mit einem einzigen Sprößling auf. Sofort übernahm der sonst ziemlich überflüssige Enterich seine vorgeschriebene Rolle. Er senkte den Kopf, schwankte von einer Seite zur anderen, griff die Eindringlinge an und vertrieb sie. Als jedoch ein Vogel einer anderen Gattung herbeiflog und sehr erfolgreich in den Kampf um das Futter eingriff, schenkte ihm der Enterich keine Aufmerksamkeit. Der Enterich war von Natur aus nicht einmal aggressiv; er ordnete nur den zweiten Enterich in eine abzulehnende Kategorie ein, den anderen Vogel jedoch nicht. Der zweite Enterich trug irgendein sichtbares Etikett, das die aggressive Reaktion auslöste.

Gewöhnlich wird angenommen, Aggression sei ein elementarer und unkontrollierter Instinkt, der das animalische Verhalten beherrschen müsse. Es wird angenommen, daß solche elementaren Triebe stärker seien als die intellektuellen Funktionen, die diese Triebe nicht zu kontrollieren vermögen. Dennoch ist die Auslösung der elementaren Instinkte davon abhängig, daß die Etiketts erkannt werden, und sowohl das als auch die Markierung mit Etiketts ist eine intellektuelle Funktion. Die Macht der elementaren Instinkte ist wie das Schießpulver in einem Gewehr. Die Effektivität eines Gewehrs hängt ebenso davon ab, wann abgedrückt wird und worauf das Gewehr gerichtet ist, wie von der Ladung.

Die Wirkung einer einfachen Etikettenänderung wird oft unterschätzt. Ein Mann, der im Begriff ist seine Frau zu verlassen, kann durch ihre Tränen und ihr Flehen umgestimmt werden. Er kann auch von seinem Entschluß abgebracht werden, wenn Freunde seine Pläne als «grausam» bezeichnen. Dennoch kann sich die Situation völlig ändern, wenn jemand das Etikett «emotionale Erpressung» anbringt und die Ansicht äußert, der Mann sei deren Opfer. Sofort sind die Tränen nicht mehr etwas, auf das man reagieren muß, sondern sie verwandeln sich in etwas, dem um jeden Preis Widerstand entgegengesetzt werden muß. Indes handelt es sich hier nur um eine intellektuelle Etikettenänderung.

Bei dem dritten Typ der mobilen Teilung bringt die Erzeugung einer bestimmten Einheit die Erzeugung einer entgegengesetzten Einheit mit sich. Das könnte man implizierte Teilung nennen. Das ist ungefähr so, als ob jemand ein Ende eines Stocks fände und annähme, es müsse irgendwo noch ein anderes Ende geben. Bei diesem Vorgang wird nicht nur impliziert, daß es noch ein anderes Ende gibt, sondern auch, daß das andere Ende ziemlich weit weg sein muß.

Jede Gruppe, die so viele gemeinsame Interessen hat, daß ihre Mitglieder sich selbst als «wir» verstehen, impliziert sofort das Vorhandensein einer anderen Gruppe, die dann «sie» ist. Die Teilung impliziert also einen Abstand und eine Getrenntheit der Interessen zwischen den beiden Gruppen. Sobald sich die Gruppen gebildet haben, besteht die Tendenz, sich immer weiter voneinander zu entfernen, wie bei der Polarisation politischer Parteien.

Wenn man den Begriff Emotionalismus prägt, gibt man sich mit der Eindeutigkeit des Begriffes nicht zufrieden, bis ihm etwas anderes gegenübergestellt wird. Man sucht nach dem anderen Ende des Stocks und stößt auf Intellektualismus. Die beiden werden dann als entgegengesetzte Pole behandelt, Eigenschaften, die verschieden sind und sich gegenseitig ausschließen. Diese implizierte Teilung führt zu der Vorstellung, ein Intellektueller sei zu keinen Emotionen fähig oder ein emotionaler Mensch könne nicht denken. Im wirklichen Leben übertrifft indes die Leidenschaftlichkeit mancher Intellektuellen offensichtlich die Leidenschaftlichkeit vieler Nicht-Intellektueller.

Die Einführung des Begriffs freier Wille impliziert sofort das dringende Bedürfnis nach etwas, das Determinismus genannt wird, das gegensätzlich, verschieden und von diesem Begriff getrennt ist. Etwas also, das geschaffen werden muß, um der Vorstellung von freiem Willen Deutlichkeit zu verleihen. In Wirklichkeit brauchen die beiden Sachverhalte überhaupt nicht gegensätzlich zu sein. Um Willensfreiheit zu haben, genügt die Vorstellung, daß man seinen freien Willen an den Tag legt, ob es nun eine Illusion ist oder nicht. Andererseits ist der Begriff freier Wille selbst schon ein determinierender Faktor. Die beiden sind keineswegs unvereinbar. Ihre Unvereinbarkeit ist nur geschaffen worden durch ein impliziertes Teilungsverfahren.

Wenn man den Begriff Erinnerungsoberfläche gebraucht, dann wird sofort die Vorstellung impliziert, man könne etwas von dieser Oberfläche ablesen. Erinnerungsoberflächen, von denen man nichts ablesen kann, läßt man außer acht. Diese implizierte Teilung ist wiederum falsch. Erinnerungsoberflächen sind zwar gewöhnlich ablesbar, doch das ist nicht wesentlich. Wenn die Erinnerungsoberfläche sich selbst liest, wenn kein Außenstehender da ist, der sie lesen muß, dann wird das Ablesen unnötig. Das ist bei der speziellen Erinnerungsoberfläche tatsächlich der Fall.

Die Einführung des Begriffs laterales Denken ist eine bewußte implizierte Teilung, um die Unzulänglichkeiten des vertikalen Denkens aufzuzeigen. Es ist damit beabsichtigt, das Denken aus der strikten Polarisierung der konsequenten Logik zu befreien, die es beherrscht. Durch Errichtung eines entgegengesetzten Pols kann man dieser Tendenz entgegenwirken.

Aus der Tendenz, Dinge als entgegengesetzte Pole zu behandeln, ergibt sich besonders die Gefahr, daß die Pole so weit wie nur möglich aneinander geraten. Ein Stock wird durch seine beiden Enden beschrieben, das heißt, durch die allerletzten Stückchen des Stocks in beiden

Richtungen. Wenn es also eine kontinuierliche Abstufung der Ansicht über irgendeinen Gegenstand gibt, wird diese keineswegs mit der Durchschnittsmeinung auf beiden Seiten der Mittellinie beschrieben, sondern mit den absoluten Grenzen auf jeder Seite. Das ist eine natürliche Tendenz der Erinnerungsoberfläche, denn sofern zwei Dinge nicht genügend weit voneinander entfernt sind, werden sie als ein Ding behandelt. So wird überhaupt jeder Unterschied zu einem absoluten Unterschied vergrößert. Genau derselbe Effekt erklärt den Vorgang, bei dem eine partielle Beschreibung zu einer totalen Beschreibung wird. Ein Politiker wird leicht als korrupt abgestempelt oder eine Frau als Hure, obwohl nur ein kleiner Teil ihres Verhaltens diese Beschreibung rechtfertigt. Wenn aber dieser kleine Teil der einzig distinktive Teil ist, dann wird er als repräsentativ für das Ganze angesehen.

Ein interessantes Beispiel dafür, wie irreführend implizierte Teilung sein kann, bot eine Diskussion über medizinische Fragen mit einem Kollegen, der eine klassische Ausbildung genossen hatte. Ich erwähnte, daß bei einem bestimmten Typ von niedrigem Blutdruck der Kreislauf dazu gebracht werden könne, sich selbst zu heilen, indem man den Patienten in leicht ansteigender Schräglage verharren läßt. Ich bemerkte, daß es schön wäre, wenn man das Umgekehrte bei hohem Blutdruck tun könnte, denn das sei eine so viel häufiger auftretende Krankheit. Er stimmte mir zu, daß es schön wäre, aber leider könne man nicht flacher als flach liegen.

Aufsteigend implizierte für ihn flach als das Gegenteil, und wie er sagte, kann man nicht flacher als flach liegen. Ich war verblüfft, denn für mich war das Gegenteil von ansteigend abfallend, und flach war nicht ein Ding an sich, sondern nur ein Stadium bei der Änderung der Schräglage von oben nach unten.

Die Mechanik der Polarisation

Die beiden Grundprinzipien, die bei der Polarisation auf der speziellen Erinnerungsoberfläche wirksam werden, sind Bewegung und Stabilität. Zu Bewegung kann es entweder kommen, wenn ein Muster, das schräg zu einem vorhandenen Muster liegt, auf das alte Muster zentriert wird, oder wenn ein Muster als Ganzes verschoben wird, damit es sich einem etablierten Muster anpaßt. Beide Vorgänge sind im wesentlichen dieselben, und beide werden als Diagramme auf Seite 188 gezeigt. Nach dem anderen Prinzip des Polarisationsprozesses sind etablierte Muster fixiert und starr.

Auf Seite 189 werden zwei verschiedene Typen von Kategorisierung gezeigt. Zum ersten Typus gehören starre Ablagekästen, und wenn etwas in einen solchen Ablagekasten hineingetan wird, dann bleibt es da. Zum zweiten Typus gehören zentrale Maste, ähnlich den Fahnenmasten, die nur eine Qualität zum Ausdruck bringen. Dinge gruppieren sich um diese Maste, aber in unterschiedlicher Dichte. Nichts Definitives trennt

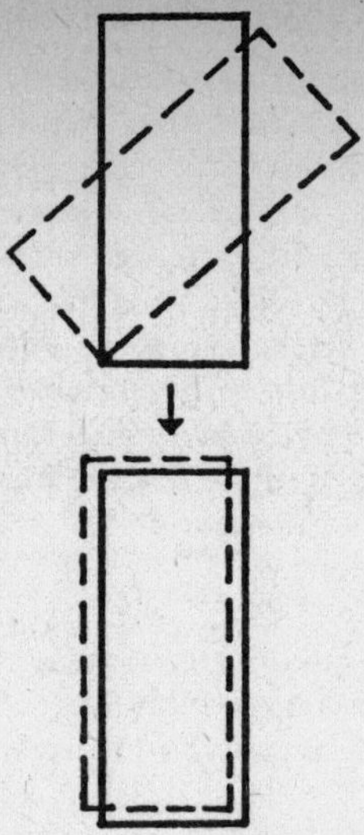

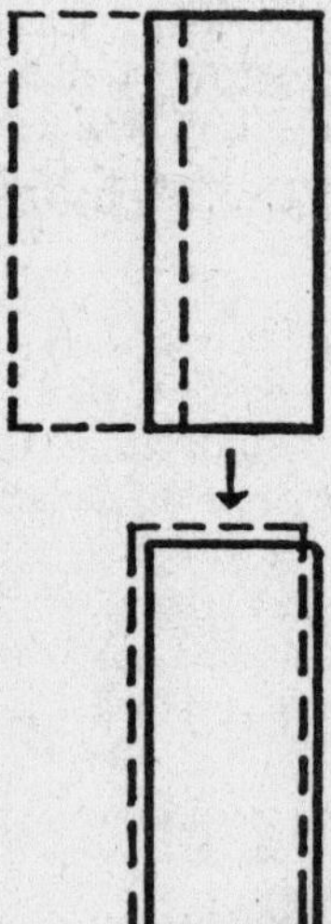

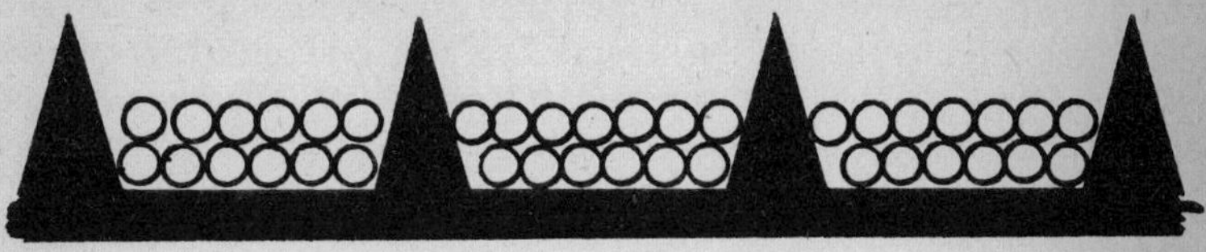

sie von einem anderen Mast. Manchmal sind sie unter einem Etikett zusammengefaßt, manchmal unter einem anderen; nichts ist absolut dabei, es geht nur darum, was im Augenblick wahrscheinlicher ist.

Eine der wichtigsten Beschränkungen der speziellen Erinnerungsoberfläche liegt darin, daß die Kategorien permanent sind. Die Muster sind auf einer permanenten Basis etabliert. Die Erinnerungsoberfläche kann nicht begreifen, daß eine Sache eine Zeitlang das eine ist, dann eine Zeitlang das Gegenteil und dann wieder umgekehrt. Es darf nur ein und dieselben Etiketts, ein und dieselben Definitionen und permanente Übereinstimmung geben. Vom praktischen Standpunkt aus ist das bequem, aber es kann einschränkend wirken. Sich von der fixierten Starrheit der Erinnerungsoberfläche befreien heißt, nicht eine verwaschene Formlosigkeit befürworten, sondern Formen, die in jedem Augenblick gleichermaßen definitiv sind, aber nicht so permanent; etwas, das alle möglichen Gestalten annehmen oder sich von einer Gestalt in eine andere und von dieser wieder zurückverwandeln kann. Dann würde man sich nicht für die statische Natur der Dinge interessieren, sondern für die ganze Skala ihrer möglichen Eigenschaften.

Verbunden mit diesem schwerwiegenden Mangel ist die Unfähigkeit, Gegenteiliges gleichzeitig in Betracht zu ziehen. Die Vorstellung von flexibler Starrheit wäre unannehmbar, denn sie würde sich auf zwei etablierte Muster erstrecken, die einander entgegengesetzt sind. Dennoch ist flexible Starrheit vielleicht ein idealer Zustand. Genug Starrheit, um Kontext, Bedeutung und Sicherheit zu bieten. Genug Flexibilität, um Wandel, Verbesserung, Abenteuer und Hoffnung zu bieten. Ein anderes nützliches Paar von Gegensätzen wäre unnachgiebige Unterwürfigkeit: in gewisser Beziehung ist es das, was beim frühen Christentum eine Rolle spielte. Ein weiteres Paar von Gegensätzen ist geordnete Freiheit, was einfach bedeutet, genug Ordnung für die Menschen, um frei sein zu können. Gesteuertes Chaos bedeutet, daß Chaos absichtlich erlaubt wird, damit auf unerwartete Weise Material zusammenkommt, das dann gesammelt und weiterentwickelt werden kann. Alle diese Gegensatzpaare sind sinnvoll, doch die Tendenz der speziellen Erinnerungsoberfläche wird darin bestehen, sie getrennt zu halten mit der Begründung, etwas Flexibles könne nicht starr sein, Unterwürfigkeit nicht unnachgiebig, Ordnung könne keine Freiheit hervorbringen, Chaos nicht gesteuert werden. Kurzum, jeder Pol sei bewußt etabliert worden, da er sich von dem entgegengesetzten Pol unterscheide.

Kontinuität
Die ganze Arbeitsweise der speziellen Erinnerungsoberfläche beruht auf Kontinuität. Die Erinnerungsoberfläche verarbeitet ankommende Information indem sie zuläßt, daß bereits gesammelte und neue Information einander beeinflussen. Das ist die einzige Verarbeitungsart, deren die Oberfläche fähig ist. Jede Information hinterläßt ihre Spur auf der Erinnerungsoberfläche, die ein Archiv für alles wird, was ihr widerfahren ist. Ganz allmählich bilden sich die Erhebungen und Vertiefungen der Erinnerungsoberfläche. Etablierte Konturen, etablierte Muster entstehen dort auf Grund von Kontinuität und Wiederholung.

Es gibt grundsätzlich zwei Methoden, mit einem Computer zu arbeiten. Bei der ersten Methode wird eine detaillierte Formel, nach der die Information zu behandeln ist, eingegeben. Der Computer arbeitet sich durch die Formel hindurch und gibt das Resultat bekannt. Die Formel ermöglicht eine vollständige einstufige Informationsverarbeitung. Bei der zweiten Methode führt der Computer eine einfache Operation aus, die die Information leicht verändert, und dann wird die Operation auf der Grundlage der geänderten Information wiederholt. Das geschieht solange, bis das endgültige Resultat vorliegt. Wenn die Aufgabe zum Beispiel darin besteht, die Zinseszinsen eines Geldbetrages zu berechnen, dann würde nach der ersten Methode eine Formel benutzt, die es gestattet, den Endbetrag von der Anfangssumme her zu errechnen. Die wiederholende Methode würde die Zinsen für das erste Jahr berechnen, dann, davon ausgehend, die Zinsen für das zweite Jahr und so weiter. Bei diesem Beispiel wäre die Formelmethode offensichtlich die bessere, aber in anderen Fällen wäre die wiederholende Methode viel genauer. Wenn die Aufgabe lautete, die Strömungsverhältnisse um einen Gegenstand zu berechnen, der sich durch Wasser bewegt, dann würde die wiederholende Methode zu einer besseren Lösung führen. Da Computer sehr rasch arbeiten, spielen die Umständlichkeit und die für die wiederholende oder iterative Methode erforderliche Zeit keine Rolle.

Die spezielle Erinnerungsoberfläche ist ein wiederholendes System. Die Veränderungen sind gering und einfach, und jede baut auf dem auf, was vorangegangen ist. Kontinuität ist das A und O eines solchen Systems. Eine allmähliche Ausbildung der Konturen kann nur stattfinden, wenn das, was gebildet wird, bis zur nächsten Etappe des Gestaltungsprozesses seine Form behält. Die spezielle Erinnerungsoberfläche reagiert immer auf Grund dessen, was in der Vergangenheit geschehen ist. Keinerlei Voraussagen können gemacht werden über das, was in Zukunft geschehen könnte, es sei denn, man würde annehmen, daß es genau dasselbe sei wie in der Vergangenheit. Die Dinge bleiben wie sie sind, bis sie durch etwas geändert werden, das bereits geschehen ist. Sie können nicht durch etwas geändert werden, das vielleicht geschehen könnte.

Es ist ziemlich einfach, ein Stück Würfelzucker auf einem anderen zu balancieren. Das fortzusetzen, bis ungefähr ein Dutzend Stückchen übereinandergestapelt sind, ist nicht so einfach; eine leichte Unebenheit im Anfangsstadium wird vergrößert, wenn der Turm wächst. Schließlich stürzt der Turm um, und das nur wegen der Unebenheit im Anfangsstadium.

Zwei Wanderer, die leicht divergierende Wege gehen, sind zu Anfang nicht weit voneinander entfernt, aber sie entfernen sich immer weiter voneinander. Die Art und Weise, wie etablierte Muster aufgebaut werden, weist die gleiche Kontinuität auf. Wenn die sich langsam entwikkelnden Muster zu weit von der Realität abweichen, dann geschieht etwas Ungewöhnliches, und das Muster tendiert dazu, sich zu ändern.

In der psychoanalytischen Theorie ist es üblich anzunehmen, daß das Verhalten im späteren Leben weitgehend bestimmt wird durch das, was in der Kindheit geschehen ist. Die Erwachsenenmuster werden als eine kontinuierliche Entwicklung der Kindheitsmuster angesehen. Eine Abweichung in der Kindheit kann das Muster weiterhin beherrschen, bis es sich schließlich im Erwachsenenalter als ungeeignet erweist, ebenso wie der Turm aus Würfelzucker wegen einer Unregelmäßigkeit im Anfangsstadium später seine Stabilität verliert.

Wenn jedoch die Abweichung zu einem Muster führt, das unbrauchbar ist, dann ändert der gewöhnliche Adaptationsprozeß das Muster. Ebenso ist es mit der Information. Einheit um Einheit wird die Information kontinuierlich aufgebaut, aber wenn die Kluft zwischen dem etablierten Muster und den tatsächlichen Geschehnissen zu groß wird, dann wird das Muster geändert. Die praktische Schlußfolgerung daraus ist, daß große Irrtümer besser sind als kleine. Bei kleinen Irrtümern kann die vorhandene Information polarisiert werden, um sich den Irrtümern anzupassen. Bei großen Irrtümern ist die Kluft so groß, daß die Information als neue Information behandelt wird, die das etablierte Muster unterbrechen und ändern kann.

Wenn ein etabliertes Muster nicht so falsch ist, daß es die Wechselwirkung zwischen der Erinnerungsoberfläche und der Umgebung ernstlich behindert, wird es nicht korrigiert. Wenn es sich nur um Modifikationen in der Betrachtung der Dinge handelt, so führt das noch nicht zu Korrekturen. Geschmäcker und Gewohnheiten sind sehr unterschiedlich von einem Land zum anderen. Die Franzosen konsumieren nur einen Bruchteil der Eiskrem, die die Engländer konsumieren, und die Engländer nur einen Bruchteil dessen, was die Amerikaner konsumieren. Dieses Muster tendiert dazu, sich selbst zu erhalten, weil die Eßgewohnheiten der Kinder beeinflußt sind durch die ihrer Eltern, und auch aus dem Grunde, weil ein geringer Konsum von Eiskrem nicht zu höheren Werbungsausgaben für Eiskrem ermutigt. Dieselbe Art Kontinuität macht erklärlich, warum in Frankreich Französisch und in England Englisch gesprochen wird. Änderungen, wie die, daß in Amerika Amerikanisch gesprochen

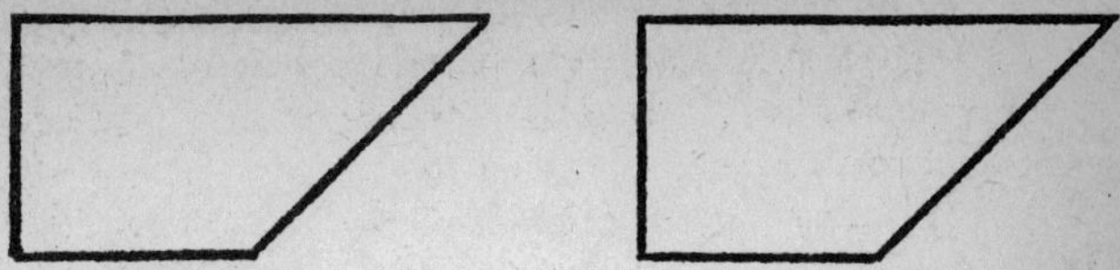

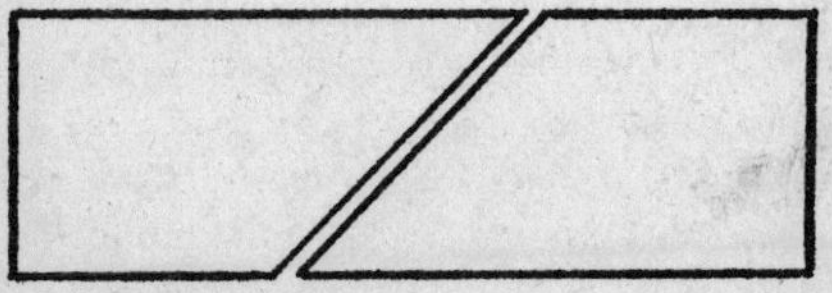

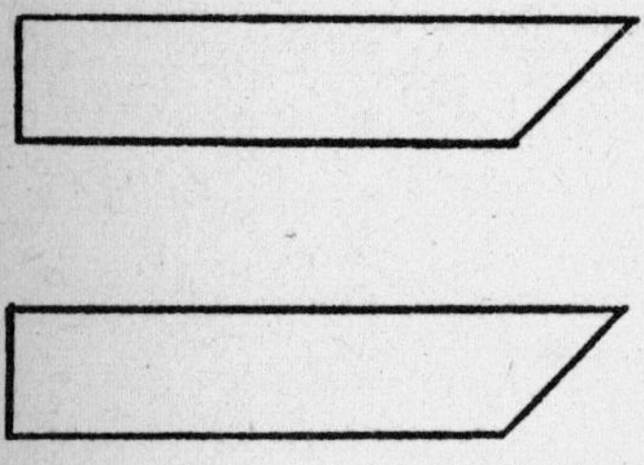

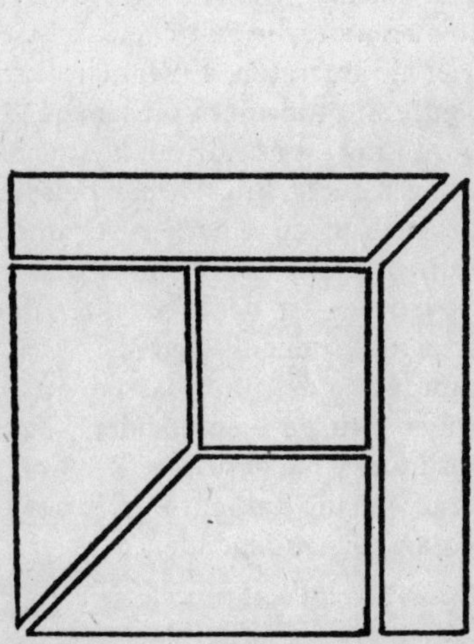

wird, können vorkommen, sie sind aber gewöhnlich unbedeutend und setzen sich nur langsam durch. Es ist nicht das Wesen des Systems, sich zu ändern.

Die Art und Weise, wie Information auf der Erinnerungsoberfläche zu etablierten Mustern verarbeitet wird, ist sehr stark von der Reihenfolge, in der die einzelnen Informationen ankommen, bestimmt. Die bestmögliche Anordnung dieser Information sollte indes von der Information selbst abhängen und nicht von der Reihenfolge, in der sie eintrifft. Die Ankunftszeit der Information fügt einen Faktor hinzu, der bei der endgültigen Zusammensetzung der Information nicht vorhanden sein dürfte, wenn die endgültige Zusammensetzung die bestmögliche sein soll.

Die spezielle Erinnerungsoberfläche ist ein selbstmaximierendes System, das jederzeit die beste Anordnung der in einem bestimmten Augenblick verfügbaren Information herstellt. Dieses Muster tendiert dazu, durch Kontinuität erhalten zu bleiben, selbst wenn weitere Information verfügbar ist, die ein Alternativmuster möglich machen würde.

Auf Seite 193 sind zwei dünne Plastikplättchen abgebildet, die jemandem mit der Anweisung gegeben werden, er solle sie in einer leicht beschreibbaren Form anordnen. Die Plättchen werden gewöhnlich so angeordnet, daß sie – wie in der Abbildung – ein Rechteck bilden. Das könnte als eine Selbstmaximierung der zu diesem Zeitpunkt vorhandenen Information angesehen werden. Dann wird ein weiteres Plättchen hinzugefügt, das auf Seite 193 unten zu sehen ist. Die Aufgabe lautet nun, die drei Plättchen in einer leicht beschreibbaren Form anzuordnen. Das Ergebnis ist gewöhnlich wiederum ein Rechteck, wie auf Seite 194 gezeigt. Dann werden noch einmal zwei Plättchen hinzugefügt. Sehr wenig Leute sind imstande, die nächste Etappe zu bewältigen.

Die komplette Folge wird auf Seite 195 gezeigt. Die Schwierigkeit besteht darin, daß Kontinuität und Selbstmaximierung das zweite Rechteck fast unvermeidlich machen, wenn das erste gelegt worden ist. Das ist nur natürlich. Wenn man indes die Plättchen als Plättchen betrachtet und die Reihenfolge, in der sie auftreten, außer acht läßt, ist das quadratische Muster eine ebenso gute Anordnung. Von dem quadratischen Muster bis zur endgültigen Anordnung ist es nur ein kleiner Schritt, aber von dem Rechteck aus läßt er sich nicht tun. Dieses Beispiel illustriert, daß die Anordnung der Information zu einem bestimmten Zeitpunkt höchst vernünftig sein kann, und daß sie dennoch die weitere Entwicklung blockieren kann. Genau das ist der Charakter des auf der speziellen Erinnerungsoberfläche wirkenden Systems.

Die endgültige Anordnung der fünf Plastikplättchen könnte unabhängig von den vorherigen Mustern entstanden sein. Sie könnte einfach durch diejenige Anordnung, die das beste Resultat ergibt, zustande gekommen sein. Leider lassen die Reihenfolge, in der die Plättchen angeboten werden und die dazwischenliegenden Muster eine solche unbeeinflußte Anordnung der Information auf der speziellen Erinnerungsoberfläche nicht zu.

Da die Ankunftszeit der Information von großer Bedeutung ist, muß die laufende Anordnung der Information auf der speziellen Erinnerungsoberfläche im allgemeinen schlechter sein als die bestmögliche unbeeinflußte Anordnung. In jedem Zwischenstadium kann die Anordnung richtig sein, aber das gewährleistet nicht, daß die endgültige Anordnung richtig ist oder auch nur jemals richtig sein kann in Anbetracht der dazwischenliegenden Muster. Der einzige Mechanismus, durch den diese inhärente Grenze der Informationsverarbeitung auf der speziellen Erinnerungsoberfläche berichtigt werden kann, ist Intuition. Das ist nur ein teilweiser Ausgleich, der jedoch ganz verblüffende Wirkungen hervorbringen kann. Dieser Intuitionsmechanismus ist in einem früheren Abschnitt besprochen worden.

28.

Neigung

Bisher sind die Nachteile der unbeeinflußten, uneigennützigen Erinnerungsoberfläche dargestellt worden. Als nächstes soll untersucht werden, wie die eigennützigen Belange des Körpers, der sich der speziellen Erinnerungsoberfläche bedient, die Informationsbehandlung auf der Oberfläche beeinflussen. Bedürfnisse wie Hunger, Durst oder Sex treten auf. Es kann zu Reaktionen wie Angst oder Ärger kommen. Das sind Dinge, die gewöhnlich unter den Überschriften Emotion, Stimmung, Motivierung, Trieb behandelt werden. Zusammengefaßt sind das die Dinge, die innere Muster auf der Erinnerungsoberfläche hervorbringen. Unter innerem Muster ist einfach irgendein Effekt auf der Erinnerungsoberfläche zu verstehen, der zu dem Muster, das die aus der Umgebung stammende Information zurückgelassen hat, noch hinzukommt.

Funktionaler gesehen ist das einzig Wichtige an diesen inneren Mustern, daß sie auf der Erinnerungsoberfläche dominieren. Immer wenn ein inneres Muster aktiviert wird, tendiert der aktive Bereich auf der Erinnerungsoberfläche dazu, dieses Muster einzuschließen.

Normalerweise dominiert auf der Erinnerungsoberfläche der Bereich, der in dem betreffenden Augenblick die niedrigste Schwelle hat, und das hängt davon ab, was der Oberfläche gerade angeboten wird, was kurz zuvor auf der Oberfläche geschehen ist, und von dem Grad der Etabliertheit der verschiedenen Muster auf der Oberfläche. All das sind Faktoren, die ausschließlich die Information betreffen. Die inneren Muster führen zu Hervorhebungen, die von diesen Faktoren unabhängig sind. Eine über den Boden gerollte Kugel wird ihre Richtung ändern je nach den Unebenheiten des Bodens. Wenn die Kugel aber, wie beim Bowling, einseitig mit einem Stückchen Blei beschwert ist, um ihr einen bestimmten Drall zu geben, dann wird die Richtung der Kugel von diesem inneren Drall

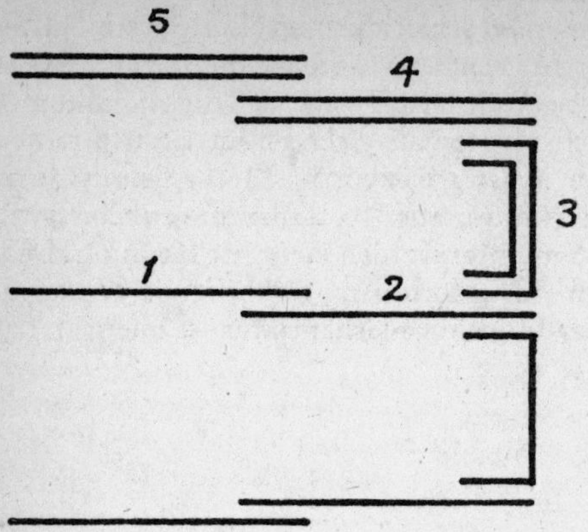
5
4
3
1
2

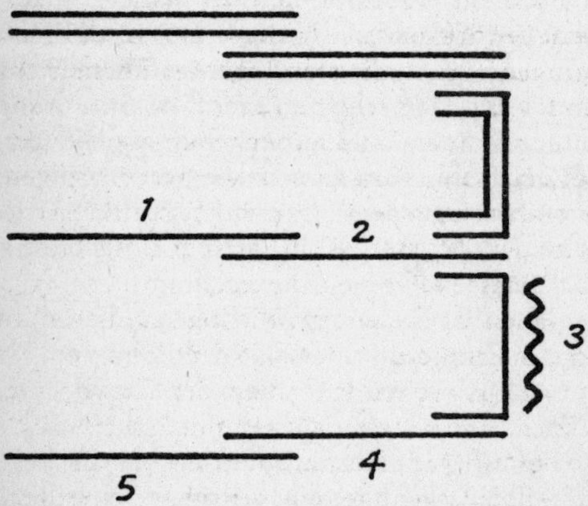
1
2
3
4
5

beherrscht (obwohl die Wirkung der Unebenheiten des Bodens nicht völlig ausgeschaltet wird). Dieser Drall oder diese Neigung führt zu einer unabhängigen Hervorhebung. In diesem Sinne können die inneren Faktoren als Neigungen zusammengefaßt werden. Nun ist zu untersuchen, wie diese Neigungen die Informationsverarbeitung der speziellen Erinnerungsoberfläche beeinflussen.

In der Praxis ist es so, daß Neigungen auftreten und nach einiger Zeit wieder verschwinden. Wenn eine bestimmte Neigung aktiv ist, dominieren die etablierten Muster, die durch sie hervorgehoben werden, vorübergehend die anderen Muster, aber dieser Effekt ist nicht von Dauer. In bezug auf die reine Information kann diese variable Neigung äußerst nützlich sein, denn sie bedeutet, daß es eine Änderung der Flußfolge durch etablierte Muster geben kann, wenn sich die Neigung ändert. Eine derartige Änderung ist die Grundlage für Lernen und Verständnis. Dieselbe Variabilität ist auch die Grundlage der Kreativität.

Bei der Evolution gibt es einen Änderungsprozeß, auf den ein Selektionsprozeß folgt. Die natürliche Entwicklung von Mustern auf der Erinnerungsoberfläche ist ein allmählicher Änderungsprozeß. Der Neigungsprozeß liefert die Selektion. Diejenigen Muster, die besonders nützlich sind, werden vorübergehend hervorgehoben, und das führt zu einer so häufigen Verwendung, daß sie stärker etabliert werden als die anderen. Dieser Selektionsprozeß kann viele Mängel der Erinnerungsoberfläche wettmachen, besonders die Kontinuität, die sonst vielleicht Muster hervorbringen würde, die stark von der Realität abwichen und kaum praktischen Wert hätten.

Variabilität und Selektion sind die nützlichen Aspekte des Neigungssystems. Die Neigung kann aber auch in weniger nützlicher Weise die Informationsverarbeitung auf der Erinnerungsoberfläche beeinflussen.

Da die Richtung der Aufmerksamkeit lediglich den Weg des Aktivierungsbereichs über die Erinnerungsoberfläche widerspiegelt, spielt die Neigung eine große Rolle bei der Lenkung der Aufmerksamkeit. Wenn man hungrig ist und durch die Straßen fährt, fallen einem Cafés und Restaurants mehr auf als alles andere. Diese Lenkung der Aufmerksamkeit ist von gewissem Nutzen, aber sie kann bedeuten, daß noch nützlichere Informationen ignoriert werden. Bei dem angeführten Beispiel könnte die ignorierte Information ein Wegweiser oder ein Sperrschild sein. Die ignorierte Information kann an sich nützlich sein oder an sich uninteressant und nur dann nützlich, wenn sie zu bereits gesammelter Information hinzukommt.

Selbst wenn der Neigungsprozeß im Augenblick eine nützliche Selektion ermöglicht, kann die Selektion sich später in einen Nachteil verwandeln. Ein Geschäftsmann, der eine Sekretärin anstellt, weil ihre Stimme sexy ist, wird vielleicht darunter leiden, daß sie schlecht schreibt, während die tüchtige Stenotypistin mit der unangenehmen Stimme eine andere Stellung angenommen hat. Der Filmregisseur, der eine junge

Dame protegiert, um ihre Gunst zu erwerben, stellt vielleicht fest, daß ihre schauspielerischen Leistungen doch hinter ihren weiblichen Qualitäten weit zurückbleiben.

Es kommt vor, daß die innere Neigung nicht so fluktuiert, wie sie sollte, sondern eher dauerhaft ist. Wenn das zum Beispiel bei Angstzuständen eintritt, dann würde das Verharren dieser Neigung zur Selektion jener Aspekte führen, die angsterregend sind. Mitmenschen würden dann als Angreifer gesehen, Autos als Dinge, die einen überfahren können, Hunde als böse Tiere. In gesteigerter Form wäre ein Mensch, der davon betroffen ist, überhaupt unfähig, sein Haus zu verlassen. Selbst in gemilderter Form muß die Auswirkung einer solchen Neigung auf die Informationsverarbeitung beträchtlich sein.

Immer, wenn die Neigung besonders stark ist, werden die unmittelbar relevanten Muster alle anderen absolut dominieren. In einer Paniksituation ist die Angst so groß, daß die Hervorhebung der unmittelbar relevanten Tätigkeit, zum Beispiel der, zum Hauptausgang des brennenden Kinos zu stürzen, zur Verdunkelung von weniger unmittelbaren, aber nützlichen Tätigkeitsmustern führt, zum Beispiel dem, sich nach anderen Ausgängen umzusehen. Das ist ein extremer Fall, aber derselbe Effekt läßt sich auch in anderen Situationen finden. Wenn ein Huhn durch ein kurzes Drahtgitter von seinem Futter abgeschnitten ist, wird es versuchen, direkt zum Futter zu gelangen, statt vom Futter weg und um das Drahtgitter herum zu gehen. Ein Junge geht vielleicht von der Schule ab, weil er schneller in den Genuß von selbstverdientem Geld kommen will. Der indirekte Weg, nämlich länger in der Schule zu bleiben, um dann eine bessere Stellung zu bekommen, ist weniger ansprechend. In der Praxis ist die Hervorhebung des direkten Weges selten ein Nachteil, weil der direkte Weg oft der beste ist, und wenn er blockiert ist, können andere Wege versucht werden, so wie im Gegensatz zu einem Huhn ein Hund schließlich um das Drahtgitter herum laufen würde. Die Hauptschwäche ist, daß der direkte Weg zu einer Lösung führen kann, die zwar einigermaßen befriedigend ist, aber viel weniger wirkungsvoll als eine andere Lösung. Jemandem einen Schlag auf den Kopf zu versetzen, kann eine adäquate vorübergehende Lösung eines ärgerlichen Problems sein, aber es ist nicht unbedingt die bestmögliche Lösung. Hinsichtlich der Information hebt die Neigung die etablierten Muster hervor, die auch schon früher die relevantesten waren, und ignoriert vielleicht bessere Musteranordnungen, die ausschließlich auf Grund der Information zustande gekommen sind. Letztlich kann allein das Neigungssystem entscheiden, ob Information nützlich ist oder nicht. Allerdings kann es für die Informationsverarbeitung auch nachteilig sein. Reine Informationsverarbeitung wird manchmal ein – aus der Perspektive des Neigungssystems – nützlicheres Ergebnis bringen, als die von der Neigung beeinflußte Informationsverarbeitung. Es handelt sich nicht darum, dem Kopf Vorrang vor dem Herzen einzuräumen, denn schließlich muß das Herz wichtiger sein. Aber es mag notwendig sein zu erkennen, daß der Kopf mehr für das Herz tun kann als das Herz für sich selbst.

Vielleicht läßt sich der wichtigste Effekt des Neigungssystems herausfinden, wenn die Neigung nicht besonders stark ist, nicht einmal stark genug, um selbst erkannt zu werden. In solchen Fällen kann die von der Neigung erzeugte Hervorhebung stark genug sein, um den Gedankenfluß in eine Bahn abzulenken, die er sonst nicht einschlagen würde, und dennoch scheint es, als sei die Bahn rein auf Grund einer Information gewählt worden. Auf Seite 198 befindet sich ein d-Linien-Diagramm, das den Weg, den der Fluß nimmt, einmal ohne Neigung und dann mit Neigung zeigt, wobei die Neigung durch eine Schlangenlinie angedeutet ist. Wenn Sie etwas von Anfang an nicht mögen, dann können Sie immer Gründe finden, die diese Abneigung erklären. Aber Ihre Abneigung scheint auf den Gründen zu beruhen.

Der Vorteil des Neigungssystems liegt darin, daß es zu einer Hervorhebung führt, die unabhängig ist von der Hervorhebung, die durch die Selbstorganisation der auf die Erinnerungsoberfläche gelangenden Information zustande kommt. Der Nachteil des Neigungssystems ist genau derselbe.

29.

Überblick über die Fehler

Die Irrtümer, Fehler und Unzulänglichkeiten der Informationsverarbeitung auf der Erinnerungsoberfläche sind unvermeidbar, weil sie sich unmittelbar aus der Art ihrer Organisation ergeben. Die Fehler können nicht eliminiert werden, ohne daß gleichzeitig die unerhört großen Vorteile dieser Art Oberfläche verlorengehen. Auch können die Fehler nicht dadurch eliminiert werden, daß sie bewußt vermieden werden, denn das System ist passiv. Ebensowenig können die Fehler, wenn sie vorkommen, erkannt werden, denn das schließt ein vergleichbares Alternativmuster ein.

Die einzig denkbare Art, die Fehler zu kompensieren, ist das Wissen, daß sie unvermeidlich sind, möglichst in Verbindung mit Techniken für die Benutzung der Oberfläche, die die Fehler vermindern. Solche Techniken werden dann der Oberfläche als organisierende Muster eingegeben, die die Informationsverarbeitung passiv beeinflussen können.

Da die Irrtümer aus der mechanischen Struktur des Systems entstehen, sind sie genau definierbar und voraussagbar. Einzelne Irrtümer sind nicht unbedingt voraussagbar, obwohl sie es sein könnten. Doch die allgemeinen Fehlertypen sind voraussagbar.

Die Fehlertypen können wie folgt zusammengefaßt werden: Es etablieren sich definitive Einheiten und Muster, die sehr starr werden, so daß sie mit der Zeit eher dazu tendieren, die Information zu verändern, als von ihr verändert zu werden. Organisierende Muster werden selbstperpetuierend wie Mythen. Die Adäquatheit all dieser Muster wird dadurch beeinträchtigt, daß die zeitliche Reihenfolge des Eintreffens der Information eine so wichtige Rolle spielt. Schließlich gibt es eine innere Neigung, die in so verschwommener Weise wirksam wird, daß sie zu Verzerrungen führt.

Die selbstkorrigierenden Tendenzen des Systems reichen nicht aus, um die Unzulänglichkeiten zu kompensieren. Das Neigungssystem wirkt als ein nützlicher, aber schwerfälliger selektiver Prozeß. Intuition kann Fehler, die auf den Ankunftszeitpunkt der Information zurückzuführen sind, wettmachen, aber sie ist vom Zufall abhängig und tritt nicht häufig auf. Kommunikation und das Koordinieren von Erfahrung können Fehler eliminieren, sie können sie aber auch vergrößern.

Abgesehen von den tatsächlichen Fehlern oder Irrtümern gibt es inhärente Grenzen des Systems. Das System ist so geartet, daß es zwar aus Chaos Ordnung schafft, aber eher eine alte Ordnung einführt, als sich einer neuen bewußt zu werden. Das Erkennen einer neuen Ordnung muß notgedrungen hinter der Verfügbarkeit einer solchen neuen Ordnung für die Information zurückbleiben.

Vielleicht können die funktionalen Charakteristika des Systems in einem einzigen Phänomen zusammengefaßt werden. Das ist das Finden der offenkundigen Lösung einer Aufgabe, die sehr schwierig war. Erst nachdem die Lösung gefunden ist, wird sie als offenkundig angesehen. Ein solches Verhalten ist charakteristisch für einen speziellen Typ von Informationsverarbeitung.

30.

Denken

Denken ist der Aktivitätsfluß von einem Bereich der speziellen Erinnerungsoberfläche zu einem anderen. Der Fluß ist völlig passiv und folgt den Konturen der Oberfläche. Es handelt sich nicht um eine von außen wirkende Kraft, die die Richtung angibt. Die Reihenfolge, in der die Bereiche aktiviert werden, bestimmt den Fluß des Denkens. Der Fluß kann kontinuierlich sein, das heißt, er kann sich von einem Bereich zu einem angrenzenden begeben, oder die Aktivität kann in einem Bereich erlöschen und in einem anderen, nicht angrenzenden Bereich neu einsetzen. Wenn eine Pause eintritt, kann ein Bild entstehen; wenn keine Pause eintritt, braucht kein Bild zu entstehen. Der Fluß selbst kann kontinuierlich sein, ob nun die Bilder einander folgen oder ob es Unterbrechungen gibt. Obwohl der Fluß völlig passiv ist, können gewisse künstliche Organisationsmuster, die die Richtung des Flusses beeinflussen, auf der Oberfläche etabliert werden. Solche Muster werden der Oberfläche gewöhnlich bewußt eingegeben.

Vier verschiedene Typen des Denkens sind erkennbar. Ihr Grundcharakter ist immer noch der passive Aktivitätsfluß über die Erinnerungsoberfläche, doch in jedem einzelnen Fall sind die künstlichen Organisationsmuster verschieden.

Natürliches Denken
Man könnte es auch rohes, einfaches oder sogar primitives Denken nennen. Die grundlegenden Konturen der Oberfläche bestimmen, wohin sich der Fluß bewegt, und es gibt keine hinzugefügten künstlichen Muster, die störend wirken können. Der Fluß wird bestimmt durch das natürliche Verhalten der Oberfläche und hat infolgedessen gewisse definitive Charakteristika.

Wiederholung
Wenn beim natürlichen Denken etwas dreimal gesagt wird, dann ist es richtiger, als wenn etwas nur einmal gesagt wird. Wiederholung führt zur Dominanz, und der natürliche Fluß folgt einfach der Dominanz. Eine leuchtende Farbe läßt einen Gegenstand stärker hervortreten als eine dunkle Farbe. Ein großer oder ein lärmender Mann wird die wichtigste Person im Raum.

Ein anderes Charakteristikum des natürlichen Denkens ist seine Tendenz, sich völlig von einer Neigung beherrschen zu lassen, wenn ein inneres Bedürfnis sich meldet. Selektierte Muster sind am engsten mit diesen Bedürfnissen verbunden, und von diesen Mustern werden wahrscheinlich eher die direkt verbundenen gebraucht als irgendwelche anderen Muster. Wenn man Durst hat, denkt man an ein Glas Bier und nicht an den Mechanismus des Trinkens.

Ein weiterer Zug des natürlichen Denkens ist der vollständige Mangel an Proportion. Wenn sich zufällig ein Ire betrinkt und randaliert, dann zieht das natürliche Denken den Schluß, alle Iren seien immer betrunken. Wenn einige Studenten rebellieren, dann sind alle Studenten rebellisch. Beim natürlichen Denken kommt es nur auf die Hervorhebung an. Ein stark betrunkener Ire bewirkt ebenso viel Hervorhebung wie eine Reihe leicht betrunkener Iren. Die Tatsache, daß die meisten Iren nicht betrunken sind, kann die Hervorhebung nicht annullieren, denn wenn das Muster einmal etabliert ist, kann es nicht ausgelöscht, sondern nur geändert werden. Und beim natürlichen Denken gibt es keine Möglichkeit, ein Muster zu ändern, da der Denkfluß einfach der Hervorhebung folgt.

Der Mangel an Proportion im natürlichen Denken ähnelt in mancher Beziehung dem Inhalt von Zeitungen. Das Merkwürdige, das Ungewöhnliche, das Emotionale, alles wird ebenso stark hervorgehoben wie normale Ereignisse oder sogar noch mehr, obwohl die letzteren für das wirkliche Leben viel wichtiger sind. Etiketts und Kategorien werden beim natürlichen Denken viel verwendet, denn sie ermöglichen rasche Interpretation und beständige Lenkung des Flusses. Es gibt wenig Unbestimmtheit und Unentschiedenheit im natürlichen Denken, denn selbst ein geringer Grad von Dominanz in einem Bereich reicht aus, um den Fluß anzuziehen.

Der Mangel an Proportion gilt besonders für das Erkennen von Alternativen. Auf Grund des Charakters der speziellen Erinnerungsoberfläche wird ein Muster ausgewählt unter Ausschluß eines Alternativmusters, selbst wenn das andere Muster eine sehr wahrscheinliche Alternative ist. Da es beim natürlichen Denken kein Zögern gibt, werden Alternativen nie berücksichtigt.

Im allgemeinen bewegt sich das natürliche Denken von einem Bild zum anderen, wie es von der Hervorhebung oder der Neigung gelenkt wird. Klassifikationen, Namen und Etiketts bedeuten nicht mehr als momentane statistische Wahrscheinlichkeiten.

Das natürliche Denken tendiert dazu, sich von einem Klischee zum anderen zu bewegen. Diese Klischees sind vielgebrauchte Muster, die sich als Einheiten etabliert haben. Derartige Einheiten werden immer größer. Sobald der Fluß des Denkens eine solche Einheit erreicht hat, wird er dem Klischeemuster folgen und Variationen, modifizierende Faktoren oder Seitenwege ignorieren. Das natürliche Denken bedient sich der absoluten und extremen Muster, denn diese werden leichter etabliert als die dazwischenliegenden. Abstraktion ist selten im natürlichen Denken, weil die Stoßkraft etablierter Klischee-Muster es unwahrscheinlich macht, daß nur ein Teil eines Musters verwendet wird. Das natürliche Denken tendiert dazu, eher konkrete Bilder und persönliche Erfahrung zu verwenden als Muster, die übernommen und fernliegend sind. Für das natürliche Denken sind die etablierten Klischeemuster das Wichtige und die Verbindungsglieder unerheblich.

In mancher Beziehung ist Traumdenken eine Karikatur des natürlichen Denkens. Beim natürlichen Denken spiegelt indes die Flußfolge die natürliche Ordnung wider, denn auf diese Weise sind die Konturen auf der Erinnerungsoberfläche etabliert worden. Beim Traumdenken scheint es weniger eine Folge zu geben als vielmehr die spontane Aktivierung einzelner Bereiche auf der Erinnerungsoberfläche. Diese spontane Aktivierung wird dann durch den Fluß, der jeder spontanen Aktivierung folgt, lose zu irgendeinem Muster verknüpft. Beim Traumdenken kommen zuerst die einzelnen Gegenstände und dann erst die Reihenfolge. Beim natürlichen Denken kommt die Reihenfolge zuerst und die Gegenstände in zweiter Linie. Doch bei beiden Typen sind die Gegenstände oder Klischeemuster wichtiger als das verbindende Material.

Beim Traumdenken kann es geschehen, daß die Aktivierungsbereiche auf Grund ihrer Relevanz oder auf Grund der Verbindung mit einem wirksamen inneren Muster, zum Beispiel der Angst, ausgewählt werden. Das bestimmt das Abrufen der Gegenstände. Beim natürlichen Denken folgen die Gegenstände einander in natürlicher Reihenfolge, auch wenn die Hervorhebung unnatürlich ist.

Kurzum, das natürliche Denken ist die natürliche Verhaltensweise der Erinnerungsoberfläche. Die Flußfolge hält sich an die Konturen der Oberfläche. Der Denkfluß ist prompt, direkt und von Grund auf adäquat. Aber er ist auch ganz beträchtlichen Irrtümern unterworfen.

31.

Logisches Denken

Natürliches Denken ist sehr flüssig. Gerade diese Flüssigkeit ist die Fehlerquelle, denn Flüssigkeit bedeutet, hervorgehobenen Mustern zu folgen, wie immer diese Hervorhebung auch zustande gekommen sein mag. Logisches Denken ist eine Verbesserung gegenüber dem natürlichen Denken, weil es die Auswüchse des natürlichen Denkens zügelt. Logisches Denken ist ein bewußter Versuch, die Übertreibungen des natürlichen Denkens einzuschränken. Diese Einschränkung wird bewirkt durch selektive Blockierung der natürlichen Bahnen des Flusses.

Logik ist die Handhabung des NEIN.

Natürliches Denken tendiert dazu, den hervorgehobenen Bahnen zu folgen, aber wenn diese Bahnen mit einem NEIN versperrt sind, dann muß der Fluß andere Bahnen einschlagen. Dieser Effekt wird in Diagrammform auf Seite 206 gezeigt. Die meisten logischen Prozesse können auf Identität und Nicht-Identität zurückgeführt werden. Wenn es aber einen für das Erkennen der Nicht-Identität empfindlichen Mechanismus gibt, dann braucht nichts getan zu werden, um die Identität zu entdecken, denn sie wird sich selbst aussondern. Das logische Denken bedient sich des natürlichen Denkflusses, steuert ihn aber mit Hilfe eines empfindlichen Mechanismus, der die Nicht-Identität erkennt und mit einem Etikett versieht.

Es gibt zwei Teile bei der logischen Steuerung. Der erste Teil ist die Bereitstellung einer passenden Einrichtung zur Bezeichnung der Nicht-Identität. Sie wird durch NEIN und all die verschiedenen Typen der Verneinung, die in diese große Rubrik gehören, dargestellt. Der zweite Teil ist Übung im Anwenden dieser Einrichtung, um eine erhöhte Empfindlichkeit für das Erkennen jener Situationen zu entwickeln, die das NEIN-Etikett erfordern.

Nicht-Identität ist nur ein anderer Ausdruck für Fehler, Fehlentwicklung oder feststellbaren Unterschied. Die Verwendung von NEIN bedeutet, daß eine Fehlentwicklung erkannt wird. Damit es überhaupt zu einer Fehlentwicklung kommen kann, müssen zwei gegensätzliche Muster auf der Erinnerungsoberfläche vorhanden sein. Wie kommt es, daß NEIN auf eines dieser Muster angewandt wird, und wie gelingt es ihm, eben diese Muster zu sperren?

Es wäre einfach, wenn es eine von außen wirkende Kraft gäbe, die die

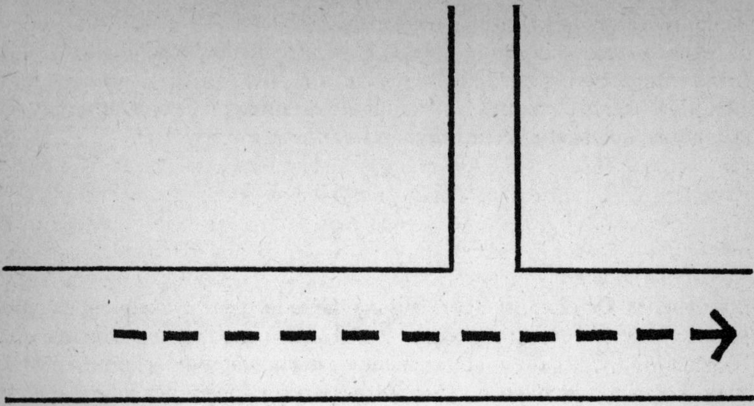

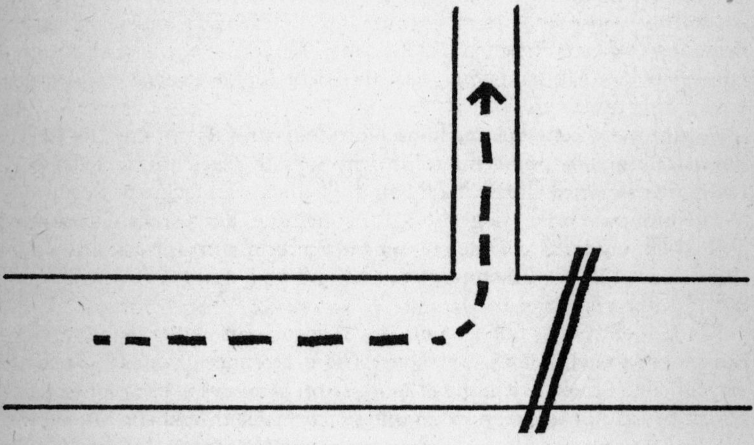

Fehlentwicklung erkennen und sie mit dem NEIN-Etikett versehen würde. Aber es gibt keine von außen wirkende Kraft, denn die spezielle Erinnerungsoberfläche ist ein passives, sich selbst organisierendes System. Das bedeutet, daß das NEIN-Etikett nur angebracht werden kann als Folge irgendeines Phänomens auf der Erinnerungsoberfläche selbst. Eine Fehlentwicklung könnte ein ausreichend deutliches Phänomen hervorrufen, wenn sie immer von irgendeinem physischen Zustand auf der Oberfläche begleitet wäre. Eine Fehlentwicklung ist ein Aktivierungsmuster, das versucht, sich in zwei Richtungen zugleich zu entwickeln. Dieser instabile Zustand könnte sehr wohl Anlaß geben zu einem inneren Muster wie Angst oder Spannung. NEIN wäre dann die symbolische Form dieser Bedrängnis. Die symbolische Form würde ebenso wie die Bedrängnis selbst mit dem instabilen Muster verbunden werden.

Es kommt vor, daß eine Fehlentwicklung auf der visuellen Ebene Anlaß gibt zu einem Unbehagen, das Übelkeit nahekommt. Wenn etwas als anders erkannt wird, als das, was man erwartet hatte, dann gibt es solche Bedrängnis. Manch eine Stenotypistin, die auf einer gewöhnlichen Schreibmaschine tippen gelernt hat, äußert Unbehagen, wenn sie sich zuerst an einer elektrischen Maschine versucht, bei der ihre angelernten Erwartungen nicht erfüllt werden. Eine Nationalflagge in abweichenden Farben kann denselben Effekt hervorrufen. Affen sind sehr beunruhigt, wenn ein ihnen gut bekannter Wärter plötzlich anders aussieht, weil er eine Maske trägt. Die Übelkeit bei der Seekrankheit mag etwas mit diesem Fehlentwicklungseffekt zu tun haben, und ästhetisches Vergnügen mag auf seinem Fehlen beruhen.

Durch Übung könnte dieses vage Gefühl von Bedrängnis zweckmäßig konkretisiert werden in der Verwendung von NEIN. NEIN würde dann als emotionale Reaktion wirken. Je deutlicher NEIN während der Erziehung als emotionale Reaktion etabliert würde, um so effektiver könnte es später sein. Auch wäre es möglich vorauszusagen, daß Menschen, die nicht fähig sind zu angemessener emotionaler Reaktion, unfähig seien, logisch zu denken. Möglicherweise könnte das auf einige Fälle von Psychopathie zutreffen.

Nach dieser Ansicht würde NEIN ebenso eine Reaktion auf ein allgemeines Phänomen der Erinnerungsoberfläche sein wie Humor oder Lachen. Die NEIN-Reaktion zeigt an, daß die Entwicklung eines Musters nicht in Übereinstimmung ist mit dem bereits etablierten Muster.

Die Frage, wie es kommt, daß das NEIN-Etikett überhaupt eine Wirkung hat, ist unabhängig von der Frage, wie es kommt, daß es angewandt wird. Als ein weiteres Muster auf der Erinnerungsoberfläche könnte das NEIN-Muster, wenn es mit einem anderen Muster verbunden würde, den Gedankenfluß in eine Sackgasse leiten, so daß die Reihenfolge blokkiert wäre. Dieser Effekt wird in d-Linien-Form auf Seite 209 gezeigt, wo eine der beiden Alternativlinien des Flusses blockiert ist durch die Hinzufügung von NEIN. Wichtiger als diese Blockierung durch Ablenkung könnte der emotionale Gehalt von NEIN als einer Angst- oder einer Vermeidungssituation sein. NEIN wäre ein geschickter Trick, um eine Vermeidungsreaktion an ein bestimmtes Muster anzufügen. Auf eine übliche Formel gebracht, würde diese Vermeidungsreaktion von derselben Art sein wie die Reaktion, die von Feuer hervorgerufen wird, nachdem festgestellt wurde, daß Feuer weh tut.

Interessant an der Handhabung von NEIN ist, daß es auf der speziellen Erinnerungsoberfläche seine Nützlichkeit aus seinem emotionalen Gehalt beziehen würde. Je mehr Emotion dem NEIN-Etikett durch die Erziehung verliehen würde, um so wirksamer wäre seine Verwendung und sein Effekt. Das wäre keineswegs ein intellektueller Effekt; das logische Denken wäre im Grunde emotional, wenngleich von einer sehr speziellen Art der Emotionalität.

Da das logische Denken etwas ist, das zur Steuerung hinzugefügt wird und sich auf höchst effiziente Weise des natürlichen Denkens bedient, müßte die Erinnerungsoberfläche durch eine äußere Quelle in der richtigen Anwendung geschult werden. Diese Schulung könnte darin bestehen, eine hohe Empfindlichkeit für die Fehlentwicklungsreaktion auszubilden, so daß das NEIN schon in einem frühen Stadium angewandt werden könnte. Das wäre dasselbe, als ob die ästhetische oder Humorreaktion zu hoher Empfindlichkeit entwickelt würde. Es könnte zur Schulung gehören, daß der emotionale Gehalt des NEIN-Symbols durch Bestrafung erhöht würde. Schließlich würde die Schulung im logischen Denken die Entwicklung gewisser spezieller Arten von Informationshandhabung, gewisse fixierte Muster einschließen. Solche fixierten Muster werden im nächsten Abschnitt besprochen. Ihre Funktion im logischen Denken wäre es, die Information so anzuordnen, daß die NEIN-Reaktion in eklatanterer Weise erfolgen könnte.

Die Wirkung des logischen Denkens ist jener vergleichbar, die ein Bauer erzielt, wenn er das Wasser zu seinen Feldern leitet, indem er einige Bewässerungskanäle sorgfältig absperrt, damit das Wasser durch andere fließt. Das logische Denken ist ein großer Fortschritt gegenüber dem natürlichen Denken, aber in bezug auf die Informationsverarbeitung sind ihm immer noch viele Grenzen gesetzt.

Zu frühe und zu leichte Anbringung des NEIN-Etiketts kann Bahnen versperren, die schließlich doch hätten nützlich sein können. Das war bei der Postkartenaufgabe der Fall, bei der viele Leute das NEIN-Etikett an dem Spiralmuster anbrachten und damit den Weg verließen, der zur Lösung führte. Es ist sehr schwierig, ein einmal angebrachtes NEIN-Etikett aufzuheben, wenn zusätzliche Information verfügbar ist, die es gegenstandslos macht. Sobald ein NEIN-Etikett angebracht ist, ist es unmöglich, den blockierten Weg weiterzugehen; dennoch gibt es Fälle, in denen es notwendig wäre, ein falsches Gebiet zu durchqueren, um jenseits dessen zu einem Punkt zu gelangen, von dem aus der richtige Weg sichtbar würde. Das logische Denken ordnet und verfeinert den

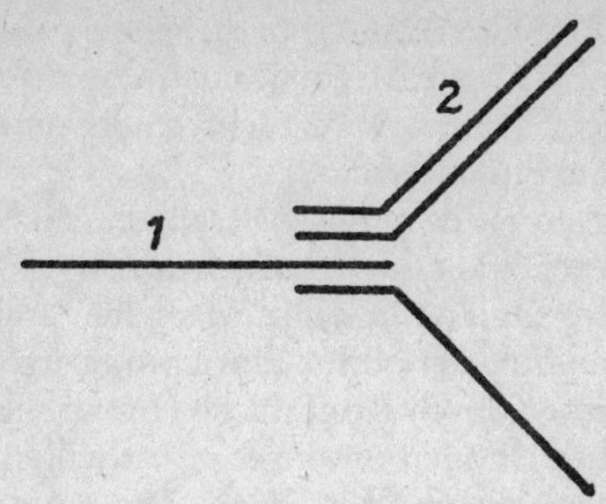
2
1

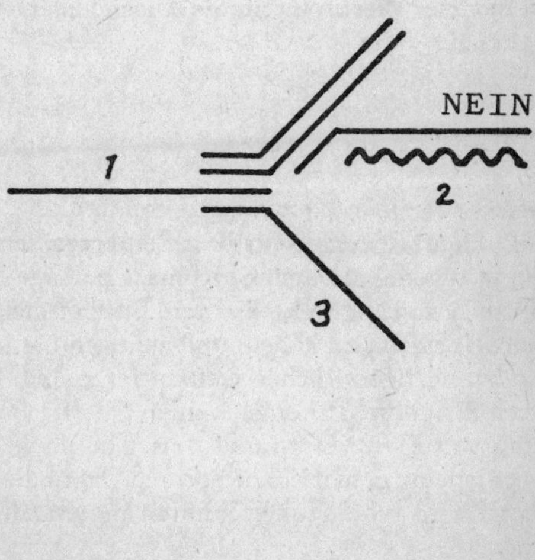
NEIN
1
2
3

natürlichen Denkfluß und ermöglicht die Verwendung von selten benutzten Mustern. Doch die tatsächlich verwendeten Muster werden auf etablierte Weise verwendet. Logisches Denken kann niemals zu jener Änderung der Abfolge führen, die zur «intuitiven» Neuanordnung der Information führt. Die vom logischen Denken verwendeten Einheiten sind noch dieselben Einheiten, die das natürliche Denken verwendet. Das logische Denken wird die beste Methode ausfindig machen, um A, B und C zusammenzuzählen, aber es wird nicht entdecken, daß A, B und C eigentlich ungeeignete Einheiten sind.

Trotz dieser Grenzen ist das logische Denken ganz offensichtlich ein enormer Fortschritt gegenüber dem natürlichen Denken, und es ist sehr effektiv. Mit Hilfe der Erziehung könnte derselbe Effekt wahrscheinlich auch ohne die Verwendung der NEIN-Einrichtung erzielt werden, indem man die falschen Bahnen durch die einfache Hervorhebung der richtigen sperrt, so daß also die richtigen um ihrer selbst willen und nicht wegen der Sperrung anderer verwendet würden. Das würde zwar denselben Effekt herbeiführen, aber es würden nur fixierte Muster entstehen und nicht ein so flexibles Werkzeug für die Auseinandersetzung mit zukünftigen Situationen.

32.

Mathematisches Denken

Kleine, schnörklige schwarze Muster auf einer weißen Oberfläche haben anscheinend nur wenig mit dem Geschmack und der Zusammensetzung einer Biskuittorte zu tun. Mehl, Eier und Butter scheinen dagegen mehr mit dem Kuchen zu tun zu haben, und dennoch hat man den Eindruck, daß sie von dem fertigen Kuchen weit entfernt sind. Immerhin können die schwarzen Schnörkel auf einer weißen Oberfläche der Grund für die Verwandlung von Mehl, Eiern und Butter in einem Kuchen sein. Das Kuchenrezept ist eine geschriebene Formel. Das in dieser Formel niedergelegte Muster wird auf die rohen Zutaten angewandt, und das Ergebnis ist ein Kuchen.

Zum mathematischen Denken gehört die Verwendung solcher fertigen Rezepte. Die Rezepte sind nicht so spezifisch wie das Kuchenrezept, sondern eher allgemeine Tricks und Techniken für den Umgang mit Relationen. Einige der Tricks und Techniken sind als detaillierte Anleitungen niedergelegt, aber es ist bequemer, allgemeine Regeln zu haben, die auf verschiedene Kombinationen angewandt werden können, als alle möglichen Techniken einzeln darzulegen. Mathematik ist ein Spiel, das mit Symbolen und Regeln gespielt wird. Die Regeln stellen ein spezielles Universum dar, in dem das geschieht, was diesen Regeln entspricht. Die Dinge gelangen in dieses Universum, indem sie in Symbole übersetzt werden. Das Symbol wird nach den Regeln des Universums verarbeitet und dann zum Schluß wieder zurückübersetzt.

Die Regeln und Techniken der Mathematik sind vorher ausgearbeitet worden, so wie man eine Waschmaschine entwerfen und bauen kann, in die man dann Wäsche jeglicher Art hineingibt. Im Gegensatz zu dem, was auf der speziellen Erinnerungsoberfläche geschieht, wird die Verarbeitung nicht von der Information selbst ausgeführt, sondern alles wird geordnet, bevor die Information überhaupt eintrifft. Statt es der Information zu überlassen, ihre eigenen Kanäle anzulegen, werden diese schon vorher gezogen, und die Information muß sich dann an die vorhandenen Kanäle halten.

Diese vorher festgelegten Kanäle werden manchmal Algorithmen genannt. Ein Algorithmus ist jedes festgelegte Muster, das nicht aus der angebotenen Information abgeleitet ist, sondern dazu dient, diese Information zu steuern und eine Auswahl zu treffen. Algorithmen können mathematische Techniken sein, aber auch Wortmuster oder irgendeine andere Art von vorher festgelegten Mustern.

Ein Algorithmus war zum Beispiel die Methode der Partnerwahl, die früher oft bei Tanzveranstaltungen angewandt wurde, wenn die Gäste sich untereinander nicht kannten. Die Herren faßten sich an den Händen und bildeten einen Kreis, der sich in entgegengesetzter Richtung um einen von den Damen gebildeten Kreis bewegte; wenn die Musik aufhörte, mußten die Herren die vor ihnen stehenden Damen auffordern. Das ganze Verfahren war ein Algorithmus mit dem Zweck, die Leute zu Paaren zu vereinigen.

Proteine können sich auf Grund ihrer Struktur miteinander verbinden, aber der Prozeß wäre stark vom Zufall abhängig. Um zu sichern, daß die Proteine sich in der richtigen Weise verbinden und damit die Vererbung zu einem fehlerfreien Fortpflanzungssystem machen, ist eine bessere Methode erforderlich als die vom Zufall abhängige Koppelung. DNS bietet ein Gerüst, eine Art Kleiderständer, an dem die Proteine aufgehängt werden. Alle Haken sind verschieden und es läßt sich immer nur ein Typ von Proteinen an einem Haken befestigen. Das Protein wird so befestigt, daß es sich außerdem leicht mit seinem Nachbarn verbinden kann. Auf diese Weise verbinden sich die Proteine untereinander und lösen sich dann als komplette Einheit. DNS bietet ein vorher festgelegtes Verarbeitungssystem, das der Information erlaubt, sich auf die am besten geeignete Weise zu verbinden. Mathematische Techniken funktionieren genauso.

Bezeichnung an sich ist eine Form von Algorithmus. Sobald ein Prozeß in ein Bezeichnungsmodell übersetzt worden ist, wird die Arbeitsweise dieses Modells einen Algorithmus für die Behandlung des Prozesses darstellen. Wenn die Änderung der Geschwindigkeit eines fallenden Steines in eine Kurve auf einem Stück Papier verwandelt wird, dann studiert man das mögliche Verhalten einer solchen Kurve und kann so alle möglichen Dinge über den fallenden Stein voraussagen. Bezeichnung schafft ihr eigenes Universum, und eine gute Bezeichnung kann viele Informationen über Verhältnisse liefern, die dann auf ganz andere Verhältnisse angewandt werden können.

In dem Universum der Mathematik verhält sich die Information entsprechend den Regeln dieses Universums und nicht entsprechend den Regeln der speziellen Erinnerungsoberfläche. Auf diese Weise können die meisten Fehler und Unzulänglichkeiten der Informationsverarbeitung auf der speziellen Erinnerungsoberfläche vermieden werden. Das Ergebnis ist eine unerhört wirksame Methode der Informationsverarbeitung, auf die der technologische Fortschritt zurückzuführen ist. Doch gibt es immer noch Beschränkungen. Die mathematischen Systeme selbst sind eher auf Grund kreativer als auf Grund analytischer Methoden ersonnen worden. Die Systeme entwickeln und verändern sich in derselben Weise wie irgendein etabliertes Muster auf der speziellen Erinnerungsoberfläche. Neue Erkenntnisse führen zu großen Fortschritten im mathematischen Denken, so Descartes' Koordinatensystem, Newtons und Leibniz' Infinitesimalrechnung und Eulers Topologie. Die überaus nützliche euklidische Geometrie wurde durch Riemann und Lobatschewskij weiterentwickelt. Zweifellos werden noch viele neue Gedanken auftauchen, und sie werden zustande kommen durch die Tätigkeit der speziellen Erinnerungsoberfläche, die in ihrer Intuition und Kreativität so beschränkt ist.

In einem Vorstadium des mathematischen Denkens muß die Information aussortiert und in Symbole übersetzt werden. Dieses Vorstadium, das durch die gewöhnliche Informationsverarbeitung der speziellen Erinnerungsoberfläche bedingt ist, schließt die Auswahl der Einheiten und Wahl eines bestimmten Gesichtspunktes ein. Die Spieltheorie ist eine sehr wirksame Technik, sich mit den widerstreitenden Möglichkeiten einer Konkurrenzsituation auseinanderzusetzen. Wenn man diese Theorie auf die Geschichte von Othello anwendet, kann man zu der seltsamen Schlußfolgerung kommen, Desdemona hätte Othello betrügen und er hätte sie umbringen müssen. So hätten beide dieses Spiel am besten gespielt. Die Spieltheorie ist in Ordnung, aber das Ergebnis hängt davon ab, welchen Wert man Dingen wie Lächerlichkeit, Ehre und Verlust von Leib und Leben beimißt. Das, was in die Technik hineingelegt wird, macht aus dem Ergebnis Unsinn. In der Computer-Welt gibt es einen Ausdruck GIGO, der bedeutet: «Unsinn rein, Unsinn raus.» Leider wird die Auswahl dessen, was in das mathematische System hineingelangt, nicht vom mathematischen Denken bestimmt, sondern von der gewöhnlichen Informationsverarbeitung der speziellen Erinnerungsoberfläche. Auch ist die Wahl der mathematischen Techniken selbst keine mathematische Technik. Da gibt es die bekannte Aufgabe mit den beiden Radfahrern, die fünfzig Kilometer voneinander entfernt starten und mit einer Stundengeschwindigkeit von fünfundzwanzig Kilometern aufeinander zufahren. Eine Biene, die achtzig Kilometer in der Stunde fliegt, startet

auf der Nase des einen, fliegt auf die Nase des anderen und kehrt dann um. Wenn die Biene auf diese Weise hin und her fliegt, bis sich die Radfahrer treffen, wie viele Kilometer hat sie dann insgesamt zurückgelegt? Es wird angenommen, daß die Biene auf den Nasen selbst keinerlei Zeit verliert.

Diese Aufgabe wurde einem der größten Mathematiker des Jahrhunderts gestellt; er dachte eine Weile nach und wurde sich dann darüber klar, daß sie sich mit Hilfe einer ziemlich komplizierten mathematischen Methode für das Arbeiten mit abnehmenden Reihen lösen lasse. Es dauerte ein Weilchen, bevor er es im Kopf ausgerechnet hatte, dann nannte er die richtige Lösung. Viele Schuljungen lösen die Aufgabe jedoch auf viel einfachere Weise. Sie errechnen, daß die Radfahrer eine Stunde brauchen werden, bis sie sich treffen, und da die Biene achtzig Kilometer in der Stunde fliegt, muß sie achtzig Kilometer zurückgelegt haben. Diese elegante Lösung ergibt sich aus einer Aufmerksamkeitsverlagerung von der zurückgelegten Entfernung auf die verwandte Zeit. Es ist anzunehmen, daß der Mathematiker, weil er imstande war, die Aufgabe auf komplizierte Art zu lösen, überhaupt nicht dazu kam, die einfache Lösung in Betracht zu ziehen.

Wenn hundertelf Teilnehmer an einem Tennisturnier gemeldet sind, wieviel Spiele müssen dann gespielt werden? Sobald diese Aufgabe gestellt wird, fangen die meisten Leute sofort an, in jenen verästelten Mustern zu denken, die die Anschlagbretter in Tennisklubs zieren. Sie teilen die einhundertelf in fünfundfünzig und eine Runde auf und machen dann so weiter. Oder aber sie rechnen Potenzen von zwei aus. Der geschickteste Weg ist, zu bedenken, daß es nur einen Sieger geben kann und daß alle anderen verlieren müssen, und das bedeutet hundertzehn Spiele, bei denen es jeweils einen Verlierer gibt.

Bei einer weiteren Aufgabe dieser Art ist eine Tafel Schokolade, die acht Kästchen lang und vier Kästchen breit ist, in die einzelnen Kästchen zu zerbrechen. Wenn man die Kästchen nicht doppelt nehmen kann, wie oft muß man die Tafel mindestens durchbrechen, um alle Kästchen voneinander zu trennen? Die meisten Leute zeichnen ein Diagramm und dann Linien, um das Diagramm zu unterteilen. Die geschickteste Lösung ist, sich vorzustellen, daß nach jedem Durchbrechen ein loses Kästchen mehr da ist als vorher, so daß die Tafel bei insgesamt zweiunddreißig Kästchen nicht weniger als einunddreißigmal durchgebrochen werden muß.

Das alles sind einfache Aufgaben. Was sie zeigen sollen, ist, daß das Vorhandensein einer vernünftigen Technik zur Lösung einer Aufgabe nicht die Möglichkeit ausschließt, daß es noch eine bessere Technik gibt oder ein besserer Ansatz gefunden werden kann. Weder die Wahl des Ansatzes noch die Wahl der Technik sind an sich mathematisch determiniert.

Die oben dargelegten Grenzen des mathematischen Denkens und insbesondere die Schwierigkeit, die Anfangseinheiten zu definieren, mag erklären, warum sich seine Anwendung auf Menschen nicht als so nützlich erwiesen hat wie die auf Dinge.

33.

Laterales Denken

Der Zweck des lateralen Denkens ist, den Fehlern und auch den Grenzen der speziellen Erinnerungsoberfläche entgegenzuwirken. Die Fehler können zu falscher Verwendung der Information führen. Die Grenzen können verhindern, daß die bereits vorhandene Information maximal genutzt wird. Beim natürlichen Denken treten alle Fehler der speziellen Erinnerungsoberfläche auf. Das logische Denken wird angewandt, um die Fehler des natürlichen Denkens zu vermeiden, aber es ist insofern beschränkt, als es keine neuen Ideen zur maximalen Ausnutzung schon vorhandener Information hervorbringen kann. Das mathematische Denken vermeidet die Fehler des natürlichen Denkens, indem es ein System errichtet, das sich von der Erinnerungsoberfläche unterscheidet. Die Grenze des mathematischen Denkens ist darin zu sehen, daß es ein System ist, das nur auf der zweiten Stufe angewandt wird, um das Beste aus dem zu machen, was auf der ersten Stufe von der Erinnerungsoberfläche ausgewählt wurde. Keiner dieser drei Typen des Denkens kann die Grenzen der Erinnerungsoberfläche absolut überschreiten, obwohl zwei von ihnen imstande sind, die tatsächlichen Fehler beträchtlich zu reduzieren.

Eine Aufgabe ist einfach der Unterschied zwischen dem, was man hat, und dem, was man will. Da eine Aufgabe einen Ausgangspunkt und einen Endpunkt hat, ist der Übergang von einem zum anderen mit Hilfe des Denkens ein direktes Kennzeichen für die Nützlichkeit des Denkens.

Es gibt drei Grundtypen von Aufgaben:

1. Aufgaben, die die Verarbeitung vorhandener Information oder das Sammeln von mehr Information erfordern.

2. Die problemlose Aufgabe. Hier wird durch die Billigung einer einigermaßen guten Sachlage verhindert, daß eine Verbesserung der Lage überhaupt in Betracht gezogen wird.

3. Aufgaben, die durch eine Umstrukturierung der bereits zu einem Muster verarbeiteten Information gelöst werden.

Der erste Aufgabentyp kann mit logischem oder mathematischem Denken gelöst werden, oder durch das Sammeln von mehr Information. Die beiden anderen Aufgabentypen erfordern laterales Denken.

Meistens werden die auf der speziellen Erinnerungsoberfläche etablierten Muster nur durch Information verbessert, die von außen kommt. Es handelt sich dabei um Addition oder allmähliche Modifikation. Das laterale Denken beschäftigt sich mehr damit, die Information, die schon auf der Oberfläche vorhanden ist, maximal zu nutzen, an neuer Information ist es weniger interessiert. Das laterale Denken will einen Ausgleich bieten für die Unzulänglichkeiten der speziellen Erinnerungsoberfläche als einer informationsverarbeitenden Einrichtung. Es befaßt sich mit der Neuanordnung der vorhandenen Information, in der Weise, daß es ihr zum Ausbrechen aus dem etablierten Muster und zur Bildung eines neuen und besseren Musters verhilft. Diese Neuanordnung hat denselben Effekt wie Intuition. Die etablierten Muster, die den Gedankenfluß bestimmen, können durch laterales Denken ebenso verändert werden, wie die etablierten Muster, die die Betrachtungsweise der Dinge steuern.

Die Erinnerungsoberfläche selbst, das natürliche, das logische und das mathematische Denken sind selektive Prozesse. Die Erinnerungsoberfläche wählt das aus, worauf sie ihre Aufmerksamkeit lenken will. Das natürliche Denken wählt eine Bahn nach dem Grad ihrer Hervorhebung aus. Das logische Denken sperrt Bahnen entsprechend der Fehlentwicklungsreaktion. Das mathematische Denken wendet seine Spielregeln an, um mögliche Änderungen auszuwählen. Der einzige generative Prozeß dabei ist die zufällige Anordnung der Information in der Umgebung.

Ein schreiender Säugling ist eine generative Situation. Der Säugling macht Lärm, und dann geschieht irgend etwas. Von all den Dingen, die geschehen, akzeptiert der Säugling diejenigen, die nützlich für ihn sind. Das laterale Denken ist ein generativer Prozeß. Statt zu warten, daß die Umgebung die etablierten Muster ändert, werden diese bewußt auf verschiedene Weise getrennt, damit die Information auf neuen Wegen wieder zusammengefügt werden kann. Wenn einige dieser neuen Wege brauchbar sind, dann können sie durch irgendeinen der Selektionsprozesse ausgesondert werden.

In der Frühzeit der Fotografie pflegte der Fotograf unendlich viel Mühe darauf zu verwenden, den Hintergrund, die Beleuchtung, die Haltung und das Lächeln hübsch zu arrangieren, und wenn alles richtig war, machte er die Aufnahme. Heutzutage knipst der Fotograf einfach ein Dutzend Bilder aus verschiedenen Perspektiven mit jeweils anderer Beleuchtung und anderem Gesichtsausdruck. Dann entwickelt er alle Bilder und wählt diejenigen aus, die am besten gelungen sind. Im ersten Fall erfolgt die Selektion, bevor die Aufnahme gemacht wird, im zweiten Fall erst, nachdem die Aufnahmen gemacht sind. Die erste Methode wird nur hervorbringen, was von vornherein bekannt und geplant ist. Die zweite Methode kann jedoch etwas Neues und Unerwartetes hervorbringen, das niemals hätte geplant werden können.

Bei den anderen Denkmethoden weiß man, was man sucht. Beim lateralen Denken weiß man vielleicht erst, was man sucht, wenn man es gefunden hat. Laterales Denken ist wie die zweite Methode, Fotografien zu machen, und die anderen Arten des Denkens sind wie die erste

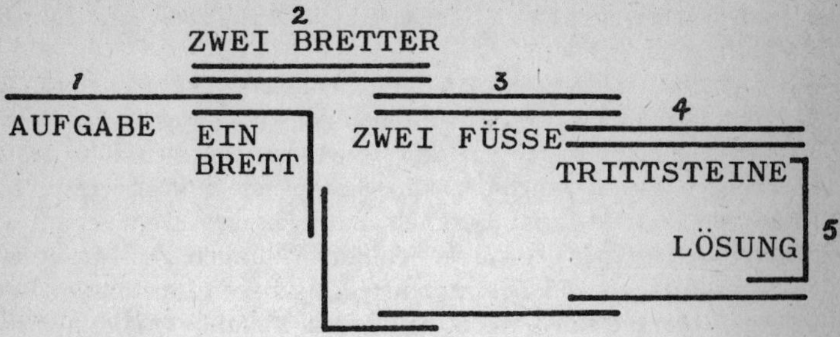
2
ZWEI BRETTER
1
3
AUFGABE
EIN
BRETT
ZWEI FÜSSE
4
TRITTSTEINE
LÖSUNG
5

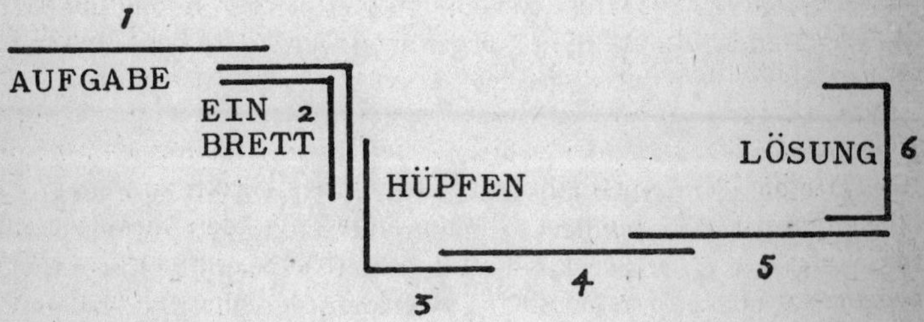
1
AUFGABE
EIN
BRETT
2
HÜPFEN
LÖSUNG
6
3
4
5

Methode. Der Bequemlichkeit halber können diese anderen Arten unter der Rubrik vertikales Denken zusammengefaßt werden. Vertikales Denken ist die konsequente Weiterentwicklung eines bestimmten Musters – als ob in ein und derselben Grube immer tiefer gegraben würde. Beim vertikalen Denken bewegt man sich nur, wenn es eine Richtung gibt, in der man sich bewegen kann. Beim lateralen Denken bewegt man sich, um eine Richtung zu finden.

Der generative Effekt des lateralen Denkens wird auf zweierlei Weise ausgeübt. Einmal wird den stürmischen Selektionsprozessen der Erinnerungsoberfläche entgegengewirkt, sie werden eingeschränkt oder hinausgezögert. Es muß auch den künstlichen Selektionsprozessen entgegengewirkt werden, zum Beispiel dem logischen Denken mit seiner erhöhten Sensitivität gegenüber Fehlentwicklungen. Zum anderen werden Anordnungen und Zusammenstellungen von Information bewußt herbeigeführt, die sonst vielleicht niemals zustande gekommen wären. Das Ziel der beiden Prozesse ist, der Information die Möglichkeit zu geben, sich selbst in neuen und besseren Mustern zu organisieren, wie es auch durch Intuition geschieht.

Der Charakter des lateralen Denkens läßt sich veranschaulichen, wenn einige spezifische Punkte hervorgehoben werden, in denen es sich vom vertikalen Denken unterscheidet.

Alternativen

Die spezielle Erinnerungsoberfläche ist ein selbstmaximierendes System. Ein solches System tendiert dazu, den offenkundigsten Weg zu wählen, vorausgesetzt, er ist zweckmäßig. Bei einem Experiment mit einer Gruppe von Kindern bekam jedes Kind zwei kleine Holzbretter, an deren Ende ein Loch war. Außerdem bekamen die Kinder ein Stück Schnur. Die Aufgabe bestand darin, das Zimmer zu durchqueren, als ob es ein Fluß sei, und die Bretter auf irgendeine Weise dazu zu verwenden, daß kein Teil des Körpers den Boden berührt. Weil es zwei Bretter waren, kamen die Kinder sofort auf den Gedanken, die Bretter als Trittsteine für ihre beiden Füße zu verwenden. Sie stellten sich auf ein Brett, schoben das andere ein Stück weiter, stellten sich auf dieses und schoben das erste Brett weiter. Das war eine zweckmäßige Methode, den Raum zu durchqueren.

In einer zweiten Gruppe bekam jedes Kind nur ein Brett und das Stück Schnur. Nach einer Weile befestigten ein paar von ihnen die Schnur in dem Loch des Brettes. Sie stellten sich auf das Brett, zogen es mit der Schnur hoch gegen ihre Füße und hüpften so durch den Raum. Das war eine viel bessere Art, durch das Zimmer zu kommen, als die Trittstein-Methode. Aber die Kinder mit den zwei Brettern waren absolut unfähig, diese Lösung zu finden, weil sie blockiert waren durch die Zweckmäßigkeit der anderen Lösung. Dieser Prozeß wird als d-Linien-Diagramm auf Seite 217 gezeigt.

Ein Zugang kann sich selbst auswählen, weil er offenkundig ist, oder er kann der einzige sein, der noch bleibt, wenn die anderen Zugänge mit dem NEIN-Etikett versperrt sind.

Beim vertikalen Denken wird auf eine dieser beiden Arten ein Zugang gewählt. Beim lateralen Denken werden so viele Alternativen wie möglich hervorgebracht. Die NEIN-Reaktion wird außer acht gelassen, weil sie so oft zu früh angewandt wird. Es kann sein, daß der offenkundige Zugang erkannt wird, und dennoch fährt man fort, auch noch andere Zugänge zu entwickeln.

In dem auf Seite 193 gezeigten Beispiel hätte es gar keine Schwierigkeit gegeben, wenn derjenige, der die Plastikplättchen zusammenlegte, sich nicht mit der zweckmäßigen rechteckigen Anordnung zufrieden gegeben, sondern noch andere Anordnungen, wie zum Beispiel das Quadrat, entwickelt hätte.

Inkonsequenz

Es mag solange keinen Grund geben, etwas zu sagen, bis es gesagt worden ist. Sobald es gesagt worden ist, entsteht ein Kontext, der es rechtfertigt, obwohl es nie von einem Kontext hervorgebracht worden wäre. Es ist vermutlich nicht möglich, einen neuen Kunststil zu planen, aber sobald er da ist, rechtfertigt er sich selbst. Es ist üblich, Schritt für Schritt vorwärtszugehen, bis man irgendwo ankommt. Aber es ist auch möglich, irgendwie dorthin zu gelangen und sich dann umzusehen, welcher Weg denn am besten gewesen wäre. Ein Problem kann von Anfang an fortschreitend gelöst werden, aber es kann auch vom Ende her aufgerollt werden.

Statt eine Bahn stetig zu verfolgen, springt man von einem Punkt zum anderen und wartet dann, bis die Punkte sich zu einem zusammenhängenden Muster verbinden. Es liegt in der Natur des selbstmaximierenden Systems der Erinnerungsoberfläche, aus solchen getrennten Punkten ein zusammenhängendes Muster zu schaffen. Wenn das Muster effektiv ist, ist es ganz unwichtig, ob es in einer bestimmten Reihenfolge zustande kam oder nicht. Ein Bezugssystem ist ein von der derzeitigen Anordnung der Information gelieferter Kontext. Es ist die durch diese Anordnung implizierte Richtung der Entwicklung. Aus diesem Bezugssystem kann man nicht ausbrechen, indem man in seinem Rahmen arbeitet. Es kann nötig sein, auszubrechen, und wenn der Ausbruch gelungen ist, dann hat sich das Bezugssystem selbst geändert.

Rückgängigmachen von Selektionsprozessen

Das laterale Denken sucht die Selektionsprozesse des natürlichen und des logischen Denkens zu vermeiden, um herauszufinden, ob irgendeine nützliche Anordnung von diesen Selektionsprozessen ausgeschlossen worden ist. Deshalb wird weder die negative Blockierung des logischen Denkens noch die dominierende Anziehungskraft der Selektion des natürlichen Denkens berücksichtigt.

Beim logischen Denken muß jeder Schritt gerechtfertigt sein, sonst würde er durch eine Verneinung blockiert. Beim lateralen Denken brauchen die Schritte nicht gerechtfertigt zu werden. Man kann sogar einen Bereich durchqueren, der das Etikett «falsch» trägt. Es könnte sich herausstellen, daß das Etikett zu früh angebracht worden ist (wie bei dem Spiralschnitt in die Postkarte). Es könnte sich herausstellen, daß das Etikett richtig war, als es angebracht wurde, daß es aber inzwischen seine Gültigkeit verloren hat. Es könnte sich herausstellen, daß die richtige Bahn erst von einem Punkt aus sichtbar wird, der hinter dem falschen Bereich liegt und selbst nicht zu der endgültigen Bahn gehört. Eine Brücke braucht nicht in jedem Baustadium stabil oder selbsttragend zu sein, wenn sie nur zum Schluß selbsttragend ist.

Das laterale Denken versucht auch, die natürliche Selbstselektion der Klischee-Einheiten oder -muster zu durchbrechen, die auf der Erinnerungsoberfläche aufgebaut worden sind. Es kann sich darum handeln, diese Einheiten zu spalten und neue Einheiten zu schaffen. Es kann sich auch darum handeln, ein deutliches Muster zu verzerren, um ein neues entstehen zulassen. Alles was fixiert und akzeptiert ist oder für selbstverständlich gehalten wird, kann neu überprüft werden, indem man versucht, eingeschlossene Information freizusetzen oder blockierende Wirkungen zu beseitigen.

Es gibt eine Geschichte aus der Unternehmensforschung über einen Wolkenkratzer, der mit zuwenig Fahrstühlen ausgestattet worden ist. Das Büropersonal zeigte Ungeduld und begann zu kündigen. Die Architekten und Ingenieure schlugen vor, mehr Fahrstuhlschächte zu bauen, um die Beförderung des Personals zu beschleunigen; sie erklärten allerdings, daß das kostspielig sei. Die Unternehmensforscher fanden eine einfachere Lösung. Sie ließen die Flure vor den Fahrstühlen mit Spiegeln verkleiden, mit dem Ergebnis, daß die Angestellten so mit ihren Spiegelbildern beschäftigt waren, daß sie nicht mehr ungeduldig wurden. Diese einfache Lösung beruht darauf, daß man von dem naheliegenden Klischeemuster, die Angestellten schneller zu befördern, dazu überging, die Ungeduld der Leute zu beseitigen.

Aufmerksamkeit

Jedes auf der Erinnerungsoberfläche etablierte Muster hat eine natürliche Aufmerksamkeitsfolge. Eine Änderung dieser Folge kann bewirken, daß der Aktivierungsfluß nicht nur eine andere Richtung auf derselben Bahn einschlägt, sondern daß er überhaupt eine andere Bahn wählt. Dieser Mechanismus wurde in dem Abschnitt über Intuition besprochen, da er die Grundlage sowohl für die intuitive Lösung von Problemen wie für intuitives Lernen sein kann.

Ein Mann steigt jeden Morgen in den Fahrstuhl seines Bürohauses, fährt bis zum 10. Stock und läuft dann zu Fuß bis zum 16. Stock.

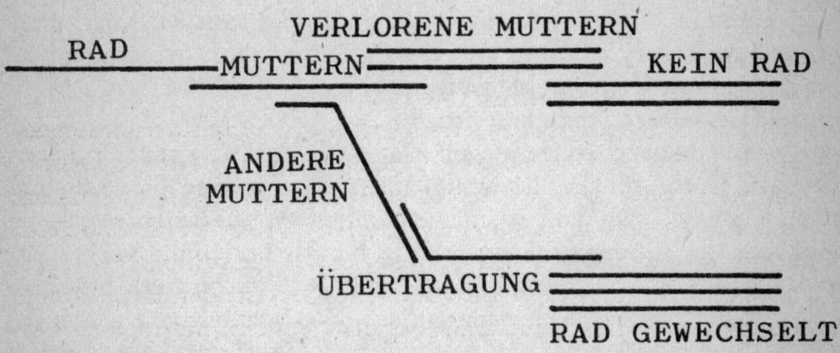
RAD
MUTTERN
VERLORENE MUTTERN
KEIN RAD
ANDERE MUTTERN
ÜBERTRAGUNG
RAD GEWECHSELT

Nachmittags steigt er vor seinem Büro in den Fahrstuhl und fährt bis ins Erdgeschoß. Was konnte der Mann im Sinn haben? Die meisten Leute nehmen an, er sei ein fanatischer Gesundheitsapostel, der als tägliches Training gern sechs Stockwerke steigt. Andere meinten, er wolle von irgend jemandem nicht gesehen werden, der von einer der letzten sechs Etagen aus den Fahrstuhl benutzt. Oder aber er komme jeden Morgen zu spät, und die Fahrstuhltür sei gegenüber dem Büro seines Chefs, der Treppenaufgang aber nicht. In Wirklichkeit war der Mann so klein, daß er keinen höheren Knopf im Fahrstuhl erreichen konnte als den des 10. Stockwerks.

Eine Freundin von mir schmuggelte Handtaschen aus Paris nach England, und zwar tat sie jedesmal eine Flasche billiges Parfum hinein, wofür sie dann prompt Zoll bezahlen mußte. Kein Mensch merkte, daß die Handtaschen selbst auch immer neu waren.

Bei einem Radwechsel verlor ein Mann alle fünf Schraubenmuttern, die in ein Gully rollten. Er wußte nicht, was er machen sollte und beschloß gerade, sich von irgend jemandem zur nächsten Werkstatt mitnehmen zu lassen, da kam zufällig ein kleiner Junge vorbei und fragte, was los sei. Als ihm der Mann sein Mißgeschick erzählt hatte, sagte er: «Oh, das ist doch ganz einfach. Sie nehmen von jedem der anderen Räder eine Mutter, und damit werden Sie schon bis zur nächsten Werkstatt kommen.»

In all diesen Fällen ändert eine kleine Verschiebung der Aufmerksamkeit das ganze Situationsmuster: eine Verschiebung von dem, was der Mann im Fahrstuhl tut, zu dem, was er zu tun vermag; eine Verschiebung von dem Inhalt der Handtasche zur Handtasche selbst; eine Verschiebung von dem Rad, das nicht montiert werden kann, zur Verwendbarkeit von Muttern als Muttern. Der Effekt dieser letzten Aufmerksamkeitsverschiebung ist in d-Linien-Form auf Seite 221 gezeigt.

Die Anwendung des lateralen Denkens

Obwohl das laterale Denken oft erst erkannt werden kann, wenn es etwas zustande gebracht hat, so ist es doch nicht unmöglich, laterales Denken bewußt anzuwenden. Zur praktischen Anwendung des lateralen Denkens gehören einfache festgelegte Techniken, die Erkenntnis, daß der gewöhnlichen Informationsverarbeitung Grenzen gesetzt sind, und ein allgemeiner Kunstgriff, mit dem wir uns später befassen werden.

Die einfachen festgelegten Techniken oder Algorithmen sind so definitiv wie mathematische Algorithmen. Es sind vorgegebene Muster, die gelernt und dann bei verschiedenen Informationen angewandt werden können.

Zufällige Eingabe

In einem selbstmaximierenden System können die sich entwickelnden Muster innerhalb des Systems nicht leicht geändert werden. Eine zufällige Eingabe von außen kann dazu dienen, das alte Muster zu spalten, so daß es die Möglichkeit hat, sich neu zu konstituieren. Zufallseinflüssen ausgesetzt zu sein ist entweder eine so vage Angelegenheit wie der Gang durch ein Woolworth-Kaufhaus oder eine Ausstellung, oder eine so bestimmte wie das Aufschlagen eines Lexikons und die zufällige Auswahl einer Seite und eines Wortes. In beiden Fällen pendelt die Aufmerksamkeit von der zufälligen Eingabe zum aktuellen Problem und wieder zurück. Auf Grund der Beschaffenheit der Erinnerungsoberfläche muß schließlich ein verbindendes Muster auftauchen, und aus diesem verbindenden Muster können sich neue Zugänge zu dem Problem und neue Gedanken darüber ergeben. Die zufällige Eingabe wird ganz bewußt vorgenommen; wie von ihr Gebrauch gemacht wird, hängt von den Eigenschaften der Erinnerungsoberfläche ab.

Quote
Es ist ganz einfach, eine bestimmte Quote von Ansatzpunkten, die zu jedem Problem gefunden werden müssen, festzusetzen. Keinem Ansatz wird nachgegangen, ehe die Quote nicht erfüllt ist. Dieses Verfahren bringt selbst keine neuen Ansatzpunkte hervor, aber es hält die Aufmerksamkeit auf den Ausgangspunkt gerichtet, so daß sich die Aufmerksamkeit nicht von dem ersten erfolgversprechenden Ansatzpunkt fesseln läßt, und keine Ansatzpunkte mehr sucht.

Aufmerksamkeitswechsel
Wenn man die Situation in Abschnitte unterteilt, dann kann man bewußt eine Technik anwenden, die jeden Teil abwechselnd einmal zum Aufmerksamkeitszentrum macht. Auch das ist eine Verzögerungstechnik, die verhindert, daß die Aufmerksamkeit von dem dominierenden Charakteristikum allein in Anspruch genommen wird.

Umkehrung
Das bedeutet etwas nehmen und auf den Kopf stellen. Wenn eine Richtung festgelegt ist, dann ist ohne weiteres auch die entgegengesetzte Richtung festgelegt.

Auf einer kurvenreichen Landstraße geriet ein Autofahrer hinter eine langsam trottende Schafherde, die die ganze Straße versperrte. Die Straße war durchweg von hohen Böschungen begrenzt, und der Autofahrer fand sich damit ab, daß er lange würde warten müssen. Dann gab der Schäfer dem Autofahrer ein Zeichen, daß er anhalten solle, er ließ die Herde umdrehen und trieb sie zurück, an dem haltenden Autofahrer vorbei. Es wurden also die Schafe an dem Wagen vorbeigetrieben, statt daß der Wagen an den Schafen vorbeifuhr.

Gegenseitige Befruchtung
Hier soll eine formale Möglichkeit dafür geschaffen werden, daß sich verschiedene Meinungen gegenseitig so beeinflussen, daß Unterschiede in der Betrachtungsweise eines Gegenstandes wie äußere Einflüsse auf die im Verstand etablierten Muster verändernd wirken. Was in einem Verstand etabliert ist, kann in einem anderen neu sein. Ideen lösen andere Ideen aus.

Das sind einige der formalen Techniken, die beim lateralen Denken angewandt werden können. Die Techniken bieten spezielle Gelegenheiten, die laterale Denkprozesse auf der Erinnerungsoberfläche ermöglichen. Ebenso wie ein wissenschaftliches Experiment eine geplante Gelegenheit für die Information ist, manifest zu werden, so sind die formalen Techniken Gelegenheiten für die Information, sich in neuen Mustern zu ordnen. Diese Muster werden anders, einige von ihnen vielleicht besser sein.

Das laterale Denken ist ein generativer Typ des Denkens. Sobald eine neue Informationsanordnung zustande gekommen ist, kann sie durch die üblichen selektiven Prozesse untersucht werden. Laterales Denken als ein Prozeß kann niemals das Ergebnis rechtfertigen, das seine eigene Rechtfertigung braucht. Laterales Denken mindert keineswegs die Effizienz des vertikalen Denkens. Im Gegenteil, als ein generativer Prozeß kann es nur zur allgemeinen Wirksamkeit jedes selektiven Prozesses beitragen.

Manchmal kommt es vor, daß laterales Denken zu einer intuitiven Neuanordnung der Information führt, die an sich schon das Problem löst. In anderen Fällen bietet das laterale Denken einen Ansatzpunkt, den das vertikale Denken dann weiterentwickelt.

34.

PO
PO ist ein neues Wort. PO macht einen Typ des Denkens möglich, der ohne PO nicht möglich wäre. Die Unzulänglichkeiten der speziellen Erinnerungsoberfläche machen PO erforderlich.

PO ist für das laterale Denken, was NEIN für das logische Denken ist. Das laterale Denken könnte als die Handhabung von PO angesehen werden, ebenso wie das logische Denken die Handhabung von NEIN ist.

Die Mängel der speziellen Erinnerungsoberfläche können hier zusammengefaßt werden. Die Oberfläche registriert Information, indem sie sie zu einzelnen Einheiten verarbeitet, die immer fester etabliert werden, bis diese polarisierenden Einheiten tatsächlich bestimmen, welche Information akzeptiert wird. Die Einheiten werden in Mustern angeordnet, die ebenfalls immer fester etabliert werden, bis sie wie starre Klischees wirken, die nicht mehr in ihre Bestandteile zerlegt werden können. Diese beiden Prozesse ergeben sich aus der Beschaffenheit der Oberfläche, die der Information lediglich eine Gelegenheit bietet, sich selbst zu organisieren. Die Information organisiert sich selbst und bildet ein Muster, das die zu diesem Zeitpunkt beste Anordnung darstellt. Es liegt in der Natur der Oberfläche, solche Muster immer fester zu etablieren. In jedem Fall tendieren die Muster dazu, selbstperpetuierend zu sein, da sie die Aufmerksamkeit steuern. Die Folge ist, daß die Muster weiterbestehen, obwohl sie nicht mehr die bestmögliche Anordnung der vorhandenen Information sind. Da die Reihenfolge des Eintreffens eine so wichtige Rolle bei der Anordnung der Information spielt, muß diese Anordnung immer schlechter sein als die bestmögliche Anordnung, die allein auf der Information beruhen sollte. Weil diese unvollkommenen Muster die Aufmerksamkeit steuern, sind sie nicht leicht zu ändern. Gelegentlich löst jedoch eine zufällige Kombination von Umständen in der Umgebung eine völlige Umstrukturierung der Informationsanordnung aus, so daß sie sich der bestmöglichen Anordnung nähert. Das ist das Phänomen der Intuition. Ein Beispiel für dieses Phänomen ist das Finden einer offenkundigen Lösung für ein schwierig erscheinendes Problem. Oft wird die Lösung erst offenkundig, wenn sie gefunden worden ist.

Es gibt zwei Aspekte dieser inhärenten Grenze der Informationsbehandlung durch eine selbstorganisierende Erinnerungsoberfläche. Der erste Aspekt ist die Notwendigkeit, stufenweise vorzugehen, und diese Stufen können nur auf direkter oder indirekter Erfahrung beruhen. Abstraktionen oder Kombinationen von getrennten Erfahrungen sind möglich, aber sie werden von der Erfahrung beherrscht. Auch das Sammeln neuer Information ist von der Erfahrung abhängig, da neue Information nur ausgewählt wird, wenn sie zu den vorhandenen Mustern paßt – Relevanz ist dominierend. Dieses natürliche Verhalten der Oberfläche wird durch die Erziehung verstärkt, die nur das Denken in gerechtfertigten, konsequenten Stufen zuläßt. Um das durchzuführen, lehrt sie die Verwendung der wirkungsvollen NEIN-Einrichtung.

Der zweite Aspekt der inhärenten Grenze einer selbstorganisierenden Erinnerungsoberfläche ist die Art und Weise, in der die Organisation der Information verstärkend wirkt. Die frühere Information steuert, was mit der neuen Information geschieht. Muster werden geschaffen, werden etabliert und immer starrer. Bei dieser Mustererzeugung zeigt die Erinnerungsoberfläche eine Tendenz zur Trennung, die Teilungen bewirkt, wo keine sind, und die die Dinge in fixierte Kategorien aufspaltet. Und daraus ergibt sich die polarisierende Tendenz, die nur Extremen Beachtung schenkt. Manchmal macht diese polarisierende Tendenz aus kleinen Unterschieden größere, und ein anderesmal vermag sie größere Unterschiede nicht zu erkennen, wenn sie die Dinge in etablierte Muster zwängt. Wiederum verstärkt die Erziehung diese Tendenzen mit Hilfe des «Etikettierungs»-Verfahrens, das etablierte Muster und Teilungen einfriert. Von besonderer Bedeutung ist das NEIN-Etikett in seiner rigorosen Ausschließlichkeit. Die Folge dieser Tendenzen ist eine Arroganz und Starrheit der Muster, die durch die Information, die sie enthalten, absolut nicht gerechtfertigt ist.

Die beiden Funktionen der PO-Erfindung sind die Gegenstücke zu diesen beiden Aspekten der inhärenten Grenzen der Erinnerungsoberfläche. Die erste Funktion von PO ist, sich wie echte Informationsmuster zu verhalten, die nicht auf Erfahrung beruhen – um die intuitive Umstrukturierung und die Hervorbringung neuer Gedanken zu ermöglichen. Die zweite Funktion von PO ist, den arroganten Anspruch eines bestimmten Standpunkts auf absolute Gültigkeit zu mindern und so die Information zu befreien – um die intuitive Umstrukturierung und die Hervorbringung neuer Gedanken zu ermöglichen. Beide Funktionen unterstreichen, daß temporäre Informationsmuster nützlich, starre Muster jedoch gefährlich sind. Obwohl diese beiden Funktionen von PO in Wirklichkeit nur zwei Seiten ein und derselben Sache sind, werden sie der Bequemlichkeit halber unter verschiedenen Überschriften in ihren Einzelheiten besprochen.

Die erste Verwendung von PO

Es gibt zwei recht unterschiedliche Wege, auf denen das Denken zu brauchbaren Schlußfolgerungen gelangen kann.

1. Der erste Weg ist eine sorgfältige, schrittweise Erweiterung dessen, was schon bekannt ist, bis schließlich eine neue Schlußfolgerung erreicht wird. Das ist das logische oder mathematische Denken. Die Folgerichtigkeit der Schlußfolgerung wird bewiesen durch die Folgerichtigkeit des Weges, auf dem sie erreicht wurde.

2. Der zweite Weg ist die versuchsweise Neuanordnung dessen, was bekannt ist, durch die Trennung von akzeptierten Mustern und die Hervorbringung von neuen. Jedes Verfahren, das das leistet, wird angewandt. Wenn eine brauchbare Neuanordnung zustande gekommen ist, muß sie sich selbst als sinnvoll erweisen. Im Gegensatz zur ersten Methode kann die Folgerichtigkeit der neuen Schlußfolgerung niemals von dem Weg abhängen, auf dem sie erreicht wurde. Man kann möglicherweise vom Standpunkt der neuen Schlußfolgerung zum Ausgangspunkt zurückblicken und mit rationalen Mitteln einen völlig folgerichtigen, logischen Weg ausfindig machen, der die Schlußfolgerung bestätigt. Wenn der Weg folgerichtig ist, muß es gegenstandslos sein, von welchem Ende aus er betreten wurde. Daß ein folgerichtiger, logischer Weg gefunden werden kann, nachdem die Schlußfolgerung einmal erreicht ist, bedeutet nicht, daß die Schlußfolgerung auf diesem Wege erreicht wurde.

Der Unterschied zwischen den beiden Methoden wird auf Seite 227 bildlich dargestellt.

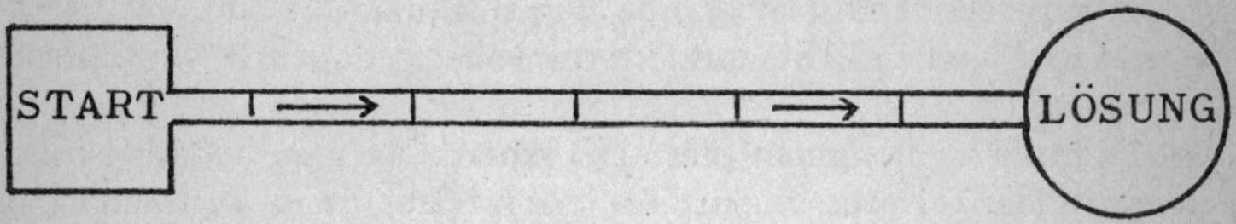
START
LÖSUNG

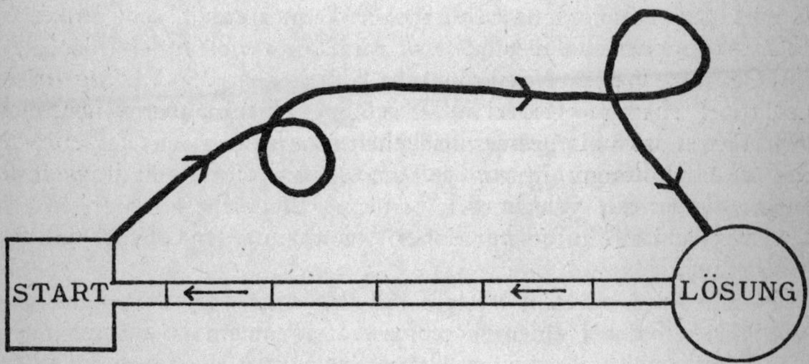
START
LÖSUNG

Erst das Ziel und dann der Weg

Es kann sein, daß man auf dem Gipfel des Berges stehen muß, um den besten Aufstieg zu erkennen. Es mag solange kein Grund bestehen, etwas zu sagen, bis es gesagt worden ist. Eine Lösung kann erst offenkundig sein, wenn sie gefunden worden ist. Aber wie kommt man auf den Gipfel des Berges? PO ist ein Trick, mit dem man hingelangen kann, indem man Information auf eine Art und Weise benutzt, die keineswegs durch Erfahrung gerechtfertigt ist. Ohne PO muß man am Fuß des Berges beginnen und vorsichtig hinaufklettern, wobei jeder Schritt voll gerechtfertigt sein muß.

Am Schluß zu beginnen statt am Anfang ist eine wohlbekannte, mühesparende Technik. Sie ist oft erfolgreich, denn wenn man am Schluß anfängt, gewinnt man einen neuen Einstiegspunkt in ein Problem. In dem Abschnitt über Intuition wurde die große Bedeutung eines neuen Einstiegspunktes vom Mechanismus der speziellen Erinnerungsoberfläche abgeleitet. Wenn ein Problem einen genau bezeichneten Schlußpunkt hat, ist es kaum nötig, PO zu verwenden, um bei diesem Schlußpunkt zu beginnen. Ist das Ende des Problems jedoch offen, dann muß man einen Schlußpunkt schaffen und zu diesem Zweck ist PO sehr nützlich. Der geschaffene Schlußpunkt kann sinnvoll sein oder auch nicht. Angenommen, es handelt sich um das Problem der Übervölkerung. Ein geschaffener Schlußpunkt könnte sein: «PO Leute sollten ineinander wohnen.» Das ist an sich völliger Unsinn, aber es könnte zu Ideen führen wie: «. . . nicht tatsächlich einer in der Haut des anderen, aber im selben Raum – warum soll ein Mensch Räume ständig in Besitz haben, die er nur gelegentlich benutzt? Vielleicht könnte man ein Schichtsystem einführen mit hoher Ausnutzung der Lebens- und Arbeitsräume.»

Mit PO kann man im Verlauf des Weges überall Eingangspunkte schaffen. Selbst bei einem geschlossenen Problem ist der definitive Schlußpunkt nicht die einzige Alternative zum Ausgangspunkt. Wenn man über das Verkehrsproblem in Städten nachdenkt, könnte man vorschlagen: «PO warum nicht Mägen und Augen transportieren statt ganzer Menschen?»

Zusammenhanglose Sprünge

Wenn man mit gerechtfertigten Schritten einen folgerichtigen Weg geht, kann man blockiert werden, keinen Fortschritt mehr erzielen oder feststellen, daß man sich im Kreis bewegt. In all diesen Fällen kann es sehr nützlich sein, durch einen Sprung einen neuen Punkt zu erreichen. Es muß ein Sprung sein, denn man erzielt keinen Fortschritt, wenn man die Reihenfolge einhält. PO kann als Verbindungsglied dienen, als die Rechtfertigung, den Sprung zu machen. Tatsächlich zeigt PO an, daß man den Sprung nicht aus Launenhaftigkeit macht, sondern weil das informationsverarbeitende Verhalten des Verstandes es verlangt. Mit

Hilfe von PO kann man alles sagen, was man will. Es braucht keinerlei Relevanz für das Problem zu haben und man bleibt dennoch innerhalb des Kontextes des Problems. Weil die Erinnerungsoberfläche die Tendenz hat, die Dinge miteinander zu verknüpfen, erhält alles, was gesagt wird, für das Problem eine Bedeutung und trägt vielleicht zu seiner Lösung bei.

Angenommen, bei einem zur Diskussion stehenden Problem handele es sich darum, ob ein Mitspracherecht der Studenten in Universitätsangelegenheiten wünschenswert sei, und plötzlich sagt einer: «PO die Katze hat Junge bekommen.» Das könnte zu Gedanken anregen wie: «. . . übersteigerte Reaktion auf Forderungen – Aufteilung der Hauptforderung in antagonistische kleinere – das Leben geht weiter – Katzenjunge werden blind geboren, entwickeln sich aber rasch – Katzenjunge brauchen Schutz und Nahrung – eine Idee bringt neue hervor – Katzen sind sowieso bloß Dekoration.» Der Sprung braucht nicht so übertrieben weit zu sein, um einen Zweck zu erfüllen. Ein gemäßigterer Sprung wie: «PO die Finanzlage der Universität ist mies», hätte auch einige Wirkung gehabt.

Man braucht sich nicht auf einen einzigen Sprung zu beschränken, man kann auch ganz verrückt von einem Gedanken zu einem anderen übergehen, der mit dem ersten in keinerlei Zusammenhang steht, und dabei als einziges Bindeglied PO verwenden. Das ist im allgemeinen für die Entwicklung neuer Gedanken nützlicher als für die Lösung bestimmter Probleme.

Bloße Nebeneinanderstellung (Juxtaposition)

PO kann verwendet werden, um Dinge in einer völlig neutralen Weise zusammenzubringen. PO bestätigt nichts («ist»-Funktion), bestreitet nichts («nicht»-Funktion), fügt nichts hinzu («und»-Funktion) und stellt keine Alternativen auf («oder»-Funktion). Es soll im Gegensatz zu diesen Wörtern keine Anordnung von Wörtern zustande bringen, die an sich schon sinnvoll ist, sondern eine Anordnung, die etwas anderes auslöst. Die phantastischsten und unwahrscheinlichsten Dinge können auf diese Weise in Zusammenhang gebracht werden.

«PO der Mond besteht aus Kräuterkäse.» Das könnte Gedanken wie die folgenden auslösen: «Der Mond ist ein ebenso vertrauter Gegenstand wie Käse, ist aber immer weit weg gewesen – vielleicht wird er jetzt ebenso erreichbar wie Käse. Es kommt nicht darauf an, woraus der Mond besteht, es kommt auf den symbolischen Charakter des Mondes an, und der wissenschaftliche Beweis für seinen Charakter zerstört den Zauber eher, als daß er ihn erhöht. Vielleicht könnte der Mond eine Quelle für Nahrungsmittel sein – nicht als Substanz, sondern als eine Art Spezialform zur Herstellung synthetischer Nahrungsmittel. Die großen Anstrengungen, zum Mond zu gelangen, sind der Mühe nicht wert – er würde die Welternährungslage nur bessern, wenn er aus Kräuterkäse bestünde. Ferne und geheimnisvolle Dinge können ganz banal sein. Heute könnte man tatsächlich ein Stück Mond bekommen und es untersuchen – der rasche technologische Fortschritt wird es vielleicht bald möglich machen, noch andere unnachprüfbare Phänomene zu untersuchen. Der Mond wäre interessanter, wenn er aus Kräuterkäse bestünde – was könnte man mit der Mondsubstanz anfangen?»

Die Gedanken, die durch diese Aussage ausgelöst werden, sind nicht besonders nützlich. Aber eine Aussage dieser Art scheint mehr Gedanken auszulösen, als wenn man bloß sagt: «Der Mond ist mit Staub bedeckt.»

Umkehrung

PO kann verwendet werden, um Dinge auf den Kopf zu stellen. Nehmen Sie die Aussage: «Beim Denken wird Material ausgewählt und zu immer besser geordneten Mustern verarbeitet.» Das ergibt einen Sinn, aber nehmen Sie die Umkehrung der Aussage: «PO Denken bewirkt, daß die Ordnung der Muster abnimmt.» Aus dieser Umkehrung ergibt sich der Begriff des lateralen Denkens. Die Ordnung wird zerstört, damit sich die Information zu neuen Mustern umbilden kann.

Umkehrung ist ein einfacher Prozeß, denn wenn eine Richtung gegeben ist, dann ist die entgegengesetzte Richtung auch gegeben. Dadurch wird die Umkehrung zu einer der verläßlicheren Methoden, einen disruptiven Stimulus zu erzeugen.

Es war einmal ein reicher Mann, der wollte, daß seine Tochter einen ihrer reichen Freier heirate. Er verbot ihr, sich mit einem armen Studenten zu treffen, den sie liebte. Die Tochter verstand etwas von lateralem Denken und sagte sich: «PO Pappi bezahlt den armen Studenten noch dafür, daß er mich heiratet!» Diese absurde Vorstellung gab ihr einen Gedanken ein. Sie ging zu ihrem Vater und sagte ihm, sie wolle den reichsten ihrer Freier heiraten. Um herauszufinden, welcher der reichste sei, schlug sie ihrem Vater vor, er solle jedem Freier ein großes Geschenk machen. Dann könnten sie danach, wie sich die Lebensweise eines jeden durch das Geschenk ändere, seinen ursprünglichen Reichtum beurteilen. Um zu sehen, ob die Methode funktioniere, sollte jeder Freier und auch der arme Student ein Geschenk erhalten. Die Geschenke wurden gemacht. Und die Tochter ließ sich von dem nun reich gewordenen Studenten entführen.

Holzwege

Im Laufe der Evolution mögen Fehlentwicklungen eine notwendige Voraussetzung für die Ausbildung hochentwickelter Arten sein. Bei der Evolution von Gedanken kann es notwendig sein, ein Stadium des Irrtums zu durchlaufen, um zu einer nützlichen Idee zu gelangen. Der grundlegende Unterschied zwischen dem lateralen und dem vertikalen Denken besteht darin, daß man beim vertikalen Denken niemals auf dem Holzweg sein darf, während man beim lateralen Denken auf dem Weg

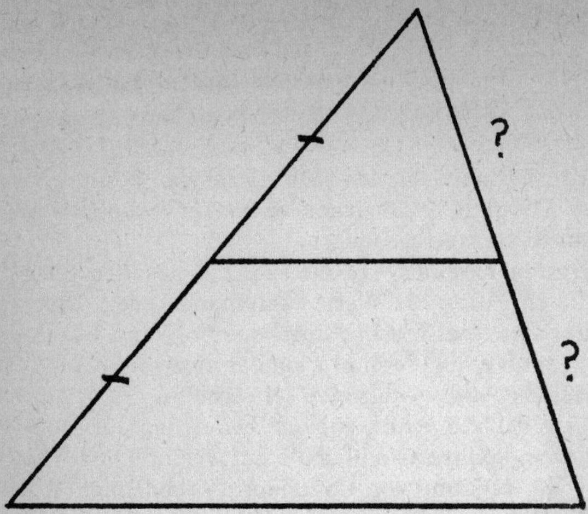
?
?

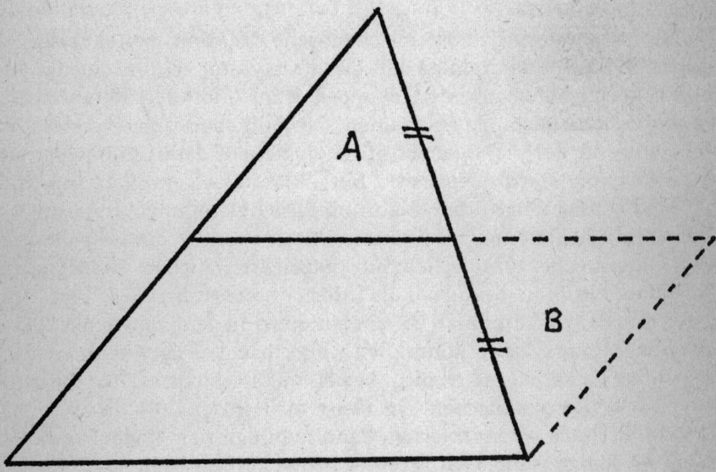
A
B

zur Lösung durchaus Irrtümer begehen kann. Irrtümer mögen nötig sein, um Information in bestimmter Weise zusammenzubringen, woraus sich dann brauchbare Lösungen entwickeln können. Die Lösung selbst muß richtig sein, aber vielleicht erreicht man sie nur über einen Holzweg.

Es könnte auch sein, daß man lediglich im herrschenden Bezugssystem auf dem Holzweg ist. Dadurch, daß man auf den Irrtum vorbereitet wird, könnte sich das Bezugssystem selbst ändern.

PO ist eine Einrichtung, die einem erlaubt, Fehler zu begehen, ohne sie rechtfertigen zu müssen. Auf diese Weise kann man auf dem Weg zur richtigen Lösung eine Zone des Irrtums durchqueren. Wird PO in der Weise verwendet, so kann es die Betonung auf das Bezugssystem verlagern, innerhalb dessen die Aussage falsch zu sein scheint.

Da es unrentabel ist, daß ein Schiff lange im Hafen liegt, um beladen und entladen zu werden, könnte man über die Entwicklung neuer Lademethoden, etwa die Verwendung von Containern, nachdenken. Irgend jemand könnte vorschlagen: «PO warum sollten Schiffe nicht im Hafen beladen werden, während sie noch auf See sind?» Das scheint ganz falsch zu sein, und dennoch könnte es dazu führen, daß totale Lade- und Entladeeinheiten in Erwägung gezogen würden, die verladen werden könnten, während der sich fortbewegende Teil des Schiffs mit der Besatzung und den Navigationsinstrumenten noch auf See ist. Hier ist das Bezugssystem von der Überlegung, wie ein Schiff im Hafen zu beladen und zu entladen sei, auf die Schiffskonstruktion selbst verlagert worden.

Halbe Gewißheit

Ein Katalysator ermöglicht eine chemische Reaktion, er stellt selbst aber keinen Teil des Endprodukts dar. Der Katalysator erfüllt seine Funktion und scheidet dann aus, und dennoch wäre ohne den Katalysator die Reaktion nicht zustande gekommen. Die Aufgabe des Katalysators ist es, die Dinge in der richtigen Position zu halten, damit die gegenseitige Beeinflussung stattfinden kann. Ein Vitamin ist kein Nahrungsmittel, aber es befähigt den Körper, Nahrung zu sich zu nehmen. Katalysatoren, Vitamine und Enzyme sind Kommunikationspunkte, die die gegenseitige Beeinflussung der chemischen Substanzen ermöglichen. Das ist auch die Funktion, die PO in bezug auf die Information erfüllt.

Ziemlich oft kommt man zu einem Punkt, an dem man denkt: «Wenn das nur stimmte, dann könnte ich weitermachen. Es scheint richtig zu sein, aber ich kann es noch nicht beweisen.» In solchen Fällen ermöglicht einem PO, weiterzumachen – im Geist, nicht in der Tat –, als ob es richtig wäre. Durch das Weitermachen kann man dann zu einem Punkt kommen, an dem sich die Richtigkeit der Aussage beweisen läßt. Oder man kann zu einem Punkt kommen, an dem man feststellt, daß die zweifelhafte Aussage unnötig ist und fallengelassen werden kann. Oder aber man stellt fest, daß die letzte Struktur für sich genommen brauchbar ist, gleichgültig, wie fragwürdig der Prozeß war, durch den sie zustande kam. PO untermauert die zweifelhafte Aussage gerade so weit, daß man weitergehen kann, aber nicht weit genug, um die endgültige Schlußfolgerung zu beweisen.

In solchen Fällen braucht man so etwas wie PO, denn sonst müßte man entweder aufgeben oder so fortfahren, als ob die Aussage richtig wäre, ohne daß etwas Konkretes anzeigt, daß die Richtigkeit nur provisorisch ist. Diese spezielle Verwendung von PO kommt der üblichen Verwendung der Hypothese und des «angenommen» sehr nahe.

Konstruktion

Diese Verwendung von PO ist wie die Verwendung einer Konstruktion im Geometrieunterricht in der Schule. Wenn man zum Beispiel beweisen soll, daß eine parallel zur Basis eines Dreiecks gezogene Linie, die den einen Schenkel halbiert, auch den anderen halbieren muß, dann kann man die auf Seite 231 gezeigte Konstruktion anwenden. Praktisch wird dabei etwas von außen hinzugefügt. Die Situation ist in einer Weise geändert, die der Situation nicht inhärent ist.

Ein Philosoph steigt auf den Gipfel eines Berges, um zu meditieren. Er macht sich in der Morgendämmerung auf den Weg und kommt bei Einbruch der Nacht dort an. Er will die Nacht auf dem Berggipfel verbringen. Er schläft ein, wacht jedoch erst am frühen Nachmittag des nächsten Tages auf. Er beginnt den Abstieg und kommt bei Einbruch der Nacht nach Hause. Wie kann man beweisen, daß es einen Punkt am Berghang gibt, den er beim Auf- und Abstieg zu genau derselben Tageszeit erreicht?

Man kann diese simple Aufgabe mit graphischen Darstellungen und so weiter lösen. Aber man könnte noch einfacher sagen: «PO der Philosoph kommt den Berg herunter und trifft sich selbst, wie er hinaufgeht. Wenn sie sich treffen, dann müssen sie am selben Ort zur selben Zeit sein.»

Sobald die Neuanordnung der Information stattgefunden hat und die Lösung ergibt, kann die Konstruktion wegfallen, ebenso wie das Gerüst entfernt werden kann, wenn eine Brücke sich selbst trägt.

Zufälliger Stimulus

Eines der Grundprinzipien des lateralen Denkens ist, daß ein zufälliger Stimulus von außen möglicherweise gebraucht wird, um ein Muster umzustrukturieren oder einen Standpunkt zu ändern. Der Stimulus muß zufällig sein, denn wenn er ausgewählt wird, dann ist er nur eine Erweiterung des derzeitigen Musters, das so lediglich verstärkt wird. Man bedarf kaum des PO-Tricks, um einen zufälligen Stimulus anzuwenden, denn man kann einfach weitermachen und einen anwenden. Die Aufgabe des PO ist, dem Verfahren eine bestimmte Form zu geben und anzuzeigen, daß der Stimulus bewußt als zufälliger Stimulus angewandt wird. So könnten im Laufe einer Diskussion über Verbrechen die Gesprächsteilnehmer sehr verblüfft sein, wenn plötzlich jemand «Kaugummi» sagte. Würde er aber «PO Kaugummi» sagen, dann wäre offenkundig, was er beabsichtigt. Die förmliche Einführung durch PO erleichtert es, die Technik des zufälligen Stimulus ohne Peinlichkeit anzuwenden. Tatsächlich gibt PO zu verstehen, daß an diesem Punkt ein zufälliger Stimulus benötigt wird, damit irgendwelche neuen Wege erschlossen werden können. PO verwandelt das, was sonst für Verrücktheit gehalten werden könnte, in ein völlig vernünftiges unlogisches Verhalten.

Zusammenfassung

Die erste Funktion von PO ist, einfach jemanden in die Lage versetzen, alles zu sagen, was er will, nicht etwa, weil es an sich einen Sinn hätte, sondern weil es zu einer sinnvollen Neuanordnung der Information führen kann. Wenn eine bestimmte Anwendung von Information nicht durch Erfahrung, Relevanz oder Logik gerechtfertigt ist, dann ist PO ein Mittel, sie vorübergehend zu rechtfertigen. Einige der spezifischen Anwendungen von PO sind aufgeführt worden, aber andere kann man sich noch ausdenken, sobald man sich über die Grundfunktion des Wortes klar ist.

Die zweite Verwendung von PO

Die zweite Funktion von PO besteht darin, die Starrheit der Muster, die auf der speziellen Erinnerungsoberfläche unvermeidlich ist, zu überwinden. Es liegt in der Natur der Oberfläche, solche Muster zu erzeugen und zu verwenden. Vom biologischen Standpunkt aus ist ein Muster um so besser, je starrer es ist. Vom gesellschaftlichen Standpunkt aus kann Starrheit kein Vorteil sein.

Anti-Arroganz

Es liegt in der Natur der speziellen Erinnerungsoberfläche, selbstperpetuierende Muster zu bilden, die allein richtig zu sein scheinen. PO dient als Mahnung, daß die Starrheit der Muster von der Natur der Erinnerungsoberfläche abhängt und nicht von der ausschließlichen Gültigkeit des einzelnen Musters, das sich gebildet hat. Übung in der Verwendung von PO könnte die Arroganz der heftigen, dogmatischen Haltungen mildern, die durch Gewohnheit und Opposition immer unnachgiebiger werden. Wenn man sich die willkürliche Natur und die historische Entwicklung solcher Haltungen bewußt macht, erscheinen sie zwar immer noch nützlich, aber die Arroganz, die andere Standpunkte ausschließt und sogar darauf besteht, andere Leute sollten denselben Standpunkt einnehmen, kann auf diese Weise abgebaut werden.

PO ist nur ein Büchsenöffner. Den Inhalt der Büchse entleert es nicht. PO mißbilligt keinen Standpunkt. PO gibt nur den Hinweis: «Sie mögen recht haben, das, was Sie behaupten, mag sehr nützlich sein, aber denken Sie daran, daß es in der Natur der Erinnerungsoberfläche liegt, starre, selbstperpetuierende Muster zu erzeugen, die ausschließlich richtig zu sein scheinen.»

Arroganz tritt in mancherlei Form auf. Ebenso, wie eine bestimmte fixierte Art und Weise, die Dinge zu betrachten, zu einer Arroganz der Überheblichkeit führt, so führt eine andere fixierte Art und Weise, die Dinge zu betrachten, zu einer Arroganz der Verzweiflung. PO kann angewandt werden, um die Arroganz der Verzweiflung zu mildern mit dem Hinweis, daß die Lage möglicherweise nicht so schlimm ist, wie es scheint, oder nicht so permanent schlimm, wie es scheint. Nicht die Verwendung von PO als zeitweiliger Einrichtung, sondern PO als Geisteshaltung kann einer solchen Arroganz die Schärfe nehmen.

Das heißt nicht, daß man PO so eifrig anwenden sollte, daß jede Wirkung verlorengeht. Das heißt auch nicht, daß die Erkenntnis der Willkürlichkeit der Muster dazu führen dürfte, daß jeglicher Antrieb und die Richtung verlorengehen. Im Gegenteil, man erkennt, daß die Muster überaus nützlich sind, so willkürlich sie auch sein mögen, und deshalb verwendet man sie. Aber man verwendet sie ohne Arroganz, forscht dabei nach besseren Mustern und ist bereit, zu besseren Mustern überzugehen, wenn diese brauchbarer erscheinen. PO selbst verhindert, daß man bei der Verwendung von PO Arroganz entwickelt.

Humor ergibt sich aus demselben Grundmechanismus der speziellen Erinnerungsoberfläche wie Intuition. Beide weisen auf die Möglichkeit von alternativen Anordnungen der Information zusätzlich zu den etablierten Mustern hin. Mit seiner Mahnung, das Verhalten der Erinnerungsoberfläche zu berücksichtigen, regt PO zu denselben Dingen an wie der Sinn für Humor, der Sinn für Proportion und die Toleranz gegenüber einem anderen Standpunkt (was Toleranz gegenüber der Starrheit eines anderen Standpunkts nicht unbedingt einschließt).

PO als Interjektion

Wenn jemand eine Aussage macht, mit der Sie nicht einverstanden sind, dann können Sie zum Schluß einfach NEIN sagen – oder eine etwas höflichere Formulierung wählen. Wenn jemand eine Aussage macht und behauptet, nur sie könne richtig sein, dann könnten Sie zum Schluß einfach PO sagen. Das bedeutet nicht, daß etwas mit der Aussage nicht stimmt, abgesehen von ihrer Arroganz. Auf diese Weise verwendet, kann PO andeuten, daß die Aussage in ihrem Bezugssystem völlig korrekt sei, daß aber das Bezugssystem selbst vielleicht nicht richtig sei. PO besagt also: «Ich habe nichts an Ihrer Aussage auszusetzen und kann auch im Augenblick keine Alternative dafür anbieten. Dennoch ist es eine merkwürdige Betrachtungsweise der Situation, und es mag andere und bessere geben. Ich werde Ihre Aussage vorläufig akzeptieren – als eine nützliche Aussage, aber nicht als die einzig mögliche.»

Während NEIN ein kategorisches Nichteinverstandensein impliziert, impliziert PO ein Nichteinverstandensein nicht mit dem Inhalt der Aussage, sondern mit deren Dogma. PO gibt die Anregung, die Fehler des informationsverarbeitenden Systems der speziellen Erinnerungsoberfläche nicht zu vergessen.

Wiederverbinden

Eines der charakteristischen Merkmale der Erinnerungsoberfläche ist, daß sie Dinge in getrennte Einheiten teilt, die sich dann immer weiter voneinander entfernen. Die Teilung des Änderungsprozesses in «Ursache» und «Wirkung» wurde als Beispiel dafür angegeben.

PO greift die Teilungen zeitweilig an, damit die Information auf andere Weise verwendet werden kann. PO kann auch einfach angewandt werden, um auf die Willkürlichkeit dieser Teilungen hinzuweisen. Manchmal kann die ganze Teilung willkürlich sein, ein anderes Mal ist die Teilung auf einer bestimmten Stufe nützlich, aber willkürlich, wenn sie auf andere Stufen ausgedehnt wird. Im letzten Fall sieht es so aus, als ob PO die Aufmerksamkeit mehr auf das lenken möchte, was die Fragmente verbindet, als auf das, was sie trennt. Wenn das zutrifft, dann ist es eine Nebenerscheinung. Die Funktion von PO besteht nur darin, die Starrheit einer Teilung anzufechten.

Wenn jemand «Männer po Frauen» sagte, dann wäre es dasselbe, als ob er «Menschen» oder «Menschheit» sagte. Etwas ganz anderes wäre es jedoch, wenn er «Männer und Frauen» sagte, denn damit würden die Teile bewußt getrennt gehalten, um sie zu koordinieren – während PO die Unterscheidung abschafft. Es ist ein Unterschied, ob man «Demokraten po Republikaner» oder «Demokraten und Republikaner» sagt. Das erste zeigt an, daß die Differenzen möglicherweise nicht grundsätzlich sind, und das zweite weist auf die beiden gesonderten Standpunkte hin. «Regierung po Volk» würde die Aufmerksamkeit auf die Frage lenken, ob es ein gemeinsames Interesse zwischen den beiden Gruppen gibt. PO selbst ist niemals eine Beurteilung – es ist ein Mittel, Teilungen anzufechten. «Reich po arm» bedeutet nicht, daß es keinen grundlegenden Unterschied zwischen reich und arm gibt, sondern es bedeutet: «Laßt uns diese Teilung betrachten, sie abschätzen und sehen, was geschieht, wenn wir sie für einen Augenblick fallenlassen.» Die angefochtene Teilung wird vielleicht unter der Anfechtung zusammenbrechen, oder sie wird ihr standhalten, und in diesem Fall kann die Nebeneinanderstellung ein echter Stimulus werden.

Bedenken Sie, daß es zwei verschiedene Anwendungen von PO gibt:

1. Kriegsschiffe po junge Hunde.
2. Nordländer po Südländer.

Im ersten Fall werden die Dinge zusammengebracht, weil es unwahrscheinlich ist, daß die Erfahrung sie zusammenbringen würde. Im zweiten Fall werden die beiden Dinge zusammengebracht, weil die Erfahrung sie auseinandergedrängt hat. Beide Anwendungen laufen der Erfahrung zuwider, und in beiden Fällen ist das Ziel Stimulierung.

Dadurch, daß PO die Teilung anficht, kann es sie vorübergehend überbrücken, um zu sehen, ob sich irgend etwas Nützliches daraus ergibt. Zum Beispiel kann bei einem Lohnstreit in der Industrie die Haltung «Arbeitnehmer po Arbeitgeber» dazu führen, daß gemeinsame Interessen wie Produktivität oder Ideen wie Arbeitnehmerbeteiligung in Erwägung gezogen werden. «Liebe po Haß» führt zum Nachdenken über die elementare Reaktionskraft, die in beiden manifest ist, und zu dem Freudschen Gedanken, daß der Unterschied zwischen beiden nicht so groß ist.

In dieser verbindenden Funktion ist PO besonders nützlich, weil es jene entgegengesetzten Extreme zusammenbringt, die einander gegenseitig hervorrufen. So ist flexibel als Gegenteil zu starr geschaffen worden, und umgekehrt. Dennoch ist ein System «flexibel po starr» das, wonach jeder trachtet. Das gilt auch für «unnachgiebig po unterwürfig» und «Chaos po Steuerung», wie in einem früheren Abschnitt dargelegt.

Die wiedervereinten Fragmente sollen nicht als permanente Strukturen behandelt werden, sie sollen vielmehr nur Gedanken auslösen. Die Verknüpfung ist zeitweilig, denn sonst würde die nützliche Funktion der Sprache, getrennte mobile Einheiten zu schaffen, wegfallen. Man will nicht Verschiedenartigkeit von «starr» und «flexibel» aus den Augen verlieren, sondern sie beibehalten und dennoch zeigen, daß ein System beides zugleich sein kann. PO greift die Teilung und Getrenntheit an, nicht das Wesen der beiden Eigenschaften.

Dem NEIN entgegenwirken

Ebenso wie PO verwendet werden kann, um Teilungen anzufechten und Etiketten zeitweilig zu entfernen, kann es angewandt werden, um dem wirksamsten aller Etiketts entgegenzuwirken, dem NEIN-Etikett. Die NEIN-Reaktion ist so sehr ein Bestandteil unserer Denkgewohnheiten geworden, daß es eine der allernötigsten Funktionen von PO ist, Bahnen neu zu erschließen, die irgendwann von dem NEIN-Etikett gesperrt worden sind (vielleicht vor sehr langer Zeit). Wie gewöhnlich fällt PO kein Urteil über die Gültigkeit eines Etiketts, sondern schiebt es nur zeitweilig beiseite, damit die blockierte Information wieder verwendet werden kann.

Diese Funktion, dem NEIN-Etikett entgegenzuwirken, kann sehr nützlich sein, da NEIN eine so wirkungsvolle Sperrvorrichtung ist. Das NEIN-Etikett kann verfrüht angebracht worden sein. Es kann stichhaltig gewesen sein zu der Zeit, als es angebracht wurde, aber es hat seine Stichhaltigkeit verloren. Das Etikett mag kaum noch stichhaltig sein, aber die Information, die durch das Etikett gesperrt war, kann nun in einem anderen Kontext ausgenutzt werden. Die Wissenschaft blickt ständig zurück und findet Gedanken sehr nützlich, die einmal abgelehnt oder fallengelassen worden sind, weil sie zu der Zeit, als sie beurteilt wurden, keinen Sinn hatten.

Wenn das NEIN-Etikett einmal angebracht ist, sitzt es wegen der emotionalen Natur der NEIN-Reaktion permanent fest. Und da das NEIN-Zeichen genau am Eingang der Bahn angebracht ist, kann diese nicht einmal daraufhin untersucht werden, ob sich das Schild noch für sie eignet.

PO wirkt dem NEIN-Etikett nur zeitweilig entgegen. Gewöhnlich kommt es wieder zur Sperrung, weil sie wirklich gerechtfertigt ist. Es gibt jedoch Fälle, in denen es nicht wieder zur Sperrung kommt. Bis vor wenigen Jahren hätten die meisten Kunstkritiker eine Konservendose nicht als Kunst angesehen. Dann malte Andy Warhol seine berühmte Suppendose, und plötzlich galt sie als Kunst. Nachdem die Sperre einmal beseitigt war, entwickelte sich ein Kontext, der verhindert, daß es je wieder zur Sperrung kommt.

Alternativwege

PO kann nicht nur dafür verwendet werden, Bahnen zu erschließen, sondern auch dafür, Bahnen zu sperren. Gefährlicher als eine gesperrte Bahn ist eine vielversprechende Bahn, in der man gefangen ist. Schließlich bewirkt eine Sperre, daß man woanders hinschaut, aber wenn man gefangen ist, wird man daran gehindert. Gleichgültig ob man vom Adäquaten oder vom Offenkundigen gefangen ist, beides verhindert, daß man von der Information den besten Gebrauch macht. Ein Weg erlangt eine natürliche Dominanz durch Vertrautheit, durch emotionalen Gehalt oder weil er irgendwo hinführt. PO wird verwendet, um den natürlich dominierenden Weg zu versperren. Tatsächlich zeigt PO an: «Dieser Weg mag ganz in Ordnung sein, aber vielleicht ist er nicht der effektivste. Wir sollten ihn einen Augenblick verlassen und versuchen, andere Wege zu finden.» Das ist eine andere Art von Sperre als die NEIN-Sperre, denn PO ist immer temporär.

Die Aussage «Nora ist häßlich» kann eine natürliche Offenkundigkeit haben, aber wenn man sie etwa mit «Po Nora ist nicht häßlich» blockiert, dann wäre man imstande, den Wert individueller Züge zu berücksichtigen, die vorher durch das Pauschalurteil verdeckt wurden.

Bei dem Experiment mit den Kindern und den zwei Brettern hätte die erste Gruppe die wirkungsvollste Lösung finden können, wenn sich die Kinder gesagt hätten «Po die Trittsteinmethode ist nicht die einzige Möglichkeit, das zu schaffen.»

Lister wurde viel Anerkennung gezollt, weil er die moderne Chirurgie dadurch gefördert hat, daß er Karbolsäure als Desinfektionsmittel einführte. Lawson Tait fand Listers Gerede ganz blödsinnig, und er selbst erzielte ausgezeichnete Ergebnisse nicht durch die Anwendung von Desinfektionsmitteln, sondern durch peinliche Sauberkeit. Heute bedient sich die moderne Chirurgie tatsächlich dieser aseptischen Methode und nicht der antiseptischen. Po Bakterien abtöten ist nicht der einzige Weg, sie daran zu hindern, Wunden zu infizieren.

Zusammenfassung
Die zweite Funktion von PO ist die eines Mittels zur Überwindung der Starrheit etablierter Ideen, Muster, Etiketts, Teilungen, Kategorien und Klassifizierungen. PO ist ein Werkzeug der Entschematisierung. Obwohl die Notwendigkeit von Mustern und ihre unerhörte Nützlichkeit anerkannt wird, ist es doch sehr günstig, eine Methode zu haben, die die Starrheit dieser Muster in Frage stellt und sie zeitweilig sogar trennt. PO dient als Warnung vor dem musterbildenden Verhalten der Erinnerungsoberfläche. Als solche mildert PO die Arroganz eines bestimmten Standpunkts.

Selbst wenn PO niemals wirklich angewandt wird, kann die Kenntnis des Wesens einer solchen Einrichtung dazu dienen, die geistige Starrheit zu mindern.

Der emotionale Gehalt von PO
Da die spezielle Erinnerungsoberfläche ein passives, sich selbst organisierendes System ist, könnte die NEIN-Reaktion niemals ändern, was auf der Oberfläche geschieht, wenn NEIN nicht emotionalen Gehalt hätte. NEIN fungiert als die symbolische Vorwegnahme einer Situation, die Schmerz oder Unbehagen verursacht. Der Schmerz kann physisch sein, wie möglicherweise bei der frühen Erziehung zum Gebrauch von NEIN. Es gibt wahrscheinlich auch ein rein intellektuelles Unbehagen, das durch eine Fehlentwicklungssituation verursacht wird. Das Bewußtmachen dieser Fehlentwicklung kann Unbehagen hervorrufen, wenn etwas plötzlich zweierlei zu sein scheint.

Der emotionale Gehalt von PO stammt aus der Erwartung der Freude über eine intuitive Lösung oder einen Heureka-Augenblick, wenn alles plötzlich klappt. Diese Freude ist verwandt mit der Freude, die Humor und möglicherweise sogar ästhetisches Verständnis auslösen. In all diesen Fällen wird rasch ein einfaches Muster etabliert im Gegensatz zu dem mißlichen Konflikt einer Fehlentwicklungssituation. Dieser Typus von emotionaler Reaktion könnte auch mit Hoffnung verwandt sein, die in der Erwartung besteht, daß die Dinge gut ausgehen, und mit Neugier und Forschung.

PO könnte auch daraus emotionalen Gehalt beziehen, daß die gräßliche Starrheit, mit der jemand eine Situation betrachtet, gemildert wird. Der grundlegende Effekt des emotionalen Gehalts von PO ist, daß er es PO ermöglicht, Verbindungen herzustellen, die nicht bloße Widerspiegelungen der Erfahrung sind, so wie NEIN bewirkt, daß Verbindungen geschwächt werden, die Widerspiegelungen der Erfahrung sind.

Sowohl die freundliche wie die unfreundliche Reaktion sind mechanische Prozesse auf der Erinnerungsoberfläche, die nichts mit dem Wertinhalt der Information zu tun haben. So könnte die Instabilität der Fehlentwicklungssituation zu Schwankungen der allgemeinen Aktivität auf der Oberfläche führen, während die freundliche Reaktion zu einer Verminderung dieser Schwankungen führen könnte. Der tatsächliche mechanische Charakter der Reaktion ist unwichtig, aber er muß etwas zu tun haben mit der Art und Weise, wie sich die Oberfläche verhält, und nicht mit der tatsächlichen Information auf der Oberfläche.

Hypothese, «angenommen», Poesie

Man könnte glauben, die Funktion von PO sei mit diesen drei Wörtern schon umrissen. Es gibt ein gewisses Maß an Überschneidung, und die natürliche polarisierende Eigenschaft des Verstandes könnte dazu tendieren, diese Überschneidung hochzuspielen, und zu dem Schluß zu kommen, PO erfülle keine neue Funktion.

«Hypothese» bedeutet die im Augenblick plausibelste Mutmaßung. Sie ist noch nicht «bewiesen», doch logisch abgeleitet von dem, was man gegenwärtig weiß, und es besteht die Absicht, sie zu gegebener Zeit zu beweisen. In scharfem Gegensatz dazu befindet sich die Funktion von PO. Sie besteht darin, so unlogisch wie möglich zu sein und sich möglichst weit von dem, was man gegenwärtig weiß, zu entfernen, denn PO soll eine trennende Wirkung ausüben. PO ist provokativ. Es besteht nicht die Absicht zu beweisen, daß die PO-Aussage richtig ist.

«Angenommen» ist in seiner Funktion dem «Wenn» ähnlich, und beide erlauben eine Aussage zu machen, die noch nicht gerechtfertigt ist. Aber beide befassen sich mit Ereignissen, die an sich plausibel sind: das einzig Unplausible an ihnen ist, daß sie geschildert werden, als seien sie schon geschehen, während sie noch nicht geschehen sind. Einige der Funktionen von PO könnte «angenommen» gleichsam in verwässerter Weise erfüllen, aber die Wirkung wäre eine andere. Wenn man «Angenommen, der Mond bestände aus Kräuterkäse» sagt, dann ist das nicht dasselbe wie «Po der Mond besteht aus Kräuterkäse». Die Funktionen der Nebeneinanderstellung, der zufälligen Stimulierung und Verbindung könnte «angenommen» im Gegensatz zu PO nicht erfüllen. Die Schwäche von «angenommen» besteht darin, daß es immer noch innerhalb des Systems wirkt, und daher kann es den trennenden Effekt von PO nicht erzielen, das gegen das System gerichtet ist. Die Funktion von PO als Mittel der Befreiung basiert nicht auf vernünftigem Zweifel, sondern auf unvernünftigem Zweifel.

Das wahrscheinlich stärkste Äquivalent ist die Poesie. In der Poesie können unsinnige Dinge zusammengebracht werden, in der Absicht, eine neue Betrachtungsweise der Situation zu provozieren. Die Wörter werden auf ungewöhnliche Weise verwendet. All das kommt der Funktion von PO viel näher.

Die grammatikalische Verwendung von PO

PO kann auf jede Weise verwendet werden, die uns geläufig zu sein scheint. Da PO nicht als Vorwand für Lügen dienen soll, muß bei jeder Aussage, die von PO gedeckt wird, deutlich erkennbar sein, daß sie von

PO gedeckt wird. Die in diesem Kapitel angeführten Beispiele geben einige Hinweise, wie PO zu verwenden ist.

1. Zu Beginn einer Aussage, die von PO gedeckt wird. PO kann auch vor einem einzelnen Satzglied oder Wort, das qualifiziert werden soll, stehen, es braucht sich nicht auf die ganze Aussage zu beziehen, zum Beispiel: «Dieses neue Wort zu verwenden ist po gefährlich.»

2. PO kann als Verbindung zwischen zwei Wörtern oder Begriffen verwendet werden, um die Teilung anzufechten, die sie trennt. In dieser Position kann es auch verwendet werden, um eine stimulierende Nebeneinanderstellung zustande zu bringen, zum Beispiel: «Künstler po Intellektuelle werden finden, daß das neue Wort einfach anzuwenden ist.»

3. PO kann in den meisten Positionen von «kein» oder «nicht» angewandt werden. Das schließt auch die Verwendung von PO als einfacher Reaktion auf eine Aussage ein, zum Beispiel: «Dieses Wort ist unbedingt notwendig.» – «Po!»

4. PO kann verwendet werden, um dem Effekt von NEIN entgegenzuwirken. Zu diesem Zweck wird die Aussage als positive Aussage neu formuliert und auf die übliche Weise durch PO modifiziert, zum Beispiel:

«Ein neues Wort kann nicht künstlich in Gebrauch genommen werden.»

«Po ein neues Wort kann künstlich in Gebrauch genommen werden.»

PO und Sprache

Es ist unwahrscheinlich, daß sich PO in seiner vollen Funktion in irgendeiner Sprache spontan einbürgert, denn diese Funktion und das Wesen der Sprache sind direkte Gegensätze. Während die Sprache, sei es als Kommunikation oder als Denkhilfe, danach strebt, scharf zu unterscheiden und folgerichtig zu sein, erstrebt PO genau das Gegenteil. Der Sprache geht es um die Mobilität der Muster, die ihrerseits fixiert und stabil sein müssen, damit sie eine Bedeutung erlangen. Mit PO wird die Stabilität dieser fixierten Muster angefochten. *Der ganze Zweck von PO besteht darin, zeitweilig der abstrakten und geordneten Stabilität der Sprache zu entrinnen, die die fixierten Muster eines selbstorganisierenden Erinnerungssystems widerspiegelt.* PO ist ein Abführmittel gegen die verstopfenden Wirkungen der Sprache.

Zusammenfassung

Unserer Kultur und Erziehung geht es um die Etablierung und Kommunikation von Ideen. Es gibt keine Methode, Ideen zu verändern, außer den Konflikt. Das laterale Denken ist notwendig für die innere Umstrukturierung von Ideen. PO wird als ein praktisches Werkzeug vorgeschlagen, um dem lateralen Denken zur Wirkung zu verhelfen. PO ist ein intuitives Werkzeug.

Ebenso wie die Verneinung die Basis des logischen Denkens ist, so ist das Entspannen die Basis des lateralen Denkens. PO ist das Mittel, das die Entspannung herbeiführt.

Abgesehen von seiner Verwendung hat PO Bedeutung als Symbol der inhärenten Grenze der Informationshandhabung auf der speziellen Erinnerungsoberfläche.

35.

Physiologie

In diesem Buch ging es darum, Schritt für Schritt den Typ eines informationsverarbeitenden Systems zu entwickeln. Dieses System ist zum Beispiel der Lenkung der Aufmerksamkeit und des Denkens fähig. Es ist auch gezeigt worden, daß dem informationsverarbeitenden Verhalten dieses Systemtyps gewisse Fehler innewohnen, daß es aber auch beträchtliche Vorteile hat. Die Vorteile wiegen die Nachteile bei weitem auf, obwohl den letzteren mehr Aufmerksamkeit geschenkt wurde. Das System wurde die spezielle Erinnerungsoberfläche genannt, und die Aktivität auf dieser Oberfläche wurde beschrieben.

Das alles stand unter der deutlichen Voraussetzung, daß dieser System-Typ demjenigen ähnlich sei, der im menschlichen Gehirn wirksam ist. Vielen Lesern mag es Unbehagen verursacht haben, daß diese Voraussetzung zeitweise zu stark den Charakter des Möglichen verlor und sich der Gewißheit näherte. Das war eine Sache der Bequemlichkeit, denn es ist überaus lästig, ständig in der Möglichkeitsform zu schreiben. An dieser Stelle sei wiederholt, daß das, was beschrieben wurde, ein System-Typ ist. Ob dieses System im großen und ganzen mit demjenigen identisch ist, das im Gehirn funktioniert, bleibt noch zu beweisen. Was über das Gehirn bekannt ist, spricht im großen und ganzen für ein System dieser Art. Die Einzelheiten mögen sehr verschieden sein. Im folgenden wird ein kurzer Überblick über die relevanten Charakteristika gegeben.

Übertragung

Es ist bekannt, daß ein dem Auge oder dem Ohr angebotenes Muster eine Reaktion auf der Oberfläche des Gehirns hervorruft. In diesem Buch ist vorausgesetzt worden, daß die angebotenen Muster irgendwie auf die Erinnerungsoberfläche gelangen, ohne zu erörtern, wie sie dort hinkommen. Die Prozesse, die nötig sind, um die Dinge dorthin zu bringen, und der Prozeß der Übertragung eines Gegenstands aus der Umgebung in ein Muster auf der Gehirnoberfläche sind sehr kompliziert. Bei dieser Übertragung kann bereits ein gut Teil der Informationsverarbeitung ausgeführt werden.

Hemmung und Erregung

Das charakteristische Verhalten der speziellen Erinnerungsoberfläche beruht hauptsächlich auf der Wechselwirkung von Hemmung und Erregung. Aus dem Gleichgewicht zwischen beiden entsteht der begrenzte Aktivierungsbereich, der über die Erinnerungsoberfläche wandert und die Aufmerksamkeit lenkt. Das Gleichgewicht zwischen Hemmung und Erregung ist ein sehr grundlegendes und wohlbekanntes Charakteristikum des Nervensystems. Die Vorgänge können durch die Wechselwirkung der Nerveneinheiten selbst oder durch chemische Stoffe, die die Einheiten umgeben, bewirkt werden. Das reibungslose Funktionieren des Nervenverhaltens beruht erwiesenermaßen auf einem Gleichgewicht zwischen Hemmung und Erregung.

Lokale Betäubungsmittel sind Chemikalien, die die Nerventätigkeit einschränken. Sie werden daher von Zahnärzten verwendet, um den Schmerz zu unterdrücken. Wenn solche Nervenberuhigungsmittel in den Blutstrom injiziert werden, dann verursachen sie nicht eine Herabsetzung der Gehirntätigkeit, sondern im Gegenteil eine starke Erregung, die in Form von Konvulsion oder Halluzinationen manifest wird. Wahrscheinlich ist das so, weil sie die hemmende Funktion im Gehirn herabsetzen, so daß die erregende Funktion aus dem Gleichgewicht gerät. Eine größere Dosis der Droge wird auch die Erregung herabsetzen.

Das Gleichgewicht zwischen Hemmung und Erregung ist die Ursache für die selektiven, selbstorganisierenden und selbstmaximierenden Eigenschaften der speziellen Erinnerungsoberfläche. Diese Wechselwirkung von Hemmung und Erregung, die die Selektion ermöglicht, ist überall in der biologischen Welt zu finden. Auf ihr beruht wahrscheinlich die Spezialisierung der Zellen und sie erklärt, warum eine Hand wie eine Hand aussieht und eine Nase wie eine Nase. Im Pflanzenreich bestimmt ein Gleichgewicht zwischen hemmenden und erregenden Hormonen, ob Pflanzenzellen sich in Wurzeln oder in Stengel verwandeln und auf welche Weise sie wachsen.

Einheiten

Von der speziellen Erinnerungsoberfläche wurde angenommen, daß sie aus funktional verbundenen Einheiten besteht, die in zwei Zuständen auftreten: aktiviert und nichtaktiviert. Der Hauptbestandteil des Nervensystems ist eine Schaltstelle, die sogenannte Synapse, die entweder aktiviert oder nichtaktiviert sein kann. Allerdings ist das meiste, was über solche Schaltstellen bekannt ist, durch die Untersuchung von Synapsen außerhalb des Gehirns erlangt worden. Die Schaltungen im Gehirn mögen anders sein, aber es ist unwahrscheinlich, daß ihr Grundverhalten sehr verschieden ist.

Ob die Synapsen aktiviert werden oder nicht, hängt von dem zunehmenden Gleichgewicht zwischen den erregenden und hemmenden Einflüssen ab, die auf die Einheit ausgeübt werden. Wenn eine Synapse aktiviert wird, dann trägt sie dazu bei, die Aktivierung an funktional verbundene Einheiten weiterzuleiten. Die Synapsen selbst sind durch Nerven miteinander verbunden. Es gibt auch Beweise für einen Ermüdungsfaktor, so daß es für kurze Zeit schwieriger sein kann, eine Synapse zu aktivieren, die aktiv gewesen ist.

Kurzzeitgedächtnis
Es gibt Beweise für ein zweistufiges Gedächtnissystem im Gehirn, das aus einem Kurzzeit- und einem Langzeitgedächtnis besteht. Das Kurzzeitgedächtnis könnte möglicherweise die Form der erhöhten Aktivierbarkeit einer Synapse annehmen, wenn der Ermüdungsfaktor abgeklungen ist. Es könnte auch die Form von Stromkreisen der Nervenaktivität annehmen, die eine Zeitlang, nachdem ein Synapsen-Muster aktiviert worden ist, sich endlos im Kreise zu bewegen beginnt. Es gibt eine bestimmte Methode, das Gehirn durch Unterbrechung der Nervenaktivität in einem Bereich zu depolarisieren. Wenn diese Methode auf der Gehirnoberfläche eines Tieres kurz nach einem Geschehnis angewandt wird, dann kann sie verhindern, daß das Geschehnis im Gedächtnis registriert wird. Wird sie viel später angewandt, dann wird die Erinnerung nicht beeinträchtigt. Das deutet darauf hin, daß das Kurzzeitgedächtnis etwas mit der Nervenaktivität zu tun hat, was beim Langzeitgedächtnis nicht der Fall ist.

Langzeitgedächtnis
Auf der speziellen Erinnerungsoberfläche bestand das Langzeitgedächtnis darin, daß bei jeder Aktivierung einer Einheit die Schwelle der Einheit gesenkt wurde. In funktionaler Hinsicht könnte derselbe Effekt erzielt werden, wenn die Gedächtnisbahn aus der steigenden Anzahl neuer Verbindungen zu einer Synapse bestünde oder auch, wenn es getrennte Gedächtniszellen gäbe. Der Effekt könnte auch erzielt werden durch eine chemische Veränderung in der Synapse, die die Wahrscheinlichkeit einer Reaktion auf ein bestimmtes Stimulationsmuster erhöht. Allgemein besteht die Funktion darin, daß der Effekt eines Aktivierungstyps die Wahrscheinlichkeit erhöht, daß dieser Aktivierungstyp erneut auftritt.

Muster auf der Oberfläche
Auf der speziellen Erinnerungsoberfläche stellte eine spezifische Gruppe von Einheiten ein spezifisches Muster dar. Der Bequemlichkeit halber wurde angenommen, daß solches Muster einen gesonderten Bereich auf der Oberfläche einnimmt. Es wurde darauf hingewiesen, daß funktional verbundene Einheiten mit anderen Einheiten vermischt werden können und daß ein spezifisches Muster nicht auf einen einzelnen Bereich beschränkt sein muß, sondern aus aktivierten Einheiten bestehen kann, die über die ganze Oberfläche verstreut sind, solange sie durch ihre Verbindungen eine funktionale Einheit bilden.

Auch muß diese funktionale Einheit nicht aus Einheiten bestehen, die auf eine spezielle Weise miteinander verbunden sind. Die Einheiten können durch Resonanzeffekte verbunden sein. Wenn eine Rundfunksendung ausgestrahlt wird, empfängt jeder die Sendung, dessen Rundfunkapparat auf diese Frequenz eingestellt ist. Aus der Vogelschau würde das ein Muster aktiver Radioempfänger ergeben. Bei einem anderen Sender würde das Muster anders aussehen, weil die Sendefrequenz eine andere wäre. Auf dieselbe Weise könnte eine spezielle Aktivierungsfrequenz, die sich auf die ganze Nervenoberfläche erstreckt, ein Muster jener Zellen aktivieren, die auf diese Frequenz eingestellt sind. Das Gedächtnis könnte aus einer Änderung der Einstellung bestehen.

Der Bequemlichkeit halber ist angenommen worden, daß die Muster auf der speziellen Erinnerungsoberfläche Muster im Raum sind. Sie könnten ebensogut Muster in der Zeit sein. Schreiben und Malen sind Muster im Raum. Sprechen und Musik sind Muster in der Zeit. Ein Fernsehgerät verwandelt ein Muster in der Zeit in ein Muster im Raum. Ein einfaches Modell läßt sich herstellen mit einigen Pendeln, die an einem Brett aufgehängt sind, das selbst auch aufgehängt ist. Die Pendel sind verschieden lang. Wenn sie schwingen, beeinflussen sie sich gegenseitig, und es erscheint ein Muster in der Zeit und im Raum von heftig schwingenden und von noch bewegungslosen Pendeln. Dieses Muster ist charakteristisch für die Anordnung. Wird aber ein Pendel gekürzt, dann wird das Muster permanent geändert. Die Muster auf der Erinnerungsoberfläche könnten Muster dieser Art sein und von Raum, Frequenz und gegenseitiger Beeinflussung abhängen.

Die d-Linien, die verwendet wurden, um die Aktivität auf der speziellen Erinnerungsoberfläche darzustellen, sollten nicht anzeigen, daß der Aktivitätsfluß immer ein räumliches Phänomen sei. Die d-Linien zeigen lediglich folgendes: wenn auf das Muster A das Muster B folgt, dann hinterläßt B die Oberfläche in einem Zustand, das auf das Muster C folgt. Die Muster werden dann als verbundene d-Linien dargestellt.

Parallelsysteme

Das Gehirn ist wahrscheinlich nicht eine einzige Erinnerungsoberfläche, sonst würde man zu atmen aufhören oder hinfallen, wenn die Aufmerksamkeit durch ein hübsches Mädchen gefesselt würde. Es gibt vermutlich Parallelsysteme, die selbständig funktionieren können. Gleichzeitig sind diese Systeme lose in das Ganze integriert.

Gefahren der Introspektion

Das Mißliche am Gehirn ist, daß es zu leicht zur Introspektion benutzt werden kann. Wenn ein System voraussagen würde, daß ein Objekt, wenn es angestarrt wird, verschwindet, dann würde man das für Unsinn halten, denn es widerspricht der allgemeinen Erfahrung. Wenn jedoch ein Gegenstand so vor die Netzhaut gehalten wird, daß das Bild immer auf denselben Teil der Netzhaut fällt, gleichgültig, wie sich das Auge bewegt, dann löst sich der Gegenstand tatsächlich auf und verschwindet.

Das Gehirn scheint Muster in allen möglichen Positionen und Orientierungen zu erkennen. Man nimmt an, daß das bedeutet, es gebe irgendein kompliziertes System für das sofortige Erkennen von Mustern. Dennoch ist das Erkennen möglicherweise nur eine Frage des langsamen Lernens, daß ein Quadrat in dem einen Bereich dasselbe ist wie ein Quadrat in einem anderen Bereich, ohne irgendeinen eingebauten Mechanismus für sofortiges Erkennen. Oder vielleicht erkennt man nicht das Muster, sondern die Bewegungen, die man macht, wenn man das Muster ansieht. Der springende Punkt ist, daß die Dinge unter Umständen nicht so einfach sind wie sie scheinen, aber sie brauchen auch nicht so kompliziert sein wie sie scheinen.

Allgemeine Merkmale

Was in diesem Buch beschrieben wurde, sind die allgemeinen Merkmale eines Systems, das die folgenden Charakteristika hat:

1. Ein Erinnerungssystem, das Dinge registriert.
2. Ein iteratives Erinnerungssystem, das heißt, daß Änderungen kumulativ auftreten.
3. Ein selbstorganisierendes System, das in der Lage ist, seine eigenen Muster zu erzeugen.
4. Ein selbstmaximierendes System, das zur Selektion fähig ist.
5. Ein zweistufiges Gedächtnissystem, das ihm eine kombinierende Funktion verleiht.
6. Eine innere Neigung, die ihm Individualität und anpassungsfähiges Verhalten verleiht.

Das alles sind allgemeine Prozesse, die im Gehirn wahrscheinlich Anwendung finden, gleichgültig, wie die tatsächlichen Prozesse ablaufen. Das Verhalten des Systems hängt von den funktionalen Prozessen ab, nicht von den praktischen Einzelheiten, obwohl man diese Einzelheiten kennen müßte, wenn man an dem System herumbasteln wollte.

Die Gefahr bei allgemeinen funktionalen Beschreibungen ist, daß sie, wenn sie allgemein genug sind, um eine Vielzahl möglicher Einzelheiten zu erfassen, zu allgemein sind, um nützlich zu sein. Kommt irgend etwas Nützliches dabei heraus, wenn man sich das Gehirn als eine von Neigungen beeinflußte, zweistufige, iterative, selbstmaximierende Erinnerungsoberfläche vorstellt? Mag sein. Erstens zeigt es, in welcher Weise ein solches System fähig ist zu Selbsterziehung, zur effizienten Informationsverarbeitung, zur Aufmerksamkeit, zum Denken, zur Intuition, zum Humor und zur Subjektivität. Zweitens zeigt es, daß die Informationsverarbeitung in diesem System-Typ gewisse inhärente Mängel hat, und es deutet Möglichkeiten an, wie diese Mängel behoben werden können.

PO und das Gehirn

Der Zweck von PO ist, eine Anordnung der Information zustande zu bringen, die dann an sich nützlich sein kann, auch wenn die Art und Weise, wie sie zustande kam, ihr keine Rechtfertigung gibt. Es kann noch nicht nachgewiesen werden, daß das Gehirn so arbeiten *muß* wie die spezielle Erinnerungsoberfläche. Es wird vielleicht noch lange nicht möglich sein, zu beweisen, daß es so ist, denn selbst wenn es dazu kommt, daß man die zellularen Einheiten versteht, kann sich die Organisation immer noch als schwer erfaßbar erweisen.

So kann man sagen: Po der System-Typ, der auf der speziellen Erinnerungsoberfläche wirksam ist. Das ist eine Anordnung der Information, die sich unabhängig von ihrer Entstehung als nützlich oder anregend erweisen kann.

Zusammenfassung

Was nützt das Nachdenken über die mechanische Struktur des Verstandes? Das Gehirn ist ein physisches System, dem man nicht entrinnen kann, mit einer mechanischen Arbeitsweise. Das Nachdenken über die mögliche Arbeitsweise des Gehirns führt vielleicht zu nützlichen Schlußfolgerungen; dogmatisch vertretene vage Mutmaßungen über seine Funktion führen zu nichts.

Ein paar einfache Verhaltensgrundsätze lassen sich zusammenstellen, aus denen sich eine spezielle Erinnerungsoberfläche mit vier elementaren Funktionen ergibt:

1. Trennung und Selektion
2. Kombination und Kreation
3. Erweiterung
4. Eigennützige Neigung

Diese Funktionen bieten zusammen ein sehr nützliches informationsverarbeitendes System. Dieses System wird angewandt bei der Erzeugung und Bewertung von Mustern, bei ihrer Etablierung und dem späteren Wiedererkennen. Das System vermag sowohl schrittweise wie auch intuitiv zu lernen. Das Verhalten dieser einfachen Erinnerungsoberfläche bringt Prozesse in Gang, die dem Bewußtsein, der Aufmerksamkeitslenkung, dem Denken und sogar dem Humor entsprechen. Das zeigt, daß ein einfaches mechanisches System fähig ist zu Prozessen, die auf den ersten Blick geheimnisvoll und schwer erfaßbar erscheinen.

Es gibt keinen Schalter, der bewirkt, daß die Erinnerungsoberfläche wichtige Information auf die eine Weise und banale Information auf eine andere Weise behandelt. Jede Information wird dem charakteristischen Verhalten des Systems entsprechend auf gleiche Weise behandelt. Das Verhalten des Systems ist so charakteristisch, daß man gewisse Dinge erwarten kann. Zum Beispiel tendieren die Muster auf der Oberfläche dazu, immer größer und fester etabliert zu werden. Sie werden zu Klischeemustern, die zwar erhöhte Effizienz im Umgang mit vertrauten Situationen bieten, aber gegenüber neuen Situationen viel weniger Flexibilität zeigen. Ein weiteres Charakteristikum ist, daß es keinen wirksamen Mechanismus gibt, um etwas, das sich auf der Oberfläche etabliert hat, auszulöschen. Um etwas auszulöschen, muß man tatsächlich die Hervorhebung verstärken, sie aber gleichzeitig veranlassen, zu etwas Unerfreulichem zu führen. Man kennzeichnet also die falsche Richtung deutlicher als zuvor, stellt aber neben dem Wegweiser ein Warnschild auf. Dieses Verfahren führt zur Erschaffung oder Anwendung des notwendigen Mythos vom Unheil.

Die selbstmaximierende Natur des Systems impliziert auch, daß der Entscheidungsspielraum sehr knapp ist. Ein geringer Unterschied zwischen zwei Alternativen kann ausreichen, um die eine zu wählen und die andere völlig zu ignorieren. Aus demselben Grund kann eine leichte emotionale Hervorhebung in einer sonst normalen Situation bewirken, daß das Hervorgehobene gegenüber dem nicht Hervorgehobenen sehr stark dominiert. Es dreht sich nicht darum, die Hervorhebung auszugleichen. Es ist wie beim Überqueren einer Kreuzung: haben Sie Ihren Wagen erst einmal nur ein kleines Stückchen vorangebracht, dann fahren Sie beruhigt hinüber.

Beim Lernen geht es darum, ein neues Muster auf die Oberfläche zu bringen oder ein etabliertes zu ändern. Im Idealfall würde man ein Muster sich natürlich entwickeln lassen und nur auf sensitive Schalter achten, um sich zu überzeugen, ob die Entwicklung auch in die gewünschte Richtung geht. Das wäre viel wirkungsvoller, als wenn man die ganze Zeit versuchte, der Oberfläche das Muster aufzuzwingen. Die große Bedeutung von Aufmerksamkeitsfolgen für das Lernen wie für die Kommunikation ergibt sich aus der Natur der Oberfläche.

Es gibt einen Anhaltspunkt dafür, daß Phänomene wie Intuition, Humor, Ästhetik und Rhythmus sämtlich auf demselben Oberflächenverhalten beruhen. Sie sind alle eine Folge des speziellen Informationsphänomens, das Veränderung und Erwartung einschließt. Das entgegengesetzte Phänomen mag die Erklärung für die NEIN-Reaktion, für Unentschlossenheit und Frustration sein, die zwar Erwartung einschließen, aber eine Erwartung, die noch nicht mit Veränderung gekoppelt ist. Diese Dinge könnten als reines Oberflächenverhalten betrachtet werden.

Jede Veränderung in einem der verschiedenen Prozesse, die die Funktionsweise der Oberfläche bestimmen, würde sich in dieser Funktionsweise widerspiegeln. Es könnten Veränderungen der Intensität des Prozesses sein, etwa durch den hemmenden Effekt, der den Aktivierungsbereich einschränkt, oder es könnten Veränderungen der Geschwindigkeit gewisser Prozesse sein, etwa durch den Ermüdungsfaktor. Diese Veränderungen könnten zu Veränderungen des Oberflächenverhaltens führen, die verschiedenen Intelligenzstufen entsprechen würden. Je nach der

Natur der Oberfläche kann dieselbe Regenmenge eine sanfte, gerundete Landschaft wie die Sussex Downs oder ein scharfgratiges Schluchtensystem wie das Colorado-Tal hervorbringen. Eines Tages wird es vielleicht möglich sein, die Intelligenz nach der Reaktionsgeschwindigkeit eines bestimmten Enzymsystems in einem Reagenzglas zu messen. Aus denselben Gründen mag der Streit zwischen denjenigen, die behaupten, ein verändertes mentales Verhalten habe chemische Ursachen, und denjenigen, die behaupten, es handele sich dabei um eine schlechte Erfahrung mit einer falschen Musterentwicklung, gegenstandslos sein. Chemische Abweichungen von der Regel würden sich als stärker erweisen als alle anderen, aber die anderen Abweichungen von der Regel könnten eine Rolle spielen, auch wenn die chemischen fehlen.

Das Wichtigste, das sich aus dem Nachdenken über die Informationsbehandlung in dem vorgeschlagenen System-Typ ergibt, ist die Art der Fehler und Beschränkungen, die den System inhärent sind. Die überaus große Effizienz des Systems als Ganzem ist von gewissen inhärenten Mängeln begleitet.

Im Grunde vermag sich das System nur sehr schlecht auf dem laufenden zu halten. Es besitzt dafür keinen wirksamen Mechanismus. Tatsächlich führt die Hinzufügungsmethode bei der Behandlung der Information unweigerlich dazu, daß die Anordnung immer ein wenig überholt ist. Das ist auf die große Rolle, die die Ankunftszeit der Information spielt und auf das Beharrungsvermögen etablierter Muster zurückzuführen. Die Anordnung der Information auf der Erinnerungsoberfläche muß immer schlechter sein als die bestmögliche Anordnung. Der Humor ist vielleicht die aufschlußreichste aller intellektuellen Funktionen, da er nur in diesem System-Typ auftreten kann. Auch Probleme, deren Lösungen erst dann offenkundig werden, wenn sie gefunden worden sind, und andere intuitive Effekte sind bezeichnend für diesen System-Typ. Wenn das System über keine effektive Methode verfügt, sich auf das laufende zu bringen, dann verfügt es auch ganz gewiß nicht über eine Methode, sich selbst zu überholen. Das ist nicht unbedingt ein Nachteil. Vom funktionalen Standpunkt aus ist es genug, wenn das System adäquat ist.

Zu den mehr spezifischen Fehlern des Systems gehören seine Teilungstendenzen, die künstliche Entitäten und künstliche Trennungen schaffen. Das ist das als Polarisation bezeichnete Phänomen. Die Erinnerungsoberfläche erzeugt erfolgreich Muster aus dem von der Umgebung gelieferten Informationswust. Aber dann nehmen die Muster die Sache in die Hand, und statt daß sich die vorhandene Information selbst organisiert, bestimmen tatsächlich sie, welche Information angenommen werden kann. Sobald sich die Muster als Klischeemuster oder Mythen durchsetzen, sind die Aussichten, solche Muster zu ändern, noch geringer. Wenn die Muster richtig sind, ist das ein offenkundiger Vorteil, sind sie aber unvollkommen, dann sieht die Sache anders aus.

Leonardo da Vincis Tagebücher waren jahrhundertelang verschwunden aus dem einfachen Grunde, weil sie nicht verschwunden waren. Sie waren anscheinend in irgendeiner Bibliothek falsch eingestellt. Wären sie wirklich verschwunden gewesen, hätte man sie womöglich leichter gefunden. So ist es mit der Information, die auf der Erinnerungsoberfläche falsch «eingestellt» ist, weil sie in einem Klischeemuster fixiert ist.

Ist man sich einmal der Fehler des informationsverarbeitenden Systems bewußt, dann erkennt man, daß die Hauptsünde wider die Information Arroganz ist. Arroganz, Intoleranz oder geistige Beschränktheit jeglicher Art haben in dem fehlerhaften informationsverarbeitenden System ein so unsicheres Fundament, daß man sie bedauern müßte, wenn sie nicht manchmal gefährlich wären.

Aus denselben Gründen lassen sich das Bedürfnis, immer recht zu haben, das Beharren auf dieser Rechthaberei in der Erziehung und der darauf beruhende Eigendünkel nicht rechtfertigen, es sei denn, diese Haltung wird gemildert durch das Bewußtsein, daß *man unweigerlich auch manchmal unrecht hat.* Diese inhärenten Mängel des informationsverarbeitenden Systems zeigen, wie wichtig das laterale Denken ist. Intuition ist ein vom Zufall so abhängiger Mechanismus, daß man von ihr nicht erwarten kann, sie werde die Kluft zwischen der gegenwärtigen Anordnung der Information und der bestmöglichen Anordnung einigermaßen verläßlich verringern. Es ist der Zweck des lateralen Denkens, diesen intuitiven Typ der Umstrukturierung von Information herbeizuführen.

Die konsequenten Prozesse des vertikalen Denkens, wie sie beim logischen und mathematischen Denken entwickelt werden, sind unglaublich effektiv, wenn man bedenkt, wie schwerfällig das natürliche Denken ist. Dennoch vermögen diese konsequenten Prozesse den intuitiven Typ der Umstrukturierung von Information nicht zustande bringen. Man kann ein konsequentes Muster nicht dadurch ändern, daß man es weiterentwickelt. Man braucht eine Methode zur Unterbrechung der logischen Folge, damit sich eine neue Folge bilden kann. Das laterale Denken ist keine Alternative zum vertikalen Denken, sondern eine wichtige Ergänzung, die erforderlich wird wegen der Beschaffenheit des informationsverarbeitenden Systems. Das laterale Denken erhöht die Effektivität des vertikalen Denkens dadurch, daß es eine neue Richtung bietet. Man kann nicht in die richtige Richtung blicken, indem man immer intensiver in die falsche Richtung blickt.

Es gibt jedoch Situationen, in denen der rein disruptive Effekt des lateralen Denkens ausreicht. Sobald gewisse Mythen und Muster einmal zertrümmert sind, kann sich die Bildung besserer Muster von selbst ergeben. Das laterale Denken hat nichts mit dem Chaos um des Chaos willen zu tun. Beim lateralen Denken wird ein Muster nur zertrümmert, damit sich ein besseres bildet. Später kann der Prozeß dann wiederholt werden. Aus diesem Grunde sind jene chemischen Methoden der Zertrümmerung nutzlos, die dadurch wirken, daß sie die reibungslose Koordinierung des Verstandes vereiteln, denn das reibungslose Funktionieren des Verstandes ist erforderlich, damit das neue Muster auf der Stelle kohärent wird. Die Kunst des lateralen Denkens besteht darin, die Zertrümmerung herbeizuführen, aber dabei immer noch die Fähigkeit zu behalten, in Form kohärenter Gedanken daraus Nutzen zu ziehen.

Ebenso wie die anderen Denkarten ist das laterale Denken eine bewußte Art des Denkens. Und wie die anderen erfordert es Schulung und Übung, ehe man echte Geschicklichkeit darin erlangt. Eine allgemeine Einsicht in den Charakter und die Notwendigkeit des lateralen Denkens ist von Nutzen, aber man wird öfter durch die Ergebnisse des lateralen Denkens zu Erkenntnissen gelangen als durch die bewußte Anwendung. PO ist ein neues Wort, das ermöglichen soll, das laterale Denken so gewohnheitsmäßig anzuwenden, wie das logische Denken dank der Wirksamkeit von NEIN angewandt wird. PO bringt die Funktion des lateralen Denkens zum Ausdruck, die ohne PO in gewöhnlicher Sprache nicht ausgedrückt werden kann.

Die genaue Funktion von PO ist in einem früheren Abschnitt besprochen worden. PO ermöglicht Dinge wie das Nebeneinanderstellen zweier Gedanken, die überhaupt keine logische, sequentielle oder sonstige Verbindung haben. Der Zweck des Nebeneinanderstellens ist nicht, daß es selbst schon etwas Sinnvolles ergibt, sondern daß es etwas auslöst, das dann schließlich sinnvoll ist. PO hat eine Unsinn-Funktion, die für das System in mathematischer Hinsicht wesentlich ist. Auch wirkt PO den starren und polarisierenden Tendenzen des Systems entgegen.

In einer Beziehung könnte man PO als die Null des Sprachensystems ansehen. Es hat selbst keinen Wert, aber es dient dazu, Operationen zu ermöglichen, die ohne PO unmöglich wären.

Um wirklich effektiv zu sein, müßte PO in dem Ausbildungs- und Erziehungssystem genauso seinen Platz erhalten, wie ihn das Begriffspaar richtig/falsch momentan hat.

Man könnte der Meinung sein, es sei den mechanischen Informationsprozessen allzu viel Aufmerksamkeit geschenkt worden und den «Gefühls»-Prozessen zuwenig, die über die Informationsprozesse leicht die Oberhand gewinnen können. Wie schon früher angedeutet, stellen die Informationsprozesse sozusagen das Ziel dar, auf das ein Geschütz mit einer gewaltigen emotionalen Ladung abgefeuert wird. Die Informationsprozesse rufen die Teilungstendenzen hervor, sie schaffen Unterschiede, wo es keine gibt, sie schaffen Mythen und Gespenster. Die Informationsprozesse erzeugen die Muster und erkennen sie wieder. Es stimmt durchaus, daß, sobald der emotionale Aspekt die Verantwortung übernommen hat, keine noch so große Menge neuer Information das Ziel zu ändern vermag. Aber das ist lediglich auf das Beharrungsvermögen der durch die emotionale Hervorhebung besonders gut etablierten Muster zurückzuführen. Das ursprüngliche Muster ermöglichte die Weiterleitung der Emotion, auf die es ankommt, und das war irgendwann einmal ein Informationsprozeß.

Die Natur der speziellen Erinnerungsoberfläche mindert keineswegs die Bedeutung der Emotionen, sie räumt ihnen vielmehr eine wichtige Stellung ein. Die spezielle Erinnerungsoberfläche ist ein passives System. Die Emotionen (die wir in früheren Abschnitten innere Muster genannt haben) sind der einzige Beitrag der Erinnerungsoberfläche zu diesen Informationsmustern. So bietet die Emotion im weitesten Sinne den einzigen Adaptationsmechanismus, durch den nützlichere Muster Dominanz über neutrale Muster erlangen. Die Emotionen bestimmen auch das Wesen des Subjekts und der Individualität. Ohne den emotionalen Aspekt würden sich auf Erinnerungsoberflächen, die der Information in gleicher Weise ausgesetzt waren, völlig identische Informationsmuster bilden. Doch können die Muster wegen der emotionalen Variabilität sehr unterschiedlich sein.

Diese Überlegungen sind ziemlich leicht nachzuvollziehen. Weniger augenfällig ist, daß selbst abstrakte intellektuelle Prozesse wie das logische Denken ohne Emotion unmöglich wären. Die ganze NEIN-Reaktion, ohne die die Logik nicht funktionieren würde, ist zumindest ihrem Ursprung nach emotional, auch wenn sie eventuell in symbolischer Form wirksam wird. Frühzeitige Gewöhnung an den emotionalen Gehalt von NEIN kann für die Art des Denkens, die später angewandt wird, begreiflicherweise eine große Rolle spielen. Doch abgesehen von der Gewöhnung kann die konstitutionell bedingte emotionale Variante für die Art des Denkens auf verschiedene Erinnerungsoberflächen von Bedeutung sein. Selbst PO hat einen emotionalen Gehalt. All das ist ganz unabhängig von der ablenkenden und verzerrenden Wirkung, die die Emotion außerdem auf die Informationsverarbeitung ausüben kann.

Wenn die Information das Tor ist, das den Zugang zur Welt erschließt, dann ist die Emotion nicht nur die Farbe auf dem Tor, sondern die Klinke, mit der es geöffnet wird. Emotion ist ein wesentlicher Bestandteil der Informationsverarbeitung und nicht etwas, das gesondert von ihr existiert. Die Trennung zwischen Verstand und Emotion ist eine der schädlichen Polarisationen, die eine Folge der Teilungstendenzen des Systems sind. Allzu oft stellt man sich Emotion wie jene Karikaturen und Grotesken vor, die so häufig als Inhalt der Emotion in den Vordergrund gestellt werden mit dem großartigen Ziel, Aufmerksamkeit zu erregen.

Die künstliche Dichotomie zwischen Verstand und Gefühl erzeugt auf beiden Seiten die gleiche Arroganz. Die Gefühlsmenschen mißtrauen den Wortspielen der Intellektuellen, und die Intellektuellen mißtrauen den ästhetischen Seufzern der Gefühlsmenschen. Die Natur der Denkprozesse auf der speziellen Erinnerungsoberfläche deutet darauf hin, daß konsequentes Denken nicht stichhaltiger zu sein braucht als inkonsequentes Denken. Daher mag ein Gefühl, das später rational erklärt wird, ebenso nützlich sein wie folgerichtiges Vorgehen. Zum Beispiel entstehen die einzig brauchbaren Gedanken über Freiheit und Gerechtigkeit zuerst als Gefühle, die dann vom Verstand und der Gesetzgebung untermauert werden. Ein verstandesgemäßes Vorgehen führt zu einem Spiel mit Worten, bei dem man sich bald nur noch im Kreise dreht. Andererseits hat die Verherrlichung des Gefühls als der einzigen Wahrheit die verheerendsten Leidenschaften zur Folge gehabt.

Die Trennung zwischen Kunst und Wissenschaft ist eine weitere dieser Polarisationen. Die beiden sind nur zwei Aspekte ein und derselben Sache. Kunst ist Wissenschaft mit sofortiger Information. Wissenschaft ist Kunst mit fortschreitender Information. In beiden Fällen sind Ästhetik und Emotion dieselben.

Da die Emotion die Hauptquelle für die Variabilität auf der speziellen Erinnerungsoberfläche ist, könnte man erwarten, daß es einen optimalen Emotionalitätspegel für echte Kreativität gibt. Unterhalb dieses Pegels wäre zuwenig Veränderung, oberhalb des Pegels wäre zuviel Starrheit. Es stimmt, daß die durch Überemotionalität fixierten Muster wegen ihrer Ungewöhnlichkeit wichtig sein könnten, aber ihnen würde die kreative Beweglichkeit fehlen.

Das wesentliche Merkmal der speziellen Erinnerungsoberfläche ist das eines passiven Systems, das der Information Gelegenheit bietet, sich selbst zu organisieren. Die meiste Information stammt aus der Umgebung, aber ein gut Teil wird auch von den inneren Mustern beigesteuert, die die Bedürfnisse und Emotionen des Körpers repräsentieren, der die Erinnerungsoberfläche benutzt. Die Oberfläche entwickelt sich zu einer von Neigungen beeinflußten Aufzeichnung der kumulativen Erfahrung der Umgebung. Sie ist beeinflußt, weil sie die Wechselwirkung zwischen Körper und Umgebung darstellt. Der begrenzte Aktivierungsbereich gleitet über die Konturen der Erinnerungsoberfläche. Diese Konturen sind hervorgegangen aus einer Wechselwirkung zwischen den aktuellen inneren Mustern, dem, was der Erinnerungsoberfläche gerade angeboten wird, und der Aufzeichnung dessen, was vorher geschehen ist. Die Aufmerksamkeit folgt der Bewegung des Aktivierungsbereichs. Wenn man in all den Faktoren, die auf die Bewegung der Aufmerksamkeit einwirken, ein Wesen sehen will, das die Aufmerksamkeit lenkt, dann ist das nur eine andere Ausdrucksweise dafür, daß die Aufmerksamkeit den Oberflächenkonturen passiv folgt. Der entscheidende Punkt ist, daß es kein getrenntes Agens gibt, das die Information aus der Umgebung auswählt, sie auf der Erinnerungsoberfläche speichert und dann von der Oberfläche aufliest, um sich mit ihr zu befassen oder sie zu verwenden.

Das Hauptthema der orientalischen Philosophie ist die Willkürlichkeit und Künstlichkeit getrennter Einheiten, die durch den Eigennutz des menschlichen Geistes aus der Umgebung gebildet wurden. Das letzte Ziel ist, diese getrennten Einheiten – und das menschliche Wesen als eine von ihnen – wieder mit dem Kontinuum der Natur zu verschmelzen. Dagegen betont die westliche Philosophie die Nützlichkeit und gelegentlich auch die Permanenz gewisser Muster. Das letzte Ziel ist nicht, wie in der orientalischen Philosophie, sich der Muster zu entledigen, sondern die richtigen Muster zustande zu bringen.

Wenn man über die informationsverarbeitenden Prozesse auf der speziellen Erinnerungsoberfläche nachdenkt, wird man sich darüber klar, daß die Muster auf dieser Oberfläche nützlich, aber auch recht willkürlich sind. Es geht nicht darum, die Unzulänglichkeiten der Oberfläche zu kritisieren und sich der Muster zu entledigen. Auch geht es nicht darum, Muster um ihrer selbst willen zu etablieren und sich auf diese Weise ihrer Nützlichkeit zu erfreuen. Es geht darum, die nutzbringende Existenz von Mustern anzuerkennen, aber sich auch der Möglichkeit bewußt zu sein, daß sie in bessere Muster verwandelt werden können. Solange man sich dieser Möglichkeit bewußt ist, sind die Gefahren arroganten Starrsinns geringer. Als Symbol für die Möglichkeit, die in den gegenwärtigen Mustern enthaltene Information umzustrukturieren, ist das Wort PO geeignet. Auf die Gedanken anderer angewandt, zeigt es, daß deren Standpunkt möglicherweise arrogant ist. Auf die eigenen Gedanken angewandt, zeigt es, daß ein individueller Standpunkt möglicherweise arrogant ist.

Und in dem Sinne kann es auf die in diesem Buch vorgetragenen Gedanken angewandt werden.